轨道交通工程监理指南系列丛书

丛书主编：王洪东　黄威然　谢小兵　王　虹　魏康林　刘献忠　简　锋　辜思达
丛书主审：米晋生　王　晖　钟长平

轨道交通工程监理指南
矿山法工程篇

主　编：谢小兵　梁红兵
副主编：李学逊　袁树广　任仕超

中国建筑工业出版社

图书在版编目（CIP）数据

轨道交通工程监理指南. 矿山法工程篇 / 谢小兵，梁红兵主编. —北京：中国建筑工业出版社，2020.11

（轨道交通工程监理指南系列丛书 / 王洪东等主编）

ISBN 978-7-112-25557-3

Ⅰ.①轨⋯ Ⅱ.①谢⋯②梁⋯ Ⅲ.①地下铁道—隧道施工—工程施工—监理工作—指南 Ⅳ.①U231-62

中国版本图书馆CIP数据核字（2020）第187253号

责任编辑：孙书妍
文字编辑：刘颖超
责任校对：王　烨

轨道交通工程监理指南系列丛书
丛书主编：王洪东　黄威然　谢小兵　王　虹
　　　　　魏康林　刘献忠　简　锋　辜思达
丛书主审：米晋生　王　晖　钟长平

轨道交通工程监理指南　矿山法工程篇

主　编：谢小兵　梁红兵
副主编：李学逊　袁树广　任仕超

*

中国建筑工业出版社出版、发行（北京海淀三里河路9号）
各地新华书店、建筑书店经销
北京点击世代文化传媒有限公司制版
河北鹏润印刷有限公司印刷

*

开本：787毫米×1092毫米　1/16　印张：14¾　字数：302千字
2021年7月第一版　2021年7月第一次印刷
定价：68.00元
ISBN 978-7-112-25557-3
　　（36011）

版权所有　翻印必究
如有印装质量问题，可寄本社图书出版中心退换
（邮政编码 100037）

编委会

丛书主编： 王洪东　黄威然　谢小兵　王　虹
　　　　　　魏康林　刘献忠　简　锋　辜思达
丛书主审： 米晋生　王　晖　钟长平

本书主编： 谢小兵　梁红兵
本书副主编： 李学逊　袁树广　任仕超
本书编委：（按姓氏笔画排序）
　　　　　　王　珂　王欢贵　方华永　刘　智　刘翔启
　　　　　　李书圆　杨　康　邹　超　邹冠尧　邹先科
　　　　　　陈设新　肖正茂　沈学贵　陈丹莲　郭广才
　　　　　　陶芳良　徐明辉　唐文平　樊博宁　戴人杰

主编单位： 广州轨道交通建设监理有限公司

编著者简介

谢小兵　主编
高级工程师，国家注册监理工程师、国家注册一级建造师，广州轨道交通建设监理有限公司副总经理

梁红兵　主编
高级工程师，国家注册监理工程师、国家注册一级建造师、国家注册安全工程师，广州轨道交通建设监理有限公司总工室副主任、项目总监理工程师

李学逊　副主编
高级工程师，国家注册监理工程师，广州轨道交通建设监理有限公司项目总监代表

袁树广　副主编
高级工程师，广州轨道交通建设监理有限公司项目副总监

任仕超　副主编
工程师，国家注册监理工程师，广州轨道交通建设监理有限公司项目副总监

序

2020年春，在中国全民抗击"新冠"肺炎疫情之际，我陆续收到了广州轨道交通建设监理公司同行们编写的"轨道交通工程监理指南系列丛书"研究成果初稿，这些成果令我们这些早期参与过、主持过广州地铁建设的老同事倍感欣慰，研究成果说明他们在地铁工程管理和技术上已逐步走向成熟，其扎扎实实的科学专研精神非常值得学习与尊重。

广州轨道交通建设监理有限公司成立于1996年，经过二十多年的积累和沉淀，培养了一批又一批技术人才，坚持以老带新，不断壮大。他们坚持"建设一条线，总结一条线，提升一条线"，陆续出版了《复合地层中的盾构施工技术》《盾构施工监理指南》《广州地铁三号线盾构隧道工程施工技术研究》和《地铁盾构施工风险源及典型事故的研究》等多本盾构施工技术专著。今又对公司多年的监理业务进行了系统总结，提炼编著出"轨道交通工程监理指南系列丛书"。

丛书涉及了地铁工程建设中的主要专业与工法，包括盾构工程、明挖工程、矿山法隧道工程、高架工程、顶管工程、轨道工程、机电工程等。丛书按专业类别编写，分期分批出版，力争成为国内外城市轨道交通建设监理工作中最有价值的工作指南。

轨道交通工程建设是一门涉及多专业、多工种的综合性建设工程，工程建设周边环境复杂、管线众多、地质多变、施工工艺多样化、接口量大，工程建设风险大。丛书的作者们是一群勤奋的有心人，他们二十年如一日地坚守在轨道交通建设工程中，不断学习，积累经验，总结与提升。大道至简，书中每个工法的总结都体现了他们对规范的理解、对风险的把控、对细节的钻研，值得大家精读。

如果说，抗击"新冠"肺炎疫情，白衣天使们是逆行者。那么，疫情期间还在一线从事监理工作的工程师们就是轨道交通行业的逆行者！作为他们的老同事，我感谢他们的辛勤劳动，并对他们取得的成绩深表祝贺！希望他们能坚持不懈地把这项工作做下去，期待着他们的新成果尽快与大家见面。

希望这套丛书能为从事城市轨道交通建设的工程技术和管理人员提供借鉴和指导。

让我们共同为中国轨道交通事业高质量的发展做出应有的贡献。

竺维彬[*]

2020 年 4 月

---

[*] 竺维彬，教授级高级工程师，国务院特殊津贴专家，广州市人民政府国有资产监督管理委员会专职外部董事，原广州地铁集团有限公司常务副总经理。

前 言

城市轨道交通一般穿行于城市主干道下方，土建工程由车站、区间隧道、车辆段、停车场、主变电所等部分组成。其中地下区间隧道主要采用盾构法、矿山法、明挖法开挖，地下车站以明挖法施工为主，因受周边环境、征地拆迁或其他施工条件制约，也有部分地下车站采用矿山法施工。

矿山法施工是一种传统的施工工法，因其具有适应性广、拆迁量少、造价相对较低，以及各类开挖工法、隧道断面、初支形式转换灵活等显著优势，在轨道交通工程中的地下区间隧道、联络通道、出入口、暗挖车站、交通枢纽地下空间开发中广泛采用。但相较于盾构法施工，矿山法施工也存在工序繁多、施工人员投入多且作业时直面围岩开挖面、开挖初支每一循环封闭的周期长、围岩变形防治及地下水流失控制难度大、地下作业初支及二衬质量控制难度大等特点，更由于轨道交通工程主要位于城市中心区，地面建（构）筑物、地下管线等环境复杂、环保要求高、建设工期短等原因，导致城市轨道交通矿山法隧道工程无论对于监理、施工还是其他参建各方来说都极具高风险、高难度、高挑战，正因为如此，探讨如何在城市轨道交通矿山法工程施工中全过程规范、有序、科学组织施工建设，以及开展监理工作，具有十分重要、必要、迫切的现实意义，本书也希冀借助编写团队数十年的矿山法施工、监理经验及300余个矿山法工程施工、监理实践，为正在进行或即将进行城市轨道交通矿山法工程施工、监理的同行探索一套相对成熟、正确的解决方案，不犯前人犯过的错误，一举踏上高标准、高品质的城市轨道交通矿山法工程监理、管理之途。

广州轨道交通建设监理有限公司（以下简称"监理公司"）成立于1996年，是广州地铁集团有限公司（以下简称"集团公司"）的全资子公司，也是住建部首批全过程咨询试点单位、广东省高新科技企业，业务覆盖城市轨道交通工程前期，及土建、机电、设备、轨道、车辆等全部专业，先后在全国28个大中城市承接轨道交通监理业务，其中包括为数众多的采用矿山法施工的区间隧道、暗挖地下车站以及其他采用矿山法施工的工程项目，代表性的项目有：广州地铁三号线北延段[广州东站~永泰东]区间；深圳地铁五号线[太安站~怡景站]区间、[百鸽笼站~布心站]区间、[怡景~黄贝岭站]区间矿山法段；深圳地铁十号线[岗头站~雪象站]区间、[雪象站~甘坑站]矿山法段；深圳地铁六号线[梅林关站~翰林站]区间大断面矿山法段、[翰林站~银湖站]区间；南京地铁三号线[南京南站~宏运大道站]区间、宁句线[马群站~白水桥站]区间；西安地铁一号线[半坡站~纺织城站]区间、[康复路~浐河站]区间；西安地铁三号线[石家街~辛家庙]区间；西安地铁五号线[太乙路~兴庆路]区间；西安地铁六号线二期[大唐西市~西北工业大学站]区间；厦门地铁3号线[五绿湾站~刘五店站]长大跨海区间矿山法段，以及石家街半暗挖车站、南宁地铁青秀山深埋暗挖车站、青岛地铁清江路暗挖车站等。大量的工程实例为监理公司积累了丰富的矿山法施工监理经验及教训，也为本指南的编写和完善奠定了坚实的理论、实践基础。

近年来，监理公司集中优势资源和力量，收集、整理了广州及国内其他城市地铁建设二十多年来积累的监理工作经验及教训，于2016年组织编写了内部使用的"地铁工程监理工作指南系列丛书"，供一线监理项目部学习、使用，在5年的使用过程中不断完善及提炼，本书的出版筹划和编写工作正是在此基础上进行的。编写本书的主要依据是国家现行的有关轨道交通方面的规范、规程以及政府和行业对地下工程建设的管理规定，结合监理公司承接的300多个矿山法隧道和暗挖车站施工监理的实践和总结，历时两年多才得以完成。参与编写的作者均长期扎根于轨道交通建设一线，具有丰富的实践经验及严谨的工作态度，确保本书具备较高的指导性、精准的实操性。

本书主要从现场监理工作的角度，阐述城市轨道交通工程矿山法施工监理应当遵循的基本准则、工作流程、监理人员职责以及监理质量控制、进度控制、安全管理、风险防控的方法及要点。全书共分9章，内容涵盖了矿山法施工监理的各个方面，其中重点介绍了矿山法施工各阶段监理质量控制措施，如地质补勘及超前地质预探、地层超前支护与加固、隧道开挖与初支、隧道防水、二次衬砌、附属工程施工等；着重阐述了矿山法工程安全文明施工及辅助措施监理要点、矿山法施工进度监理要点、不良地质条件和复杂环境以及特殊线路下的矿山法施工监理控制要点、矿山法工程安全风险评估及事故案例分析等，旨在为矿山法施工现场监理人员提供较为详细的工作指引、业务指导，也可为其他从事矿山法施工的工程技术人员提供技术参考。

本书编写过程中，得到了集团公司、监理公司领导和现场员工的大力支持与协助。集团公司原常务副总经理、中国岩石力学学会实例专委会主任、教授级高级工程师竺维彬进行了精心的指导并为本丛书作序；监理公司前任领导教授级高级工程师米晋生、教授级高级工程师钟长平，及现任领导教授级高级工程师陈乔松党委书记、王洪东总经理等多次主持审稿，为本指南的编写工作提供技术指导，提出了许多中肯宝贵的意见；各参编人员付出了艰辛的劳动，在此一并致以衷心的感谢。

因矿山法施工是一项技术复杂、施工质量控制及安全生产管理任务繁重的系统性工程，其理论和技术都在随着工程实践的发展而不断完善，加之编者的水平及时间有限，本书虽经多次讨论和修改，也难免有错漏和不妥之处，敬请读者不吝指正。

目　录

序
前言

第1章　轨道交通矿山法工程施工方法及专业特点　001

- 1.1　概述　001
- 1.2　术语和定义　002
- 1.3　轨道交通矿山法工程施工工艺流程　004
- 1.4　轨道交通矿山法工程特点　004
- 1.5　轨道交通矿山法工程主要开挖工法及选择原则　005
  - 1.5.1　主要开挖工法　005
  - 1.5.2　轨道交通矿山法工程开挖方法的选择原则　008
- 1.6　矿山法隧道施工应当遵循的"二十四字方针"　009

第2章　轨道交通矿山法工程施工监理工作概述　011

- 2.1　轨道交通矿山法工程监理工作依据　011
- 2.2　轨道交通矿山法工程施工监理工作程序　013
- 2.3　轨道交通矿山法工程开工前条件验收　013
  - 2.3.1　验收组织　013
  - 2.3.2　验收程序　014
  - 2.3.3　验收内容　016
  - 2.3.4　开工条件验收流程　019
- 2.4　轨道交通矿山法工程施工主要报审方案　019

第3章　轨道交通矿山法地质补充勘探监理及超前地质预报监理　　021

3.1　轨道交通矿山法工程地质补勘监理　　021
3.1.1　地质补勘目的　　021
3.1.2　地质补勘方法　　021
3.1.3　地质补勘适用范围　　022
3.1.4　矿山法工程地质补勘重点部位　　022
3.1.5　地质补勘监理控制要点　　022
3.1.6　地质补勘常见质量问题及预防措施　　023

3.2　超前地质预报监理　　023
3.2.1　超前地质预报目的　　024
3.2.2　超前地质预报方法　　024
3.2.3　超前地质预报质量控制流程　　028
3.2.4　超前地质预报施工监理控制要点　　028

3.3　地层超前支护及加固施工监理　　029
3.3.1　管棚支护　　029
3.3.2　超前锚杆　　034
3.3.3　超前小导管　　037
3.3.4　洞内注浆加固　　041

3.4　轨道交通矿山法工程开挖与初期支护施工监理（含爆破施工监理）　　045
3.4.1　轨道交通矿山法工程开挖一般规定　　045
3.4.2　钻爆开挖　　046
3.4.3　全断面法开挖　　052
3.4.4　台阶法开挖　　056
3.4.5　环形开挖留核心土法　　060
3.4.6　单侧壁导洞法　　062
3.4.7　双侧壁导洞法　　065
3.4.8　中隔壁法和交叉中隔壁法　　069

3.5　轨道交通矿山法工程初期支护　　071
3.5.1　适用范围　　071
3.5.2　工程建设相关规范主要条文　　071
3.5.3　初期支护施工质量控制流程　　076
3.5.4　初期支护施工监理控制要点　　076

		3.5.5 初期支护施工常见质量问题及预防措施	082
	3.6	轨道交通矿山法工程防水施工监理	084
		3.6.1 适用范围	084
		3.6.2 工程建设相关规范主要条文	084
		3.6.3 防水卷材（以 PVC 为例）	085
		3.6.4 施工缝防水	088
		3.6.5 变形缝防水	089
		3.6.6 常见质量问题及预防措施	090
	3.7	轨道交通矿山法工程二次衬砌施工监理	090
		3.7.1 适用范围	091
		3.7.2 工程建设相关规范主要条文	091
		3.7.3 二次衬砌施工质量控制流程	094
		3.7.4 二次衬砌施工监理控制要点	095
		3.7.5 二次衬砌施工常见质量问题及预防措施	099
	3.8	轨道交通矿山法工程隧道附属工程施工监理	099
		3.8.1 竖井、中间风井施工监理	099
		3.8.2 联络通道施工监理	103
	3.9	轨道交通矿山法工程隧道施工辅助工法	109
		3.9.1 冻结法	109
		3.9.2 洞外注浆加固	113
	3.10	轨道交通矿山法工程施工旁站监理	117
		3.10.1 适用范围	117
		3.10.2 旁站监理质量控制流程	117
		3.10.3 旁站监理控制要点	117

第4章　轨道交通矿山法工程施工测量监理要点　　120

4.1	轨道交通矿山法工程施工测量工作流程	120
4.2	轨道交通矿山法工程施工测量监理控制要点	120
	4.2.1 施工准备阶段的测量监理	120
	4.2.2 地面控制测量监理	120
	4.2.3 联系测量监理	122
	4.2.4 地下施工控制测量监理	123
	4.2.5 矿山法隧道施工测量监理	124

    4.2.6 矿山法隧道施工竣工测量监理 124

  4.3 轨道交通矿山法工程施工测量主要技术标准和验收表格 124

第 5 章 轨道交通矿山法工程施工监测监理要点 133

  5.1 轨道交通矿山法工程施工监测项目 133

  5.2 轨道交通矿山法工程监测点埋设及监测方法 133

    5.2.1 洞内开挖工作面观察 133

    5.2.2 地表沉降监测 134

    5.2.3 拱顶下沉监测 134

    5.2.4 水平收敛位移监测 135

    5.2.5 建筑物沉降及裂缝观察 136

    5.2.6 锚杆或锚管轴力监测 136

    5.2.7 围岩与喷层间接触压力 137

  5.3 信息反馈 137

  5.4 轨道交通矿山法工程施工监测监理控制要点 137

第 6 章 轨道交通矿山法工程安全文明施工及辅助措施监理要点 139

  6.1 轨道交通矿山法工程施工主要安全风险点及风险后果 139

  6.2 轨道交通矿山法工程施工安全监理控制要点 139

    6.2.1 开挖初支施工安全监理要点 139

    6.2.2 爆破作业安全监理要点 140

    6.2.3 临电作业安全监理要点 141

    6.2.4 临边防护、高空作业安全监理要点 142

    6.2.5 渣土运输安全监理要点 143

    6.2.6 起重吊装作业安全监理要点 144

    6.2.7 机械作业安全监理要点 145

    6.2.8 临时设施安全监理要点 146

    6.2.9 消防安全监理要点 146

    6.2.10 电焊、气割焊作业安全监理要点 146

  6.3 轨道交通矿山法工程施工辅助措施监理控制要点 147

    6.3.1 洞内施工通风监理要点 147

    6.3.2 洞内施工临时给水排水监理控制要点 148

6.4	轨道交通矿山法工程文明施工监理要点	148
	6.4.1 文明施工标准	148
	6.4.2 文明施工管理措施	153
	6.4.3 施工准备阶段文明施工监理	153
	6.4.4 施工阶段文明施工监理	154
6.5	轨道交通矿山法工程主要安全监理信息资料用表	155

第7章 轨道交通矿山法工程施工进度监理要点　158

7.1	施工准备阶段进度控制	158
	7.1.1 施工计划进度编制与审核	158
	7.1.2 开挖方式选择与进度控制	158
	7.1.3 机械配备与进度控制	159
	7.1.4 增加作业面与进度控制	159
7.2	隧道进洞段施工与进度控制	159
7.3	初支正常施工进度控制	160
	7.3.1 进度计划制定	160
	7.3.2 渣土运输	160
	7.3.3 充分利用联络通道	160
	7.3.4 加强组织协调	161
7.4	较差地质提前注浆以加快施工进度	161
7.5	台车拼装阶段进度控制	161
7.6	二衬施工阶段进度控制	161
7.7	典型案例：厦门本岛至翔安过海通道工程海底长大矿山法隧道工程进度控制	162
	7.7.1 工程概况	162
	7.7.2 海底长大矿山法隧道施工进度控制关键措施	164
	7.7.3 进度控制成果	167

第8章 特殊情况下的轨道交通矿山法工程施工监理要点　169

8.1	不良地质条件下轨道交通矿山法工程施工监理控制要点	169
	8.1.1 不良地质条件的基本概念	169
	8.1.2 不良地质条件特性及施工重难点	169

8.1.3 不良地质条件轨道交通矿山法施工监理控制要点　　170

8.2 复杂环境下轨道交通矿山法工程施工监理控制要点　　173
8.2.1 穿越建（构）筑物的矿山法施工监理控制要点　　173
8.2.2 穿越地下管线的矿山法施工监理控制要点　　175
8.2.3 矿山法隧道下穿水体施工监理控制要点　　177

8.3 特殊线路设计下轨道交通矿山法工程施工监理控制要点　　178
8.3.1 大断面矿山法隧道监理控制要点　　178
8.3.2 大坡度矿山法隧道施工监理控制要点　　179
8.3.3 变断面暗挖隧道监理控制要点　　180
8.3.4 小间距矿山法隧道施工监理要点　　181
8.3.5 矿山法重叠隧道施工监理控制要点　　181
8.3.6 矿山法长大隧道施工监理控制要点　　182

第9章 轨道交通矿山法工程重大安全风险及典型案例　　185

9.1 轨道交通矿山法工程重大安全风险及防控措施　　185
9.1.1 隧道初支失稳　　185
9.1.2 坍塌　　186
9.1.3 隧道突泥涌水　　188
9.1.4 邻近建（构）筑物变形、损毁　　189
9.1.5 邻近地下管线变形过大、损毁　　191
9.1.6 既有轨道交通设施变形、损坏　　192
9.1.7 道路坍塌　　194

9.2 轨道交通矿山法工程典型事故案例分析　　195
9.2.1 某地铁隧道初支变形开裂事故　　195
9.2.2 矿山法隧道下穿河流透水事故　　198
9.2.3 某地铁车站出入口工程发生坍塌　　203
9.2.4 某隧道工程坍塌事故　　204
9.2.5 某盾构区间矿山法联络通道涌水突泥事故　　209

9.3 城市轨道交通矿山法工程重大风险防范总结　　213
9.3.1 落实各方主体责任　　213
9.3.2 严守"二十四字方针"　　214
9.3.3 重大安全风险大明大白　　214
9.3.4 警惕岩土交界面　　215

9.3.5	警惕周边水体	215
9.3.6	做实超前地质预探	215
9.3.7	做到动态设计、信息化施工	216

主要参考文献   **217**

第1章
轨道交通矿山法工程施工方法及专业特点

本章执笔：谢小兵　梁红兵　李学逊

1.1 概述

矿山法是暗挖法的一种，是主要用钻眼爆破方法开挖断面而修筑隧道及地下工程的施工方法。因借鉴矿山开拓巷道的方法，故名矿山法。在新奥法创立之前，采用矿山法修筑暗挖隧道是除沉管法、顶管法和盾构法之外的主要技术方法。国内外曾使用矿山法建成了大量的隧道和地下工程，这些隧道和地下工程的建设也丰富和发展了矿山法，矿山法先后经历了早期传统的巷道开挖支撑方法、20世纪60年代开始推广应用的新奥法开挖支护工法、20世纪80年代后期在我国城市轨道交通工程中应用并得到广泛推广的浅埋暗挖法开挖支护工法几个阶段，随着大量的工程实践及理论研究，每一种开挖支护工法均有较完整的工程机理、技术方法和操作步骤。

采用传统的开拓巷道方法施工时，将整个断面分部开挖至设计轮廓，并随之修筑衬砌。当地层松软时，可采用简便挖掘机具或人工开挖，根据围岩稳定程度边开挖边支护。分部开挖时，断面上最先开挖导坑，再由导坑向断面设计轮廓进行扩大开挖。分部开挖主要是为了减少对围岩的扰动，分部的大小和多少视地质条件、隧道断面尺寸、支护类型而定。在坚实、整体的岩层中，对中、小断面的隧道，可不分部而将全断面一次性开挖；如遇松软、破碎地层，需分部开挖，并配合开挖及时设置临时支撑，以防止土石坍塌。喷锚支护的出现使分部数目得以减少，并进而发展成新奥法。

新奥法是奥地利学者拉布西维兹（L. V. Rabcewicz）教授于20世纪50年代首先提出的，并于1954～1955年首次应用于奥地利的普鲁茨—伊姆斯特电站的压力输水隧洞中。经瑞典、意大利及其他国家同行们的理论研究和实践，于1963年在奥地利的萨尔茨堡（Salzburg）召开的第八次土力学会议上正式将其命名为新奥法（NATM），并取得了专利权。之后，新奥法在欧洲、美国和日本等国家许多隧道与地下工程中获得极为迅速的发展，已成为现代隧道工程新技术的标志之一。新奥法认为围岩既形成了荷载，又是承载结构部分，视支护与围岩为一体，共同承载地层压力。因此，要求隧道建设过程中要减少对地层的扰动，利用锚杆和柔性材料等及时进行支护，快速封闭岩面并形成封闭环，以尽可能维护、提高和利用围岩的自身承载能力。

我国在20世纪70年代末开始了解和接受新奥法，并迅速推广，通过科研、设计、施工相结合，取得了较多的经验，积累了大量的数据，1986年王梦恕院士在北京复兴门地铁折返线工程中借鉴新奥法的部分理论基础，针对中国的具体工程条件开发出来一整套完善的地铁隧道修建理论和操作方法，创造了超前小导管支护技术、正台阶环形开挖留核心土等施工技术，根据现场施工经验总结出"管超前、严注浆、短进尺、强支护、早封闭、勤量测"的"十八字方针"，突出时空效应对防塌的重要作用，提出在软弱地层快速施工的理念，由此形成了浅埋暗挖法。

传统的矿山法（矿山巷道开挖）工程机理是使用"支撑"来抵御由于地层变化所造成的"松弛荷载"，其工程行为重在支撑效果和对支撑的处理上。新奥法工程机理是将围岩与锚喷支护联结成一个整体，允许围岩有一定的柔性变形，在变形及围岩应力的再分布过程中形成围岩锚喷体系的受力平衡。浅埋暗挖法更多应用于城市轨道交通工程中，这些工程本身的埋深较浅、地质条件及环境条件非常复杂，对地层及初期支护的变形非常敏感乃至严苛，所以初期支护以承担全部基础荷载进行初步设计，并通过二次模筑衬砌进行安全储备。特殊荷载由初期支护与二次模筑共同负担，与此同时，还会根据实际施工情况配合辅助施工方法，对围岩进行加固等，并构建出联合支护体系，为隧道开挖提供保障。为保证浅埋暗挖法充分发挥作用，可同时应用实时监控技术、信息反馈技术，做到安全施工和提高施工效率。

综合来看，浅埋暗挖法具有拆迁少、造价低、灵活性高的特征，对地面交通及施工周边环境不会产生太大影响，具有广泛的适用性，可以说是我国科学家经过长期的实践、科研，将传统的矿山巷道开挖方法、现代的新奥法结合中国国情、地情古为今用、洋为中用的重大创新。随着我国经济的不断发展、城市化建设进程的加快，在城市轨道交通工程建设过程中，轨道交通工程矿山法—浅埋暗挖法必将得到日益广泛的应用和发展。

1.2 术语和定义

1. 矿山法

矿山法是暗挖法的一种，主要用钻眼爆破方法开挖断面而修筑隧道及地下工程的施工方法。因借鉴矿山开拓巷道的方法，故名矿山法。

2. 矿山法隧道

采用从施工竖井、斜井、车站端头或横通道在地下开挖、支护、衬砌的方式修建地下隧道的施工方法。

3. 初期支护

锚杆、钢筋网、喷射混凝土或配合锚杆、格栅钢架或型钢钢架等联合使用的一种围岩支护形式。

4. 工作井

矿山法区间隧道施工前，一般需要竖向开挖一个施工竖井，并施作围护结构和支护结构，以满足隧道施工的出渣和进料。在轨道交通工程中，该竖井通常与风井等合建。

5. 超前小导管

超前小导管是隧道工程掘进施工过程中的一种对地层预加固的工艺方法，适用于隧道拱部软弱围岩、松散无黏结土层、自稳能力差的砂层及砂砾（卵）石层级破碎岩层。

6. 管棚

主要用于对于围岩变形及地表下沉有较严格限制要求的软弱破碎围岩隧道工程中，如软弱、砂砾地层和软岩、岩堆、破碎带地段，也常用于隧道洞口段或下穿雨水箱涵等建（构）筑物的支护。

7. 超前锚杆

爆破前，将超前锚杆打入掘进前方稳定岩层内，末端支承在拱部围岩内专为超前锚杆提供支点的径向悬吊锚杆，或支承在作为支护的结构锚杆上，使其起到支护掘进进尺范围内拱部上方的作用，有效地约束围岩，使其在爆破后的一定时间内不发生松弛坍塌。

8. 锁脚锚杆/管

锁脚锚杆是指隧道采用先拱后墙的方式开挖时，为确保安全，在进行下一道工序前于拱脚处垂直于岩壁打入锚杆，以防止拱脚收缩和掉拱。若采用中空的钢管，并进行注浆，则称为锁脚锚管。

9. 格栅钢架、型钢钢架

格栅钢架是隧道初期支护体系中常用的支护结构，格栅钢架单元一般由4根主筋和内部U形或"8"字形联结筋构成，端部采用钢板钻孔，便于螺栓连接。格栅钢架通常分为拱部、边墙和底部单元，连接成整体后具有较大的刚度，适用于围岩地质较差的地段。

型钢钢架则直接由工字钢弯制而成，具有更大的刚度和强度，适用于更加恶劣的地层条件。

10. 爆破

利用炸药爆炸所释放出的能量破坏周围介质，以达到开挖、拆除或破坏特定目标的一种手段。常用方法为深孔、浅孔、洞室爆破。

11. 二次衬砌

隧道工程施工在初期支护内侧施作的模筑混凝土或钢筋混凝土衬砌，与初期支护共同组成复合式衬砌，二次衬砌是相对初期支护而言。

12. 模板台车

模板台车是矿山法二次衬砌的专用设备,长度一般为 8~12m 不等,可利用液压装置伸缩、行走,较传统的钢模板更加方便快捷,极大地提高了隧道衬砌施工效率。

13. 物料提升设备

安装在施工竖井上方,用于吊装隧道开挖的土石方和其他工程原材料,是隧道施工中不可缺少的重要设备。

1.3 轨道交通矿山法工程施工工艺流程

矿山法施工工艺流程如图 1-1 所示。

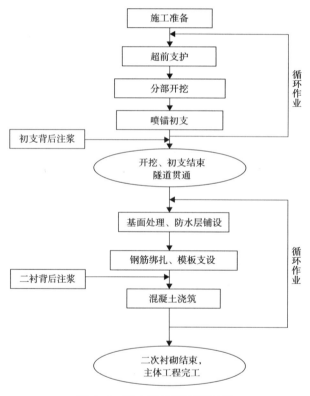

图 1-1 矿山法施工工艺流程

1.4 轨道交通矿山法工程特点

1. 线形地下作业

(1)城市轨道交通工程隧道一般呈线形布置于地下,造成线路的每个里程处的隧道断面、隧道上方的地质水文条件、工程环境都不尽相同。

（2）隧道开挖前方总会有一些不可预见的工程因素，这些因素如得不到有效控制，极有可能给工程造成较大的损失。

2. 施工环境复杂导致安全风险大

（1）轨道交通工程建设一般均在城市中心区穿越，地面或为密集建（构）筑物，或为交通要道，施工中稍有不慎，即会造成建（构）筑物、交通道路、管线的损毁，甚至造成人员伤亡。

（2）不同施工里程段工程地质条件、水文地质条件的变化以及不良地质条件的存在，都将增大掌子面失稳、拱顶塌方、结构变形、地表沉陷等安全事故的发生概率，地下施工作业风险大。

（3）施工中排放各类废气、废水的不可避免性以及地下有毒、有害气体存在的不确定性，地下作业空间的局限性，都导致施工作业环境恶劣。

3. 工法交错变化

（1）由于地质条件、地面环境条件的变化，开挖方式将随之变化，如人工开挖、机械开挖、人工结合机械开挖、钻爆法开挖、数控爆破法开挖等。

（2）相应的开挖工法也将因地质而异，因环境而异，因断面设计而异，全断面法开挖、台阶法开挖、CD法开挖、CRD法开挖、单侧壁导洞法开挖、双侧壁导洞法开挖、中洞法开挖、柱洞法开挖等都有可能轮番上阵。

4. 各类工序循环交叉作业

轨道交通工程施工的主要工序有开挖支护、防水施工和二衬施工。开挖支护又细分为隧道开挖、拱架架立、喷射混凝土作业、超前小导管作业、注浆施工等；防水施工又分为基面处理、防水板铺设、防水板保护施工等；二衬施工又分为钢筋施工、模板施工（或台车就位）、混凝土浇筑、二衬补注浆等。作业场地狭小，各项工序交叉进行，安全隐患大，文明施工管理难度大。

5. 工法适应性强，应用广泛

与明挖法施工相比，采用矿山法施工减少了地面管线迁改和房屋拆迁，大大减少了土方开挖量，受外界影响较小；与盾构法和顶管法相比，能适应不同断面、不同坡度、不同曲线半径的线路设计，能适应超硬岩地层的开挖，在采用辅助工法的前提下，也能够适应各类软弱不良地层，所以矿山法工法适应性强，应用广泛。

1.5 轨道交通矿山法工程主要开挖工法及选择原则

1.5.1 主要开挖工法

1. 全断面法开挖

全断面法开挖是指按设计将整个隧道开挖断面采用一次开挖成形（主要是爆破或

机械开挖）、初期支护一次到位的施工方法，适用于围岩自稳条件较好的地质条件。该工法主要特点如下：

（1）适用于围岩自稳条件较好的地质条件，如Ⅰ～Ⅱ级围岩。

（2）必须加强超前地质预探，地质变差时立即调整开挖方法。

（3）因单次开挖初支工程量大，各工序机械设备要配套，确保施工衔接紧凑，初支快速封闭。

（4）支护类型优先考虑锚杆和锚喷混凝土、挂网、撑梁等支护形式。

2. 台阶法开挖

台阶法开挖是将开挖断面分成两部或多部开挖，具有上下两个工作面（多台阶时有多个工作面），该工法在浅埋暗挖法中应用最广。该工法主要特点如下：

（1）主要适用于Ⅳ级～Ⅵ级围岩地质条件。

（2）上台阶留置长度不得超过1.5倍洞径，高度控制在2.5m内；根据不同的地质条件，台阶法开挖又分为长台阶、中台阶和超短台阶，超短台阶需增加临时横撑，地质条件越差，上台阶留置越短，封闭要求越快。

（3）为保持上台阶掌子面稳定，一般采用人工环形开挖预留核心土方式。

（4）开挖前必须进行超前地质预探及超前支护，支撑钢架下部落到实处，宜增加受力面积，地下水较大时应采取措施封堵或抽排，避免浸泡拱脚，并按设计角度打设锁脚锚杆/管。

（5）加强监控量测，上、下台阶须及时封闭成环。

3. 双侧壁导洞法开挖

双侧壁导洞法开挖也称为眼镜工法，是指先开挖隧道两侧的导坑，并进行初期支护，再分部开挖剩余部分的施工方法。该工法实质是将大跨度化整为零分成3个小跨开挖，一般采用人工、机械混合开挖，人工、机械混合出渣。该工法主要特点如下：

（1）主要适用于地层较差、断面较大的情况。

（2）工序复杂，由于测量原因或初支变形原因导致上下、左右钢架连接难度大。

（3）一般分七部开挖，完全封闭时间长，围岩多次扰动，累计沉降较大。

（4）左右导洞掌子面错开不少于15m，导坑内上下台阶距离则视地质情况而定。

（5）拆撑困难，且风险极大，必须拆一段，施作二衬一段，要制定拆撑专项方案，拆撑过程须加强监测。

4. 中隔壁（CD/CRD）法开挖

中隔壁（CD/CRD）法开挖是指在软弱围岩大跨度隧道中先开挖隧道一侧，并在设计中间部位施作中隔壁，当先开挖的一侧超前一段距离后，再分部开挖隧道另一侧的隧道开挖方法。CD法主要适用于地层较差和不稳定岩体，且地表下沉要求严格的地下工程施工；当 CD 法仍不能满足要求时，可在 CD 法的基础上加设临时仰拱，即所谓的 CRD 法。该工法主要特点如下：

（1）主要是将大跨变为小跨分部施工，施工中应严格遵守正台阶法的施工要点，每一分部开挖都要快速封闭成环，工作面留核心土或用喷射混凝土方法封闭。

（2）工作面不宜同时多开，减少沉降叠加效应，隧道断面跨度小于 6~7m 时，不宜采用 CRD 法。

（3）每一分部的开挖断面较小，只能采用小型机械或人工开挖，且分块多，工序多，导致施工进度较慢。

（4）为改善受力情况，中隔壁和水平横撑宜采用竖直隔墙和水平支撑形式。

（5）临时支撑的施作和拆除难度大，拆除过程中须加强监测，分段拆除，拆除一段后应立即施作二衬。

5. 中洞法开挖

中洞法开挖是指先开挖中间部分（中洞），在中洞内施作梁、柱结构，然后再开挖两侧部分（侧洞），并逐渐将侧洞顶部荷载通过中洞初期支护转移到梁、柱结构上。该工法主要特点如下：

（1）施工工序复杂，但两侧洞对称施工，比较容易解决侧压力从中洞初期支护转移到梁、柱上时产生的不平衡侧压力问题，施工引起的地表下沉较易控制。

（2）适用于无水、地层相对较好的情况。

（3）地表沉降均匀，两侧洞的沉降曲线不会在中洞施工的沉降曲线最大点叠加。

（4）初期支护自上而下，每部封闭成环，环环相扣，二次衬砌自下而上施作，施工质量易得到保证。

（5）施工安全性相对较好。

6. 柱洞法开挖

柱洞法是浅埋暗挖法的一种类型。施工时先开挖导洞，然后在导洞内施作条（桩）基、底纵梁、边桩、中柱、冠梁、顶纵梁，接着开挖并施作扣拱，最后在由桩（Pile）—梁（Beam）—拱（Arch）形成的支撑体系内，逐层向下开挖土体并施作内部结构，又被称为 PBA 法。柱洞法结合了盖挖法和暗挖法的优势，可以有效控制地表沉降，是修建地铁车站的一种重要工法。该工法主要特点如下：

（1）由于采用暗挖法施工，对地面和周边环境影响较小，适用于受环境条件限制无法进行明挖施工的地下结构工程。

（2）本工艺所引起的地面沉降变形相对较小，对保护暗挖结构附近的地下构筑物（桥桩、管线等）和周边建筑物的安全有利。

（3）与其他大跨度暗挖工艺（如中洞法、CRD 法等）相比，废弃工程量相对较少，结构受力条件较好，因此相对经济。

（4）不受结构跨度和层数限制，适用范围较广，特别适合距桥梁桩基和高层建筑物很近的地下工程的施工，因为边桩本身可起到隔离桩的作用，从而达到保护建（构）筑物安全的目的。

1.5.2 轨道交通矿山法工程开挖方法的选择原则

矿山法工程施工的开挖方法主要有全断面法、台阶法、CD/CRD法、柱洞法等多种方法。选择施工方法时，应该考虑以下几方面的因素：

（1）工程的重要性，一般由工程的规模、使用上的要求、工期的缓急等体现出来。
（2）隧道所处的工程地质和水文地质条件。
（3）施工技术条件和机械装备情况。
（4）施工中的动力和原材料供应情况。
（5）施工安全状况。
（6）有关污染、地面沉降等环境方面的要求。

轨道交通矿山法工程主要开挖方法示意图及重要性指标比较见表1-1。

轨道交通矿山法工程主要开挖方法示意图及重要性指标比较 表1-1

开挖方法	示意图	重要指标比较				
		使用条件	沉降	工期	防水	初期支护拆除量	造价
全断面法		地层好，跨度≤8m	一般	最短	好	无	低
台阶法		地层较差，跨度≤12m	一般	短	好	无	低
中隔壁法（CD法）		地层差，跨度≤18m	较大	较短	好	少	偏高
交叉中隔壁法（CRD法）		地层差，跨度≤20m	较小	长	好	多	高
单侧壁导洞法		地层差，跨度≤14m	较大	较短	好	少	低
双侧壁导洞法		小跨度，连续使用可扩大跨度	大	长	效果差	多	高
中洞法（双连拱）		小跨度，连续使用可扩大跨度	小	长	效果差	多	较高
中洞法（三连拱）		多层多跨	大	长	效果差	多	高
柱洞法		多层多跨	大	长	效果差	多	高

1.6 矿山法隧道施工应当遵循的"二十四字方针"

轨道交通工程隧道与铁路（或公路）的山岭隧道不同，一般均属于浅埋暗挖隧道。除少数硬岩段之外，多数地段会遇到软硬不均或多种复杂地层。在原"十八字方针"的基础上，根据施工经验不断完善，提炼总结出"管超前、严注浆、短进尺、弱爆破、强支护、早封闭、勤量测、速反馈、畅通信"的"二十四字方针"，采用矿山法施工时，应当严格遵循。

"管超前"——利用拱架为支点，使用超前小导管注浆防护。小导管间距为20~30cm，仰角为5°~10°，为避免管下土体松落，以较小仰角为宜。在开挖支护的过程中，要留出钢管在土体内作为支点的长度。

"严注浆"——在小导管超前支护后，立即压注水泥或水泥水玻璃浆液，填充地层孔隙，凝固后将地层胶结成为具有一定强度的"结石体"，使周围形成一个壳体，增强围岩自稳能力。每次注浆前必须对工作面进行喷射混凝土封闭，以防浆液在压力作用下溢出。"严注浆"的概念是广义的，既包含进行严格的拱部导管预注浆，又包含开挖下部及边墙支护前按规定预埋管注浆，还包括初期支护背后填充注浆。背后注浆是在低压力下（0.3~0.5MPa）对喷射混凝土背后进行加固填充，以防止拱顶下沉。

"短进尺"——一次注浆多次开挖，每次开挖长度应严格控制。建议当导管长3.5m时，每次开挖进尺0.75m，每次环状开挖，预留核心土。这种非爆破作业，减少了对围岩的扰动，及时喷射5~8cm厚混凝土层，再架设网构钢拱架，并进行挂网喷射混凝土。

"弱爆破"——钻爆法施工会因爆破振动对隧道围岩产生扰动，当隧道围岩受到爆破扰动时，在隧道周边产生一定厚度的围岩松弛圈。此时，隧道围岩的抗渗性及支撑能力会大大降低，特别是当隧道拱顶一定范围内遇到自地表贯穿裂隙或断层破碎带时，过量的爆破振动就会成为诱导产生较大灾变的主要因素。因此，对于钻爆法施工的区间隧道，必须进行控制爆破，即应采用光面爆破技术或预裂爆破技术，以减少围岩松弛圈的厚度；采用减振爆破技术，以保护隧道围岩及结构的稳定性。同时，弱爆破还能减少对地面建（构）筑物的扰动和变形。

"强支护"——在软弱地层和浅埋条件下进行地下区间隧道施工，其初期支护必须十分牢固，宁强勿弱，以确保万无一失。按照喷射混凝土→架设钢拱架→钢筋网→喷射混凝土的工序进行支护。浅埋暗挖法的网喷支护承载系数取较大值，一般不考虑二次衬砌承载力。

"早封闭"——采用正台阶法开挖时，通过量测，当上台阶过长、变形增加较快时，必须考虑临时支撑仰拱方能稳定。因此，要求台阶的长度为：双线不得大于1倍洞径，单线不得大于1.5倍洞径；下半断面紧跟，土体挖出一环，封闭一环，并及时封闭仰拱，使初期支护形成一个环状结构，此时变形曲线逐步趋于稳定。

"勤量测"——坚持以监控量测信息反馈指导施工，通过实测监测数据实时掌握隧道和地表因开挖初支引起的位移变形或应力变化，以监测信息化手段指导施工。

"畅通信"——矿山法隧道施工期间，必须保障隧道洞内通信信号处于良好状态，保证隧道洞内与地面、隧道内洞与监控室、相邻隧道之间通信时刻保持畅通，以利于施工组织及应急联络。

第 2 章
轨道交通矿山法工程施工监理工作概述

本章执笔：袁树广　戴人杰　樊博宁　王　珂

2.1 轨道交通矿山法工程监理工作依据

（1）与矿山法隧道施工相关的法律法规及国家、地方的技术规范、质量标准、操作规程。

①《中华人民共和国安全生产法》（2021 年修正）（主席令第八十八号）

②《中华人民共和国建筑法》（2019 年修正）（主席令第二十九号）

③《中华人民共和国环境保护法》（2014 年修正）（主席令第九号）

④《中华人民共和国职业病防治法》（2018 年修正）（主席令第二十四号）

⑤《建设工程安全生产管理条例》（国务院令第 393 号）

⑥《建设工程质量管理条例》（国务院令第 714 号）

⑦《危险性较大的分部分项工程安全管理规定》（住房和城乡建设部令第 37 号）

⑧关于实施《危险性较大的分部分项工程安全管理规定》有关问题的通知（建办质 [2018]31 号）

⑨《城市轨道交通工程质量安全检查指南》（建质 [2016]173 号）

⑩《地下铁道工程施工质量验收标准》GB/T 50299—2018

⑪《土方与爆破工程施工及验收规范》GB 50201—2012

⑫《混凝土结构工程施工质量验收规范》GB 50204—2015

⑬《地下防水工程质量验收规范》GB 50208—2011

⑭《通用硅酸盐水泥》GB 175—2007

⑮《优质碳素结构钢》GB/T 699—2015

⑯《冷轧带肋钢筋》GB/T 13788—2017

⑰《钢筋混凝土用钢 第 2 部分：热轧带肋钢筋》GB/T 1499.2—2018

⑱《建设工程监理规范》GB/T 50319—2013

⑲《建设工程文件归档规范》GB/T 50328—2014（2019 年版）

⑳《地铁设计规范》GB 50157—2013

㉑《混凝土结构工程施工规范》GB 50666—2011

㉒《建筑工程施工质量验收统一标准》GB 50300—2013

㉓《智能建筑工程质量验收规范》GB 50339—2013

㉔《城市轨道交通岩土工程勘察规范》GB 50307—2012

㉕《城市轨道交通工程监测技术规范》GB 50911—2013

㉖《城市轨道交通工程测量规范》GB/T 50308—2017

㉗《城市轨道交通地下工程建设风险管理规范》GB 50652—2011

㉘《建设工程施工现场供用电安全规范》GB 50194—2014

㉙《起重机械安全规程 第1部分：总则》GB 6067.1—2010

㉚《起重机械安全规程 第5部分：桥式和门式起重机》GB 6067.5—2014

㉛《起重机 钢丝绳 保养、维护、检验和报废》GB/T 5972—2016

㉜《钢筋机械连接技术规程》JGJ 107—2016

㉝《钢筋机械连接用套筒》JG/T 163—2013

㉞《建筑施工安全检查标准》JGJ 59—2011

㉟《建筑基桩检测技术规范》JGJ 106—2014

㊱《建筑基坑支护技术规程》JGJ 120—2012

㊲《施工现场机械设备检查技术规范》JGJ 160—2016

㊳《建筑机械使用安全技术规程》JGJ 33—2012

㊴《建筑施工塔式起重机安装、使用、拆卸安全技术规程》JGJ 196—2010

㊵《预拌混凝土生产质量管理技术规程》DBJ/T 15—74—2010

㊶《建筑地基基础设计规范》DBJ 15—31—2016

㊷《混凝土技术规范》DBJ 15—109—2015

㊸《预拌砂浆生产与应用技术管理规程》DBJ/T 15—111—2016

㊹《地铁限界标准》CJJ/T 96—2018

（2）经业主确认并经设计交底和会审的设计图纸、设计变更等有关设计文件。

（3）建设方委托监理合同和建设工程施工承包合同。

（4）经监理审核确认的施工组织设计或施工方案、分项工程施工工艺措施、质量安全保证措施等。

（5）已批准的监理规划。

（6）经批准的相关监理实施细则。

2.2 轨道交通矿山法工程施工监理工作程序

轨道交通矿山法工程施工监理工作程序如图 2-1 所示。

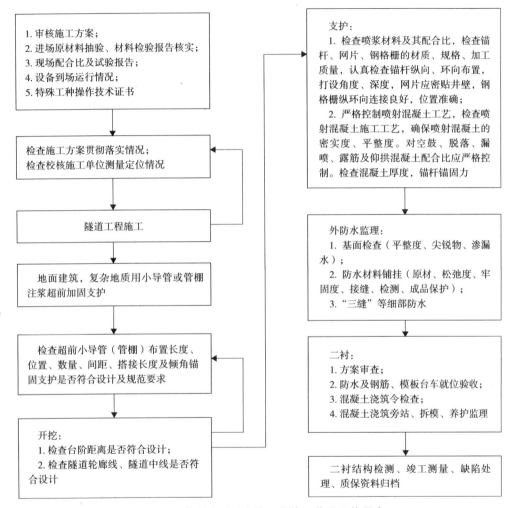

图 2-1 轨道交通矿山法工程施工监理工作程序

2.3 轨道交通矿山法工程开工前条件验收

2.3.1 验收组织

1. 验收组织

轨道交通矿山法工程具备开工条件时，由监理单位组织验收，验收应按合同以施工标段/工区为单位进行，监理单位项目总监担任验收组组长。若建设单位有特别要求，按建设单位要求执行。

2. 参加人员

验收组成员由建设单位相关人员，监理单位项目总监、项目安全总监、项目总监代表，设计及勘察单位现场代表，工程总承包单位代表、施工单位项目经理、项目总工程师、项目安全总监，第三方监测单位代表等人员组成。

2.3.2 验收程序

工程具备开工条件后，首先由施工单位组织自检，自检合格并填写《开工前条件验收申请书》（表 2-1）、《开工前条件施工单位验收表》（表 2-2），报监理单位项目监理机构审查。

开工前条件验收申请书 表 2-1

致（监理单位）： 　　按《＿＿＿＿＿＿＿＿＿＿施工前条件验收管理办法》要求，已经完成＿＿＿＿＿＿＿＿＿＿，经自检，已符合验收条件（见《关键节点施工前条件施工单位验收表》），现申请验收。 施工单位项目部（章）： 项目经理签字：　　　　　　　　　　　　　　　　　　　　日期：
专业监理工程师审核意见： 专业监理工程师：　　　　　　　　　　　　　　　　　　　　日期：
总监理工程师审查意见： 监理项目部（章）： 总监理工程师：　　　　　　　　　　　　　　　　　　　　　日期：

注：由承包单位呈报三份，批准后监理单位留一份，退承包单位一份。

开工前条件施工单位验收表　　　　　　　　　　　　　　　　　　表 2-2

工程名称				施工前条件验收项目		
施工单位				监理单位		
序号	验收条件	内容	验收要点		施工单位自检意见	验收结论
1	主控条件					
2						
3						
4						
5						
6						
7						
8						
1	一般条件					
2						
3						
4						
5						
6						
7						

施工单位项目经理（签字）：　　　　　　　　　　　　　　　　　　　年　月　日

注：本表由施工单位填写，作为施工单位条件验收申请和条件验收意见的附件，建设单位、监理单位、施工单位各存一份。

监理单位组织施工单位进行工程开工前条件初步验收，若满足验收条件，由项目总监理工程师组织开工前条件验收会议；若不满足验收条件，则由施工单位进行整改，待条件具备时，重新自检并报验。

对于验收时验收组发现的问题，监理单位应进行记录，施工单位应整改落实并按要求填写《轨道交通矿山法工程单位（分部）工程开工条件验收表》（表 2-3），项目总监理工程师应根据验收组提出的整改要求限期督促施工单位整改并及时组织复查。

对于验收时发现的问题,应逐项进行记录,若存在的问题不足以影响工程开工,可责令施工单位限期整改,填写《开工前条件验收记录表》(表2-4),验收结论为"通过",项目总监理工程师签发《工程开工令》,工程开工;若存在足以影响工程开工的验收问题,验收结论为"不通过",由施工单位组织进行整改,然后按上述程序重新组织验收合格后方可开工。

2.3.3 验收内容

轨道交通矿山法工程开工前条件验收,按照《轨道交通矿山法工程单位(分部)工程开工前条件验收表》(表2-3)的要求进行核验。

轨道交通矿山法工程单位(分部)工程开工条件验收表　　表2-3

工程名称				施工单位	
序号	类别		检查内容	控制要点	检查结果
1	进场人员	项目管理人员	1.人员组织架构; 2.人员到岗及持证上岗情况	1.人员配备应满足施工合同要求,项目组织架构清晰、分工明确; 2.项目经理及安全管理人员应持安全生产考核合格证上岗	
		特种作业人员	1.特种作业人员持证情况; 2.三级安全教育及技术交底情况	1.电工、电焊工、起重工、司索指挥工、架子工、爆破工等特种作业人员须持有效证件上岗; 2.特种作业人员劳动防护用品发放及佩戴齐全; 3.三级安全教育及安全技术交底须全员覆盖	
		一般施工人员	三级安全教育及技术交底情况	1.劳动防护用品发放、佩戴齐全; 2.三级安全教育、技术交底须全员覆盖	
2	进场设备	常规设备	进场报审及设备验收	1.设备随机文件如出厂合格证、设备铭牌等齐全有效; 2.设备安全部件配置齐全、无损	
		特种设备	起重吊装设备(汽车吊、履带吊、龙门吊等)及压力容器罐等进场报审及验收	1.设备随机文件如出厂合格证、设备铭牌等齐全有效; 2.起重设备年检记录符合要求,压力容器按照要求进行检验标定; 3.设备上的各种安全防护和保险装置及各种安全信息装置必须齐全有效; 4.龙门吊、桥式起重机等设备须经政府部门办理使用登记手续; 5.特种设备按规定进行定期维修保养	
3	进场材料及构配件	材料进场	资料报审及堆放	1.进场材料及构配件规格、品种、型号符合设计及规范要求,合格证及质量证明文件须齐全有效; 2.材料及构配件应按照总平面布置图堆放整齐,设置分类标识; 3.水泥、粉煤灰等粉尘材料须密闭存放或采取覆盖措施; 4.易燃易爆材料必须分类储藏在专用库房	

续表

工程名称			施工单位		
序号	类别	检查内容		控制要点	检查结果
3	进场材料及构配件	材料见证送检	原材料及加工件按批次送检	按照所在地见证送检规定进行见证，并满足以下要求： 1. 见证人须持有试验检测资格证书，并对见证样品的代表性、真实性负责； 2. 试样或其包装上应作出标识、封条。其上应标明样品名称、数量、工程名称、取样部位、取样日期，并由取样人和见证人签字； 3. 见证试验报告单须由见证人签名盖章，而且加盖"见证试验"专用章； 4. 检验样品一经抽取，不得更换； 5. 初次送检不合格的材料及加工件应按规定复检，复检仍不合格的做退场或作废处理	
4	施工方案	施工组织设计	按照《建筑施工组织设计规范》GB/T 50502—2009编制	1. 编审程序应符合相关规定； 2. 施工进度、施工方案及工程质量保证措施应符合施工合同要求； 3. 资金、劳动力、材料、设备等资源供应计划满足工程施工需要； 4. 安全技术措施应符合工程建设强制性标准； 5. 施工总平面图布置应科学合理	
		危大专项方案		1. 对达到一定规模的危险性较大的分部（分项）工程须编制专项施工方案； 2. 该专项施工方案由建筑施工企业相关专业工程技术人员编制，施工企业技术部门的相关专业技术人员审核后，由施工企业技术负责人审定； 3. 施工企业完成审查后报监理单位专业监理工程师审核，监理单位总监理工程师签字； 4. 上述编制、审核、审定者应在专项施工方案上签名，并注明技术职称等资质； 5. 方案编制完成后须通过专家论证； 6. 经专家论证的专项施工方案，经建设单位批准后方可实施	
		一般专项方案		1. 编审程序应符合相关规定； 2. 工程质量保证措施应符合有关标准	
		应急预案	按照《生产经营单位生产安全事故应急预案编制导则》GB/T 29639—2013编制	1. 预案应具有针对性，且明确就近定点医院； 2. 救援组织、救援器材设备配备、救援演练计划等应具有可操作性； 3. 危险性较大的施工作业（如深基坑、爆破施工、起重吊装等）和常见意外情况（如中暑、食物中毒、火灾、有毒气体等）应制定具有针对性的应急救援措施； 4. 是否已进行应急预案演练	
5	分包单位	资质审查	1. 营业执照、企业资质等级证书； 2. 安全生产许可文件；	1. 审核分包合同的合法性，严禁转包和违法分包； 2. 分包商资质报审按照规范表格填写；	

续表

工程名称				施工单位		
序号	类别		检查内容	控制要点		检查结果
5	分包单位	资质审查	3. 类似工程业绩； 4. 专职管理人员和特种作业人员的资格	3. 总承包单位须与分包单位签订安全管理协议		

检查人员：

时间：

注：本表针对矿山法工程施工所涵盖的各类工法、工序，从人、机、料、法以及分包单位资质审核等方面进行编制，阐述在施工准备阶段监理应进行的审查项目及控制要点。

开工前条件验收记录表

表2-4

工程名称		施工前条件验收项目	
施工前条件验收项目		日期	

验收内容：
_____条主控条件和_____条一般条件，各项验收内容及验收结论详见施工前条件验收表

验收组意见：

验收结论：

　　　　　　　□通过　　　　　□不通过

验收组成员	工作单位	职务	签字
	建设单位		
	勘察单位		
	设计单位		
	监理单位		
	第三方检测		
	专家		

注：本表由监理单位组织填写，建设单位、监理单位、施工单位各存一份。

2.3.4 开工条件验收流程

开工条件验收流程如图 2-2 所示。

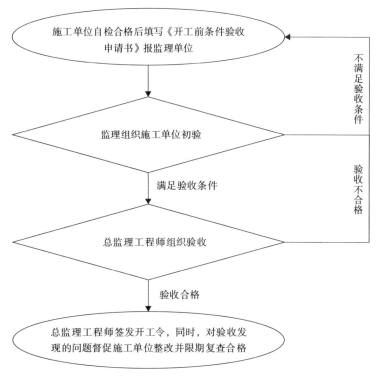

图 2-2 开工条件验收流程

2.4 轨道交通矿山法工程施工主要报审方案

施工单位在矿山法工程施工前需要上报的专项施工方案及监理机构审查要点(包括但不限于)见表 2-5。

轨道交通矿山法工程施工方案编制清单及审查重点　　表 2-5

方案类别	方案名称	审查重点
总体方案	总体施工组织设计	总体施工组织设计审查内容： 1. 编审程序是否符合相关规定； 2. 施工进度、施工方案及工程质量保证措施是否符合施工合同要求； 3. 资金、劳动力、材料、设备等资源供应计划是否满足施工需要； 4. 安全技术措施是否符合工程建设强制性标准； 5. 施工总平面布置是否科学合理
	临时用电方案	
	安全文明施工方案	
	测量与监测方案	
	应急预案	
	临建方案	

续表

方案类别	方案名称	审查重点
危大方案	深基坑（工作井）开挖方案	1.危大方案须由施工单位专业技术人员进行审批、签字并加盖公章； 2.危大方案审查内容： 1）工程概况：工程概况、施工平面布置、施工要求和技术保证条件； 2）编制依据：相关法律法规、规范性文件、标准、规范及图纸（国标图集）、施工组织设计等； 3）施工计划：施工进度计划、材料与设备计划； 4）施工工艺技术：技术参数、工艺流程、施工方法、检查验收等； 5）施工安全保证措施：组织保障、技术措施、应急预案、监测监控等； 6）劳动力计划：专职安全生产管理人员、特种作业人员等； 7）计算书及相关图纸。 3.专家评审要求由5名及以上符合相关专业要求的专家组成，本项目参建各方人员不得以专家身份参加专家论证会
危大方案	爆破方案	
危大方案	起重设备安装及拆卸施工方案	
危大方案	下穿建（构）筑物专项施工方案	
危大方案	穿越特殊地层（富水砂层、断裂带等）专项施工方案	
一般方案	矿山法隧道施工方案	一般方案审查内容： 1.编审程序是否符合相关规定； 2.施工进度、施工方案及工程质量保证措施是否符合施工合同要求； 3.资金、劳动力、材料、设备等资源供应计划是否满足施工需要； 4.安全技术措施是否符合工程建设强制性标准
一般方案	工作井围护结构施工方案	
一般方案	工作井结构专项施工方案	
一般方案	洞门（马头门）专项施工方案	
一般方案	联络通道施工方案	
一般方案	二衬台车专项施工方案	
一般方案	二衬施工方案	
一般方案	质量缺陷处理专项施工方案	
一般方案	渗漏水处理专项施工方案	
一般方案	临时支撑拆除（或换拱）专项施工方案	

第 3 章
轨道交通矿山法地质补充勘探监理及超前地质预报监理

本章执笔：谢小兵　袁树广　任仕超　李学逊　杨　康　刘翔启　刘　智
　　　　　郭广才　肖正茂　陈丹莲　沈学贵　徐明辉　李书圆

3.1 轨道交通矿山法工程地质补勘监理

地质补勘是指项目经过初步勘察、详细勘察或者一次性勘察并提交合格的地质勘察报告，施工单位进场之后，由施工单位在勘察设计单位提供的地质勘察报告基础上所做的补充勘察工作。

3.1.1 地质补勘目的

（1）对工程地质、水文地质复杂地段、特殊地段或有施工特殊要求的区段，进行工程地质补勘，为施工图设计跟踪提供依据，为工程重难点的确定、施工方案的制定、重大风险源的辨识及预防措施制定等提供更加准确的工程地质、水文地质依据。

（2）地质补勘确认地质条件特殊地段岩土特征、岩土分布、岩土界面，划分和描述工程地质分层，提出隧道围岩分级，及土、石可挖性分级，详细查明岩土物理、力学参数等。

3.1.2 地质补勘方法

为达到补勘的目的，补勘过程中采用的勘察方法主要有：钻探取芯、物探、野外原位测试（标准贯入试验）、室内试验等多种勘察方法。整理并综合分析评价各方法获取的信息，按照规范规定要求编写完成岩土工程补充勘察报告。

（1）钻探：根据详勘报告布置补勘孔的位置，包括钻孔的测放、管线探测、开孔前的工作检查（为确保管线安全特别强调开孔前必须挖探 6m 以上）、钻进过程检查，以保证岩芯的采取率和岩、土、水样的采集，并做好地质编录、钻孔质量综合验收、岩芯拍照和孔口封孔等工作。所有钻孔钻完以后均需进行孔位复测。

（2）原位测试：主要为标准贯入试验、旁压试验，标准贯入试验在所有的钻孔中进行，利用试验的锤击确定砂土的密实度、黏土的状态等。

（3）室内试验：室内试验操作及成果分析必须执行《城市轨道交通岩土工程勘察

规范》(GB 50307—2012)以及《土工试验方法标准》(GB/T 50123—2019)等。

(4)工程物探：工程物探工作主要包含电阻率测井（用于测试土层、岩层的电阻率）和声波测试（原位测定横波波速、纵波波速，结合室内岩块测试资料，计算岩体完整性系数，划分地基土类型、场地类别、岩层风化带、隧道围岩分级、弹性模量、泊松比等）。

以上各种勘察方法均需按照补勘方案及相关规范的要求进行。

3.1.3 地质补勘适用范围

轨道交通矿山法工程一般有三种情况需要进行地质补充勘察：

(1)矿山法工程施工前，施工单位应仔细研读勘察单位提交的地质勘察报告，对某些特殊地段，如洞口段、联络通道段、特殊地层段、过建（构）筑物管线段等，应进行补充勘察，以便全面摸清相应地段的地质状况，保证隧道开挖施工的安全及进度要求。

(2)若勘察单位所提交的地质报告中已明确说明由于地质勘察期间遇到局部无法施工的情况（如部分地段因原建筑未拆除或因存在争议而无法进行地质勘察等），当条件具备后，施工单位进场后应对上述局部地段进行补充勘察，作为对原地质勘察报告的补充资料。

(3)场地条件复杂或有特殊要求的工程，按《岩土工程勘察规范》GB 50021—2001(2009年版)也宜进行补充勘察（施工勘察）。

3.1.4 矿山法工程地质补勘重点部位

(1)存在不良地质的情况，包括高应力软岩地质条件、高压力岩溶腔地质条件、膨胀性围岩地质条件、高承压水地质条件、破碎断层带地质条件、低承载力软弱围岩等；

(2)施工竖井、横通道及主隧道进洞处；

(3)邻近重要建（构）筑物及管线、既有线等；

(4)地质条件变化附近；

(5)隧道断面变化处；

(6)策划的隧道贯通点；

(7)区间联络通道。

3.1.5 地质补勘监理控制要点

1. 事前控制

(1)审查承包商的施工资质情况，如为专业分包应要求提交分包商进场申报表，重点检查承包商（分包商）的营业执照、资质、业绩以及管理人员、特种作业人员持证情况等。

（2）审核承包商的专项施工方案（地质补勘方案）、施工组织机构及相关人员配置情况，项目监理在检查符合要求后签字确认并存档，在施工过程中如承包人要求调换有关人员，必须得到监理批准。

2. 事中控制

（1）检查核对钻孔的深度、间距，以及补充勘察范围是否符合上述专项施工方案。

（2）检查地质补勘的芯样是否保存完好。

（3）检查地质补勘孔位的封堵及有无钻杆掉入等情况，为后续隧道开挖扫除障碍。

3. 事后控制

审查并核对地质补勘单位所提交的地质补勘成果报告，结合现场实际及设计文件最终确定地质情况，并据此指导施工。

3.1.6　地质补勘常见质量问题及预防措施

1. 常见质量问题描述

（1）地质补勘孔位间距过大，地质剖面图绘制不准确，存在错漏。

（2）芯样保存不当，未做好标识，致使补勘成果与前期的勘察成果偏差较大。

2. 原因分析

（1）补勘孔位间距过大，一方面可能受现场环境影响，钻孔取芯困难或无法取芯；另一方面受人为操作影响。

（2）钻孔操作不当导致芯样损毁，芯样未妥善保管被雨水侵蚀等。

3. 预防措施

（1）结合地质补勘的实际环境编制专项施工方案，尽量避开客观环境上的不利因素。

（2）加强施工作业人员的技术交底，严格按照专项施工方案和相关规范要求进行取样、标识，尽量减少人为因素对勘察结果的影响。

3.2　超前地质预报监理

超前地质预测预报是在隧道开挖时，对掌子面前方及其周边的围岩与地层情况做出超前预报。为保证隧道的顺利施工，避免地下水发育地段突水、突泥的发生，防止地表水、地下水流失，确保隧道施工安全，需要采取有效措施对隧道掌子面地质情况进行较为准确的预测预报，根据隧道的具体情况，判定超前地质预报内容并纳入工序管理之中。经过超前地质预报，在开挖后对地质条件再次认知，通过对比反馈信息和分析，逐步提高对围岩的预报判断的准确性。

3.2.1 超前地质预报目的

通过超前地质预报可以了解和判断掌子面一定距离内不良地质的性质、位置、宽度和影响隧道的长度，由此判断地下水情况、围岩的级别和对施工的影响。降低地质灾害发生的风险及概率，进而达到以下目的：

（1）在隧道施工开挖过程中，核对、监测和编录地质条件变化情况，核实并及时修正围岩分级、预留变形量、支护参数等，改进设计及施工方案；

（2）对地质条件复杂的隧道，在详细勘察资料基础上，通过超前地质预报，核实和修正地层岩性分界线、断层位置及规模等重要地质界面；

（3）对岩溶、集中涌水、煤层瓦斯、采空区等灾害性地质进行超前探测、超前预报和必要的超前释放，预防突发性地质灾害的发生。

（4）根据监测成果结合掌子面地质条件调查，做好围岩变形管理和预防。

3.2.2 超前地质预报方法

矿山法隧道开挖前，为提前探明开挖面前方的实际地质状况，监理应要求施工单位进行超前地质预报（图3-1）。现有的超前地质预报方法较多，有超前导坑法、正洞地质素描、水平超前探孔、TSP203探测法、声波测试、红外探测、电磁波法、弹性波法、高密度电法等，现场采用较多的为水平超前探孔、弹性波法探测，为使超前地质预报的结果更为精确，通常应采用两种或两种以上方法进行预报，以方便对勘察结果进行交叉对比。

图 3-1 矿山法隧道超前地质预探

要推动隧洞超前预报水平，提高预报准确度，就必须将地质调查方法与多种物探方法有机结合起来，对地质物探资料进行系统处理和综合分析。其工作方法和主要内容为：

1. 收集、熟悉地质资料

了解工程区内宏观的地质环境、大型构造形迹的发育分布规律以及工程围岩所处的具体构造部位、岩体的结构特征、节理裂隙发育程度、岩体完整性、岩石（体）强度、地下水状态等；掌握全隧洞的地质背景，指出存在的不良地质问题和地段，还要知道各段围岩的稳定程度，及可能发生地质灾害的位置、规模、性质和防治措施，目的在于保证隧洞施工设计、施工方法和措施能顺应地质情况的变化适时做出调整和修改。

隧道所在地区不良地质宏观预报，是通过研究既有区域地质、工程地质资料，必要时进行地表补充测绘，全面了解隧址区地质情况，分析和把握存在的主要工程地质问题、主要地质灾害隐患及其分布范围，在隧道内揭示的大致里程等，宏观预报洞体施工可能遇到的不良地质类型、规模、大致位置和方向，宏观预报施工地质灾害的类型和发生的可能性。只有在宏观预报的原则指导下，才能更准确、更有效地实施洞体不良地质超前预报和施工地质灾害监测、判断等后续预报工作。所以，宏观预报是施工地质灾害超前预报不可或缺的第一道工序。宏观预报主要包括以下几方面内容：

（1）深入的隧道地面地质调查技术

它是区域不良地质分析的基础，当然，也是宏观预报的基础。主要包括：地层地质调查、地质构造调查、岩浆岩侵入调查、岩溶地质调查、煤系地层调查和水文地质调查等技术。

（2）隧道区域不良地质分析技术

它是隧道所在地区不良地质宏观预报的依据。因为大多数隧道不良地质体本身就是区域地层、地质构造或岩溶地质体的一部分。主要包括：地层层序和特殊岩层分析，构造体系、构造形式和构造分布规律分析，地应力状态分析，岩浆岩侵入体成因、产状分析等。

2. 施工地质编录

对已开挖洞段地质状态做详细真实的描述，可作为超前预报的依据，该内容包括岩性、岩石坚硬程度及完整情况、断层及破碎带、节理裂隙、地下水状态、不良地质现象等。

地质素描是对开挖面的地质情况如实且准确的反映。素描的主要内容包括地层岩性、构造发育情况（含断层、贯穿性节理、夹层或岩脉）、地下水的出水状态、围岩的稳定性及初期支护采用的方法等。正洞地质素描是利用所见的正洞已开挖段的地质情况预报前方可能出现的不良地质条件（断层等）。针对断层而言，又分为断层露头作图法和断层前兆特征法。断层露头作图法对结构面向开挖后方倾斜的断层预报效果较好，因为断层先在隧道底出露，对岩体稳定性影响不大时就可以发现；对于向掌子面前方倾斜的结构面，因为断层先在顶部出现，预报时效果相对较差。正洞地质素描的优点是不占用施工时间，设备简单，不干扰施工，出结果快，预报效果好，而且为整个隧道提供了完整的地质资料；缺点是对与隧道夹角较大而又向前倾的结构面容易产生漏报。

3. 围岩特性测试

根据工程需要，对岩石物理力学特性进行补充测试，如岩石点荷载强度、岩石回弹值、岩体弹性模量、软弱面剪切强度等，有时还应进行初始地应力和二次应力场的测试等。上述数据是预报围岩稳定性的重要参数。

4. 地球物理探测

根据岩体不同物理性质量测一定距离以内的物理力学参数变化，据此判断出隧洞工作面前方的地质情况。可采用多种物探仪器进行超前探测，常用的物探方法有地震反射、声波反射、地质雷达、TSP203隧道超前地质预报系统等技术。

（1）水平超前探孔方法是在隧道内安放水平钻机进行水平钻进，根据隧道中线水平方向上的钻孔资料来推断隧道前方的地质情况。钻孔的数量、角度及钻孔长度可人为设计和控制。一般可根据钻进速度的变化、钻孔取芯鉴定、钻孔冲洗液的颜色和气味、岩粉以及在钻探过程中遇到的其他情况来判断。这种方法可以反映岩体的大概情况，比较直观，施工人员可根据现场地质情况安排下一步的施工组织。

超前钻探分为长距离（80m）、中距离（40～60m）和短距离（15～30m）三种形式；分为取芯和不取芯两种类型。超前钻探的布孔数量，视不良地质的性质和可能发生施工地质灾害的严重程度来决定。对于较大的断层破碎带，布置2～3孔即可达到目的；对于溶洞、暗河或岩溶淤泥带等可能突水区段，则以布置5孔为宜。布孔的位置则主要依据长距离、短距离地质超前预报的结论来确定。

水平超前探孔存在不足之处：①在复杂地质条件下预报效果较差，很难预测到正洞掌子面前方的小断层和贯穿性大节理，特别是与隧道轴线平行的结构面，其预报无反映；②钻孔与钻孔之间的地质情况反映不出来。

（2）TSP203地质超前预报系统是利用地震波的反射原理进行地质预报。预报时，爆破产生的地震波在隧道中的岩体内传播，当遇到地震界面时，如断层、破碎带、溶洞、大的节理面等，一部分地震波被反射回来，反射波经过一段短暂时间到达传感器后被接收并被记录主机记录下来，然后经专门的TSPwin物探分析软件进行分析处理，如发射与发射之间的时间差、相位差、反射信号强弱、纵波与横波的比率等，并结合区域地质资料、跟踪观测地质资料就可以确定隧道前方及周围区域地质构造的位置和特性。可以检测出掌子面前方岩性的变化，如不规则体、不连续面、断层或破碎带。作为一种长距离的预报方法，可以在钻爆开挖方式的隧道中使用，而且不必接近掌子面，预报距离可达掌子面前方100～200m甚至更远。

工作时在隧道中进行数据采集的时间约为60min。24个炮孔布置在隧道的一侧边墙，在隧道两侧壁钻制两传感器孔（ϕ43mm），把环氧树脂放入其中，之后将套管推进，并使之与围岩紧密耦合。传感器置入套管中，依次击发各炮，从掌子面前方任一波阻抗差异界面反射回来的信号及直达波信号将被高灵敏的三轴传感器接收下来。TSP203的TSPwin软件可以记录压缩波（P波）和剪切波（S波）的全部波场，并能计算出预报区域内的岩石力学参数（如波速、泊松比、弹性模量等）（表3-1），结合数据处理后可生成二维结果图和反映与量测距有对应关系的纵波波速、泊松比、弹性模量岩石参数曲线（方波）图。在岩石基本质量分级划分的有关规范中，泊松比、弹性模量、纵波波速是基本的定量力学参数。泊松比为横向应变与竖向应变之比，该数值的大小反映岩石的软硬程度，其数值越大岩石越软；弹性模量为应力与应变之比，反映岩石变形的大小，其数值越大变形越小；纵波波速反映岩石的硬度与完整性，其数值越大岩石越坚硬、越完整。

岩体物理力学参数表　　　　　　　　　　　　　　　　表3-1

岩体基本质量级别	泊松比	弹性模量（GMP）	纵波波速（m/s）	抗压强数（MPa）	代表岩石
Ⅰ	< 0.2	> 50	> 4500	> 60	岩浆岩、变质岩、硅钙质岩
Ⅱ	0.2 ~ 0.25	20 ~ 50	3500 ~ 4500	30 ~ 60	岩浆岩、变质岩、硅钙质岩
Ⅲ	0.25 ~ 0.30	5 ~ 25	2500 ~ 4000	15 ~ 30	钙质、泥钙质岩、破碎岩
Ⅳ	0.30 ~ 0.35	2 ~ 10	1500 ~ 3000	5 ~ 15	泥钙质岩、破碎岩
Ⅴ	> 0.35	< 2	< 2000	< 5	各种构造破碎岩

（3）地质雷达属于电磁波物探技术。电磁波通过天线向地下发射，遇到不同阻抗界面时，将产生反射波和投射波。接收机利用分时采样原理和数据组合方式，把天线接收的信号转化为数字信号，主机系统再将数字信号转化为模拟信号或彩色信号，并以时间剖面的形式显示出来，供解译人员分析。关键技术是成果的解译技术。

（4）所有物体都能发射出不可见的红外线能量，能量的大小与物体的发射率成正比。而发射率的大小取决于物体的物质和它的表面状况。当隧道掌子面前方及周边介质单一时，所测得的红外场为正常场，当前面存在隐伏含水构造或有水时，他们所产生的场强要叠加到正常场上，从而使正常场产生畸变，据此可判断掌子面前方一定范围内有无含水构造。现场测试有两种方法：一是在掌子面上，从上、中、下及左、中、右六条测线的交点测取9个数据，根据这9个数据之间的最大差值来判断是否有水；二是由掌子面向掘进后方（或洞口）按左边墙、拱部、右边墙的顺序进行测试，每5m或3m测取一组数据，共测取50m或30m，并绘制相应的红外辐射曲线，根据曲线的趋势判断前方有无含水。

5. 地质物探综合分析

组成以地质工程师为主物探并包括相关工程技术人员的施工地质组，对上述地质和物理探测资料进行整理和综合分析，最后做出施工面前方不良地质问题的预测预报。

3.2.3 超前地质预报质量控制流程

超前地质预报质量控制流程如图 3-2 所示。

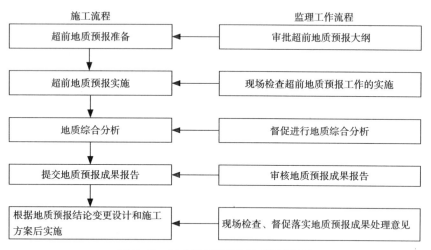

图 3-2 超前地质预报质量控制流程

3.2.4 超前地质预报施工监理控制要点

1. 事前控制

（1）督促施工单位将超前地质预报工作纳入施工组织管理。

（2）监督检查施工单位现场专业技术人员（地质、物探）的数量及能力、设备类型及数量，以及超前地质预报的实施和数据采集等，仪器设备的性能、精度及效率需满足预报和工期要求。

（3）超前地质预报实施单位应及时将成果送达各有关方，以保证预报结果的及时性。

（4）超前地质预报的内容应包括围岩等级、地下水分布、断层预报、岩溶预报、煤层瓦斯预报等。

2. 事中控制

（1）将超前地质预报纳入施工工序的一部分，做到超前地质预报专人负责，先探测，后施工；不探测，不施工。

（2）超前钻孔施工布孔合理，钻孔位置、孔深、孔斜应满足专项方案要求。

（3）从钻进的时间、速度、压力、冲洗液颜色、成分以及卡钻、跳钻等和岩性、构造性质及地下水等情况进行综合分析，以便掌握实际地质条件。综合不同位置钻孔的钻进时间变化曲线，大致确定岩层的规模和产状。

（4）在隧道拱部探测孔按一定间距布置，超前地质钻孔深度6m，外插角度不应大于30°，对于Ⅴ级围岩土石方交界地段，必要时补充探孔数量。

（5）地质超前预报时间安排根据地质超前工作量、预测频率及每次开挖支护循环进尺进行。

3. 事后控制

（1）根据超前钻孔资料结合地质素描、施工勘察地质横纵剖面图等手段判别围岩情况，从以下几个方面对围岩进行预报，内容主要包括：

①围岩完整性；

②岩石岩性；

③岩层走向、节理、裂隙、断层等；

④岩土分界面；

⑤出水点、渗水点的位置和渗水量等。

（2）超前地质预报成果应定时发送驻地监理，现场监理工程师应对预报成果进行对比分析，主要是结合已有勘察资料，检验实际地层岩性是否与设计围岩级别相吻合。当不吻合时，应及时与设计单位沟通，以便调整围岩级别和施工方案。

（3）隧道开挖过程中结合围岩情况与预测的围岩情况进行对比，并分析总结，找出预报误差产生的原因，以便在下次预报中进行修正，确保预测的准确性。

3.3 地层超前支护及加固施工监理

当轨道交通工程通过不良地质地段，围岩自稳时间不能满足隧道安全开挖要求时，宜采用超前支护、先加固后开挖的方法。超前支护是保证隧道开挖工作面稳定而采取的一种辅助措施。常用的地层超前支护及加固的主要措施有：管棚支护、超前锚杆支护、超前小导管注浆支护、地层注浆加固等。

3.3.1 管棚支护

1. 适用范围

管棚支护是浅埋暗挖隧道施工的一种辅助工法，为隧道开挖提供超前支护，适用于软岩隧道施工中破碎带、松散带、软弱围岩、涌水层、涌砂层及穿越特殊建（构）筑物等特殊地段，为隧道洞身开挖提供安全保障（图3-3）。

图 3-3 管棚支护

2. 工程建设相关规范主要条文

(1)《地下铁道工程施工标准》GB/T 51310—2018 规定:

1)超前小导管和管棚应根据地层情况进行设计,其支护设计参数宜符合表 3-2 所示相关规定。

支护设计参数 表 3-2

支护形式	适用地层	钢管直径 (mm)	钢管长度 (m)	钢管上钻设注浆孔间距 (mm)	钢管沿拱部环向布置间距 (mm)	钢管沿拱部环向外插角	沿隧道纵向两排钢管搭接长度(m)
小导管	土层	30~50	3~5	100~150	300~500	10°~25°	≥1
管棚	土层或不稳定岩体	80~180	8~40	100~150	300~500	不大于3°	≥1.5

2)超前小导管和管棚加工制作应符合下列规定:

①钢管应直顺,规格、型号、壁厚应符合设计文件要求;

②小导管和管棚入岩部分打孔应呈梅花形布置;

③小导管锤击打入时,其尾部宜补强,前端应加工成尖锥形;

④管棚钢管纵向连接丝扣长度不应小于 150mm,管锥长度不应小于 200mm;管锥连接后不得有外露丝扣。

3)管棚施工前应将工作面封闭严密、牢固,清理干净,并测放出钻设位置后方可施工,成孔应符合下列规定:

①钻孔的外插角允许偏差应为 1°;

②管棚施工前应先施工导向墙,其上安装管棚导向钢管,待导向墙混凝土达到设计文件规定强度的 75% 后,方可进行管棚孔钻孔作业;

③钻孔应由高孔位向低孔位进行;

④钻孔孔径应比钢管直径大 30~40mm;

⑤开始钻孔时应低速低压,遇卡钻、塌孔时应注浆后重钻;钻进过程中应测量钢

管的偏斜度;

⑥钻孔验收合格后应及时安装管棚钢管,其接长时连接应牢固。

(2)《地下铁道工程施工质量验收标准》GB/T 50299—2018 规定:

1)管棚所用钢管的品种、级别、规格和数量应符合设计文件要求;

2)管棚内的注浆材料、注浆量、配合比及注浆压力应符合设计文件要求;

3)管棚钻孔允许偏差及检验数量应符合表 3-3 所示相关规定。

管棚钻孔允许偏差及检验数量　　　　　　表 3-3

检验项目		允许偏差	检验数量	
			范围	根数
管棚	方向角	1°	每 10 根	3
	孔深	±50mm		
	孔口距	±30mm		

3. 管棚施工质量控制流程

管棚施工质量控制流程如图 3-4 所示。

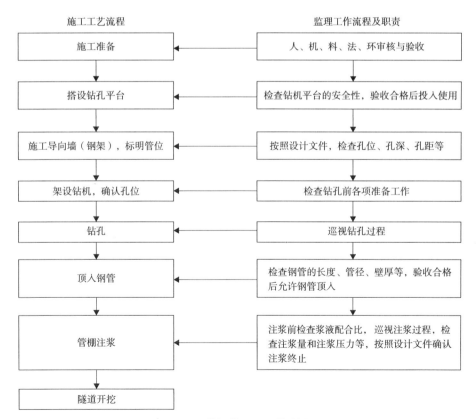

图 3-4　管棚施工质量控制流程

4. 管棚施工监理控制要点

（1）事前控制

1）审查承包商施工资质情况，如为专业分包应要求提交分包商进场申报表，重点检查承包商（分包商）的营业执照、资质、业绩以及管理人员、特种作业人员持证情况等。

2）审核承包商的专项施工方案、施工组织机构及相关人员配置情况，项目监理在检查符合要求后签字确认并存档，在施工过程中如承包人要求调换有关人员，必须得到监理批准。

3）督促承包商对操作人员进行技术交底，并做好施工记录，严格试验验收制度，每道工序严格检查。对现场各级安全教育、技术交底情况进行检查，重点检查项目负责人和专职安全员的安全教育培训证、现场操作工人的安全教育记录、开工前的技术与安全交底记录等。

4）管棚所用钢管的品种、级别、规格和数量必须符合设计要求。钢管进场时，必须按批抽取试件做力学性能（屈服强度、抗拉强度和伸长率）和工艺性能（冷弯）试验，其质量必须符合国家现行标准的规定和设计要求。以同牌号、同炉罐号、同规格、同交货状态的钢管，每60t为一批，不足60t也按一批计。

5）在施工管棚前严格检查钻机的机械性能，确保钻机的正常运转，防止油路等原因造成油管爆裂发生。

（2）事中控制

1）为确保导向孔成孔精确，首先复核管棚的设计位置，先在地下采用全站仪测出管棚精确位置，放线采用两级复核制，复核无误后进行施工。

2）钻机严格按设计轴线就位，确保钻机钻杆中心线与设计管棚轴线一致，从入射口就严格控制钻进轨迹，从而有利于对钻进线路进行全过程控制。钻孔过程中，应及时测量钻孔方位。每钻进2~3m应进行一次方位测量。对每次测量的钻孔方位，其允许偏差不应超过设计要求。

3）当钻孔偏斜超过允许偏差时，应在孔内注入水泥砂浆，并待水泥砂浆的强度达到10MPa后，方可重新钻孔。钻孔完毕，并经检查其位置、方向、深度、角度等均符合要求后，方可进行管棚施工。

4）钻孔外插角、孔径施工允许偏差等应符合表3-4所示规定。

管棚施工允许偏差表　　　　表3-4

项目	钻孔外插角	孔口距（mm）	孔深（mm）	检验数量	检验方法
管棚	1°	±30	±50	施工单位全部检查	仪器测量、尺量

5）注浆浆液强度和配合比应符合设计要求，且浆液应充满钢管及周围的空隙。严格进行泥浆配置，根据不同地质情况采用不同的配合比，控制膨润土和外加剂的掺量，

并进行浆液的 pH 值测试，pH 值控制在 8~10，确保泥浆黏度符合要求，搅拌均匀，确保膨润土泥浆达到护壁冷却钻头、悬浮钻屑的目的，防止孔壁坍塌。

6）钢管安装完毕，应将管内岩粉冲洗干净。

7）水泥砂浆水灰比宜为 0.5~1.0。

8）水泥砂浆注浆压力不应小于 0.2MPa。

9）严格控制二次纯水泥浆液灌注，在管棚注浆前对进口进行喷射冲洗，确保注浆压力有效达到管棚端部。

（3）事后控制

钢管注浆完成后，对钢管内沉积的泥砂进行清除，确保注浆管路畅通，在清除完沉积泥砂后及时进行浆液灌注，加强观测，确保管壁四周土体密实。

5. 管棚施工常见质量问题及预防措施

（1）常见质量问题描述

1）管棚孔径、孔深或打设范围等不符合设计要求；

2）管棚内注浆效果差。

（2）原因分析

1）钻机定位误差，外插角不够；

2）钻杆自重与旋转产生偏离；

3）管棚水平外插角角度小；

4）相邻钢管方向不平行；

5）注浆压力过大；

6）定向不准；

7）无导向措施或导向管埋设不准；

8）管棚数量与设计图纸不相符；

9）钻机定位不牢，施工安装过程中因位移产生偏差。

（3）预防措施

1）在安装过程中适当增大管棚外插角；

2）增大曲线内侧管棚水平内插角；

3）严格控制钻孔的水平方向；

4）加大钻头直径；

5）严格按施工方案控制注浆压力；

6）间隔注浆；

7）精确测定导向管的位置和方向；

8）钻机安装牢固；

9）严格按照设计及技术交底要求施工；

10）根据地层变化情况，随时调整钻机参数。

3.3.2 超前锚杆

超前锚杆是指沿隧道开挖轮廓线，以一定的外插角，向开挖面前方钻孔并安装锚杆，形成对前方围岩的预支护，以便在提前形成的围岩锚固圈的保护下进行隧道开挖等作业。

1. 适用范围

锚杆超前支护的柔性较大，整体刚度较小。它主要适用于地下未扰动而破碎的岩层、结构面裂隙发育的块状岩层或松散渗水的软弱围岩的隧道施工中，如裂隙发育的岩体、断层破碎带、浅埋无显著偏压的隧道。采用风枪、凿岩机或专用的锚杆台车钻孔，锚固剂或砂浆锚固，其工艺简单、工效高。

2. 工程建设相关规范主要条文

《地下铁道工程施工质量验收标准》GB/T 50299—2018 规定：

1）超前小导管和超前锚杆所用钢材的品种、级别、规格和数量应符合设计文件要求；

2）超前小导管和超前锚杆注浆量、注浆压力、配合比应符合设计文件要求；

3）超前小导管和超前锚杆施工允许偏差及检验数量应符合表3-5所示相关规定；

超前小导管和超前锚杆施工允许偏差及检验数量　　　表3-5

检验项目	允许偏差	检验数量	
		范围	根数
外插角	2°	每环	3
孔距	±50mm	每环	3
孔深	±50mm	每环	3

4）超前小导管和超前锚杆纵向搭接长度以及与支撑结构的连接应符合设计文件要求。

3. 超前锚杆施工质量控制流程

超前锚杆施工质量控制流程如图3-5所示。

4. 超前锚杆施工监理控制要点

（1）事前控制

1）审查承包商施工资质情况，如为专业分包应要求提交分包商进场申报表，重点检查承包商（分包商）的营业执照、资质、业绩以及管理人员、特种作业人员持证情况等。

2）审核承包商的专项施工方案、施工组织机构及相关人员配置情况，项目监理在

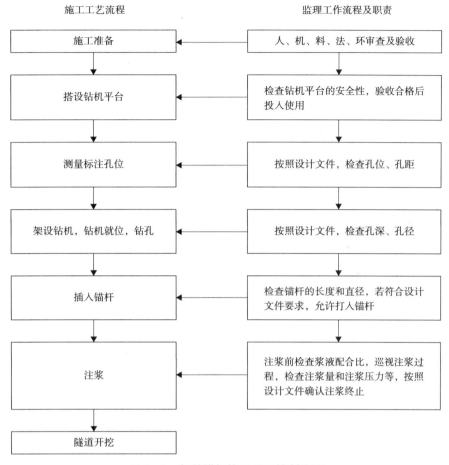

图 3-5 超前锚杆施工质量控制流程

检查符合要求后签字确认并存档,在施工过程中如承包人要求调换有关人员,必须得到监理批准。

3)对现场各级安全教育、技术交底情况进行检查。重点检查项目负责人和专职安全员的安全教育培训证、现场操作工人的安全教育记录、开工前的技术与安全交底记录等。

4)锚杆所用钢筋进场时,必须按批抽取试件做力学性能(屈服强度、抗拉强度和伸长率)和工艺性能(冷弯)试验,其质量必须符合现行国家标准《钢筋混凝土用钢 第1部分:热轧光圆钢筋》GB/T 1499.1—2017 等的规范和设计要求。

(2)事中控制

1)锚杆孔应保持直线,一般情况下应保持与隧道衬砌法线方向垂直。当隧道内岩层结构面出露明显时,锚杆孔宜与岩层主要结构面垂直,锚杆垫板应与基面密贴。

2)锚杆安装的数量、孔距及孔深应符合设计要求,其允许偏差应符合下列规定:

①锚杆孔距允许偏差为 ±150 mm;

②锚杆孔深允许偏差为 ±50mm。

3）超前锚杆的长度，应视围岩地质条件、施工断面大小、开挖循环进尺和施工条件而定。一般超前长度为循环进尺的3~5倍；搭接长度宜用超前长度的40%~60%。

4）锚杆环向间距应根据围岩状况确定。当采用单层锚杆时，宜为200~400mm；当采用双层或多层锚杆时，宜为400~600mm。上、下层锚杆应错开布置，且层间距不宜大于2m。

5）锚杆与隧道轴线的夹角应根据地质条件确定，并应符合下列要求：

在未扰动而破碎的岩层中，锚杆与隧道轴线的夹角宜为12°~20°。在结构面裂隙发育的块状岩层中，锚杆与隧道轴线的夹角宜为35°~50°。

6）砂浆锚杆采用的砂浆强度等级、配合比应符合设计要求。施工单位每一作业段检查一次。施工单位进行配合比设计，做砂浆强度试验；现场监理检查配合比设计和试验报告，进行见证取样检测。

7）超前锚杆的安装误差，一般要求孔位偏差不超过10cm，外插角不超过1°~2°，锚入长度不小于设计长度的96%。

8）开挖时应注意保留前方有一定长度的锚固区，以使超前锚杆的前端有一个稳定的支点；其尾端应尽可能多的与系统锚杆及钢筋网焊连。若掌子面出现滑塌现象，则应及时喷射混凝土封闭开挖面，研究下一步开挖方案。

（3）事后控制

1）锚杆孔内灌注砂浆应饱满密实。

检验数量：施工单位全检，监理单位按20%的比例进行现场观察检查。

2）开挖后应及时喷射混凝土，并尽快封闭环形初期支护。

3）开挖过程中应密切注意观察锚杆变形及喷射混凝土层的开裂、起鼓等情况，以掌握围岩动态，及时调整开挖及支护参数；如遇地下水时，则可钻孔引排。

5. 超前锚杆施工常见质量问题及预防措施

（1）常见质量问题描述

1）锚杆孔数量、孔径、孔深、打设范围等不符合设计要求。

2）锚杆加固效果不佳。

（2）原因分析

1）钻机定位不牢，施工安装过程中产生偏差；无导向措施或导向管埋设不准。

2）注浆压力过大或偏小；浆液选用不当，浆液材料或浆液配合比与地层不适应。

（3）预防措施

1）严格按照布设的孔位打孔，在钻孔过程中，采用全站仪、角度尺、测斜尺随时检查孔位和钻孔角度，出现偏差及时修正。

2）水泥浆液采用拌合桶配制，配制水泥浆液或稀释水玻璃浆液时，应防止杂物混入，配制好的浆液必须过滤后使用。

3）配制好的浆液应在规定时间内注完，随配随用。

4）严格按照技术交底要求施工，严格控制注浆压力。

5）加强现场试验，总结经验，针对各种地层提前试配出合适的配合比。

6）严格控制浆液原材料进场，不合格的材料严禁使用。

3.3.3 超前小导管

超前小导管注浆是在开挖前沿隧道开挖轮廓周边向前方内打入带孔小导管，并通过小导管围岩压注起胶结作用的浆液，待浆液硬化后，在隧道开挖面周围的岩体形成一定厚度的加固圈。

小导管宜采用直径 32~38mm、长度 3.5~4.5m 的钢管。钢管管壁应钻出呈梅花形布置的小孔，其孔径宜为 3~6mm。钢管管头应削尖。超前小导管管材制作如图 3-6 所示，超前小导管打入施工如图 3-7 所示。

图 3-6 超前小导管管材制作

图 3-7 超前小导管打入施工

1. 适用范围

超前小导管注浆加固适用于自稳时间短的软弱破碎带、浅埋段、洞口偏压段、砂层段、砂卵石段、断层破碎带等地段矿山法隧道施工中的超前支护。

2. 工程建设相关规范主要条文

（1）《地下铁道工程施工标准》GB/T 51310—2018 规定：

超前小导管应在喷射混凝土完成后及时施工，并应符合下列规定：

①小导管采用锤击或钻机顶入时，其埋入长度不应小于管长的 90%。

②采用钻（吹）孔施工时，其孔深应大于导管长度；成孔后应立即安装小导管。

③杆体安装后外插角允许偏差应为 1°。

④施工过程中不得扰动已安装好的钢拱架。

（2）《地下铁道工程施工质量验收标准》GB/T 50299—2018 规定：

1）超前小导管和超前锚杆所用钢材的品种、级别、规格和数量应符合设计文件要求。

2）超前小导管和超前锚杆注浆量、注浆压力、配合比应符合设计文件要求。

3）超前小导管和超前锚杆施工允许偏差及检验数量应符合表3-6所示相关规定。

超前小导管和超前锚杆施工允许偏差及检验数量　　表3-6

检验项目	允许偏差	检验数量	
		范围	根数
外插角	2°	每环	3
孔距	±50mm	每环	3
孔深	±50mm	每环	3

4）超前小导管和超前锚杆纵向搭接长度、与支撑结构的连接应符合设计文件要求。

3. 超前小导管施工质量控制流程

超前小导管施工质量控制流程如图3-8所示。

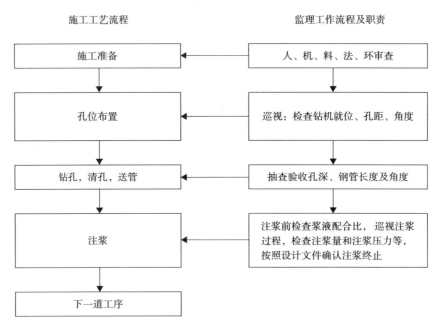

图 3-8　超前小导管施工质量控制流程

4. 超前小导管施工监理控制要点

（1）事前控制

1）审查承包商的施工资质情况，如为专业分包应要求提交分包商进场申报表，重点检查承包商（分包商）的营业执照、资质、业绩以及管理人员、特种作业人员持证情况等。

2）审核承包商的专项施工方案、施工组织机构及相关人员配置情况，项目监理在检查符合要求后签字确认并存档，在施工过程中如承包人要求调换有关人员，必须得到监理批准。

3）对现场各级安全教育、技术交底情况进行检查。重点检查项目负责人和专职安全员的安全教育培训证、现场操作工人的安全教育记录、开工前的技术与安全交底记录等。

4）钢管进场时，必须按批抽取试件做力学性能（屈服强度、抗拉强度和伸长率）和工艺性能（冷弯）试验，其质量必须符合国家现行标准的规定和设计要求。以同牌号、同炉罐号、同规格、同交货状态的钢管，每60t为一批，不足60t也按一批计。施工单位每批抽检一次。监理单位见证取样检测或平行检验，抽检次数为施工单位抽检次数的20%或10%，但至少一次。超前小导管所用钢管的品种、级别、规格和数量必须符合设计要求。

（2）事中控制

1）小导管安装应符合下列要求：

小导管间距应根据围岩状况确定。当采用单层小导管时，其间距宜为200~400mm；当采用双层小导管时，其间距不宜大于其长度的1/2。小导管外张角度应根据注浆胶结拱的厚度确定，宜为10°~25°。超前小导管施工允许偏差应符合表3-7所示相关规定。

超前小导管施工允许偏差表　　　　　表3-7

项目	钻孔外插角	孔距（mm）	孔深（mm）	检验数量	检验方法
小导管	2°	±50	+50	每环抽查3根	仪器测量、尺量

2）小导管注浆应符合下列要求：

①超前小导管注浆浆液强度和配合比应符合设计要求，且浆液必须充满钢管及周围的空隙。

②采用注浆泵压注水泥浆。注浆前先喷射混凝土5~10cm厚封闭掌子面，形成止浆盘。

③将小导管顶入孔中，然后检查导管内有无充填物，如有充填物，用吹管吹出或用掏勾勾出，严格按设计要求打入导管，管端外露20cm，以安装注浆管路，及时封堵

导管周围及孔口。

④浆液可为水泥浆或水泥砂浆。当采用水泥砂浆时，其配合比宜为1∶1～1∶3，并应采用早强水泥或掺入早强剂。在岩层中注浆应取偏小值，在松散体中注浆应取偏大值。当浆液扩散困难时，其砂浆配合比可为1∶0.5。

⑤注浆量和注浆压力应根据试验确定。单孔注浆压力应达到设计要求值，但不大于0.5MPa，以防压裂工作面，持续注浆10min，且进浆速度为初始进浆速度的1/4。当进浆量达到设计量的80%及以上时，注浆方可结束。注浆顺序应由拱脚向拱顶逐管注浆。

（3）事后控制

1）注浆结束后及时清洗泵、阀门和管路，保证机具完好，管路畅通。

2）注浆施工中认真填写注浆记录，随时分析和改进作业，并注意观察施工支护工作面的状态。注浆参数应根据注浆试验结果及现场情况调整。

3）当浆液固结强度达到10MPa和拱部开挖后不出现坍塌时，方可继续开挖。

5. 超前小导管施工常见质量问题及预防措施

（1）常见质量问题描述

1）小导管孔数量、孔径、孔深、外插角、间距等不符合设计要求（图3-9）。

2）浆液配合比不当，原材料不符合要求，注浆参数、压力控制不到位。

3）注浆顺序不符合设计要求。

图3-9　小导管打设角度及间距缺陷

（2）原因分析

1）钻机定位不牢，施工安装过程中因位移产生偏差。

2）钻杆自重与旋转产生偏离，外插角不够。

3）无导向措施或导向管埋设不准。

4）注浆压力过大或偏小。

5）浆液选用不当，浆液材料或浆液配合比与地层不相适应。

（3）预防措施

1）严格按照布设的孔位打孔，在钻孔过程中，采用全站仪、角度尺、测斜尺随时检查孔位和钻孔角度，出现偏差及时修正。

2）水泥浆液采用拌合桶配制，配制水泥浆液或稀释水玻璃浆液时，应防止杂物混入，配制好的浆液必须过滤后使用。

3）配制好的浆液应在规定时间内灌注完，随配随用。

4）注浆顺序为由下至上，浆液先稀后浓，注浆量先大后小，注浆压力由小到大。

5）严格按照技术交底要求施工，严格控制注浆压力。

6）加强现场试验，总结经验，针对各种地层提前试配出合适的配合比。

7）严格控制浆液原材料进场，不合格的材料严禁使用。

3.3.4 洞内注浆加固

洞内注浆加固就是通过向开挖面预先钻孔，将浆液注入围岩中，靠注浆压力使浆液向围岩裂隙扩散，使岩体形成一个加固带，形成注浆帷幕，从而提高岩体的整体性、增强围岩强度的一种技术（图3-10）。

图 3-10　洞内注浆加固

1. 适用范围

洞内注浆加固是矿山法隧道施工中常见的一种超前地质加固方式，适用于地质条件较差，Ⅴ级、Ⅵ级围岩等软弱地层的隧道施工作业。

注浆工艺所依据的理论主要可分为渗透注浆、劈裂注浆、压密注浆和电动化学注浆四类。不同注浆法的适用范围如表 3-8 所示。

不同注浆法的适用范围　　　　表 3-8

注浆方法	适用范围
渗透注浆	适用于中砂以上的砂性土和有裂隙的岩石
劈裂注浆	适用于低渗透性的土层
压密注浆	常用于中砂地基，黏土地基中若有适宜的排水条件也可采用
电动化学注浆	地基土的渗透系数 $k < 10^{-4}$ cm/s，只靠一般静压力难以使浆液注入地层中土的孔隙内

2. 工程建设相关规范主要条文

《地下铁道工程施工标准》GB/T 51310—2018 规定：

（1）注浆方法宜与作业条件、工程地质等相适应。砂卵石地层和破碎岩层中宜采用渗入注浆法；粉细砂层、黏土层、粉土层中宜采用劈裂注浆法；淤泥质软土层中宜采用高压旋喷注浆法。

（2）注浆材料应符合下列规定：

1）应具有良好的可注性。

2）固结后收缩率应小，并应具有良好的黏结力、强度、抗渗性、耐久性和稳定性；当地下水有侵蚀作用时，应采用耐侵蚀性的材料。

（3）注浆浆液宜采用水泥单液浆、黏土水泥浆、水泥水玻璃双液浆以及化学浆液；配合比应经现场试验确定。

（4）隧道内宜先施工止浆墙，再进行注浆施工。注浆方式可采用全孔一次性、分段前进式或后退式注浆。注浆段的长度应结合现场试验确定，宜为 10~20m；孔径宜为 50~130mm；孔距应经计算确定，高压喷射注浆的喷射孔距宜为 0.4~2m。

（5）注浆过程中不得损坏周边环境，浆液不得溢出地面。

（6）注浆效果应符合设计文件要求，不合格的应补浆。注浆浆液凝固后并达到设计文件规定的强度后方可进行开挖。

（7）注浆施工期间应对地下水取样检查，不得污染地下水。地面注浆结束后，注浆孔应封填密实。

3. 洞内注浆加固施工质量控制流程

洞内注浆加固施工质量控制流程如图 3-11 所示。

4. 洞内注浆加固监理控制要点

（1）事前控制

1）检查注浆作业前的施工准备情况。

2）灌浆设备（压浆泵、水泥压浆泵、多用泥浆泵或砂浆泵）是否满足灌浆压力的要求（一般为灌浆实际压力的 1.2~1.5 倍）。

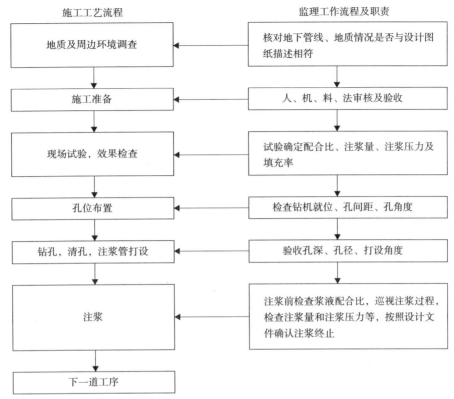

图 3-11 洞内注浆加固施工质量控制流程

3）注浆用流量计、压力表仪器的标定情况。

4）施工现场临时用电检查。

5）对进场原材料检查验收。

6）审查施工组织设计或专项施工方案。

7）检查各项技术准备工作。

8）核对施工图审查记录，确定施工图纸已完成图纸会审和设计交底。

9）检查承包商安全技术交底，交底是否具有针对性、可操作性。

10）施工前监理人员应掌握有关技术参数和施工验收标准，包括注浆点位置、浆液配合比、注浆施工技术参数、检测要求等。

（2）事中控制

1）开钻前，严格按照施工布置图，采用全断面注浆时，横向、纵向间距均按设计间距呈梅花形布置，加固范围为设计要求范围。

2）根据设计要求，对准孔位，根据不同入射角度钻进，要求孔位偏差不大于2cm，入射角度偏差不大于1°。

3）钻机按指定位置就位，并在技术人员指导下，调整钻杆的水平度。对准孔位后，钻机不得移位，也不得随意起降。

4）第一个孔施工时，要慢速运转，掌握地层对钻机的影响情况，以确定在该地层条件下的钻进参数。密切观察溢水出水情况，出现大量溢水出水时应立即停钻，分析原因后再进行施工。

5）注浆段长度应综合考虑地层条件、地下水状态和钻孔设备的工作能力予以确定，宜为10～15m，并应预留一定的止浆墙厚度。

6）浆液材料和类型应综合考虑土质条件、注浆要求、地下水状况、周围环境条件及效果要求等因素；且应经现场试验确定。可参考表3-8进行选择。采用经测试计量准确的计量工具，按照设计配方配料。常用注浆材料、浆液类型及其基本性能指标如表3-9所示。

常用注浆材料、浆液类型及其基本性能指标　　表3-9

浆液名称	注入土体的最小粒径（mm）	注入地层的最小渗透系数（cm/s）	土体渗透系数（cm/s）	胶凝时间	抗压强度（MPa）	注入方式
水泥浆	1	5×10^{-2}	$10^{-1} \sim 10^{-3}$	6～15h	10～25	单液
水泥-水玻璃	1	3×10^{-3}	$10^{-2} \sim 10^{-3}$	几十秒至几分钟	5～20	双液
超细水泥浆	0.1～0.2	$10^{-3} \sim 10^{-4}$	$10^{-4} \sim 10^{-5}$	20s至几分钟	15～50	单液
改性水玻璃浆	0.1	$10^{-3} \sim 10^{-4}$	$10^{-4} \sim 10^{-5}$	瞬间至几十分钟	<3	单液、双液

7）隧道内注浆孔应按设计要求采取全断面、半断面等方式布设，并应满足加固范围的要求；浆液扩散半径应根据注浆材料、方法及地层条件，经现场注浆试验确定。

8）根据地层条件和加固要求，深孔注浆可采取前进式或后退式分段注浆等方法。

9）第一个孔到位后，撤钻杆移钻机施工下一个孔，把事先加工好的注浆管装入钻孔中，配齐截止阀管封堵孔口，钻机按相同顺序完成与第一孔相邻的第二孔后，撤钻机装入加工好的注浆管，以此两孔为一组（一号孔注浆二号孔排泄岩体内挤压水）开始注浆。以此程序对全段面所标注浆孔进行打钻注浆作业。

10）严格控制注浆压力，同时密切关注注浆量，当压力突然上升或从孔壁、地面溢浆时，应立即停止注浆，查明原因后采取调整注浆参数或移位等措施重新注浆。

11）钻孔应按先外圈、后内圈、跳孔施工的顺序进行。钻孔时，应按规范要求做好施工记录，包括孔号、进尺、时间、地层、涌水位置、涌水量和涌水压力等内容，并应根据现场条件及时调整施工工艺参数。

12）施工中应严格控制注浆质量，避免出现注浆盲区。注浆未达到设计要求的区域，应采用钢花管进行补注浆，以确保注浆效果。注浆工艺控制应符合下列要求：

①注浆压力一般宜为0.5～1.5MPa，并应根据地层条件和隧道埋深选择注浆终压大小。管线附近施工时应根据相关要求适当降低注浆压力，调整钻孔角度和间距。

②单孔结束标准：注浆压力逐步升高至设计终压，并继续注浆10min以上；注浆结

束时的进浆量小于20L/min。

③全段结束标准：注浆孔均符合单孔结束条件，无漏浆现象；浆液有效注入范围大于设计值。

（3）事后控制

注浆结束后，施工单位应进行注浆效果检查，经检查确认注浆效果符合设计要求后方可开挖。如不满足要求应补充注浆并确保加固效果。

5. 注浆加固常见质量问题及预防措施

（1）常见质量问题描述

注浆效果不佳，无法满足施工需求。

（2）原因分析

1）注浆方法选择不恰当。

2）注浆加固施工参数设置不合理，不能达到注浆效果。

3）注浆加固施工未能严格按方案及规范实施。

4）地质原因导致注浆效果差。

（3）预防措施

1）选择有经验的施工队伍与合适的注浆加固方式。

2）通过现场试作，确定实际的注浆压力、注浆量、水灰比、停止注浆的条件等施工参数。

3）严格按设计、规范、施工方案组织开展施工，并做好取芯效果检查。

4）核对现场地质条件与设计勘察资料是否一致。

3.4 轨道交通矿山法工程开挖与初期支护施工监理（含爆破施工监理）

3.4.1 轨道交通矿山法工程开挖一般规定

（1）隧道在稳定岩体中可先开挖后支护；在土层和不稳定岩体中，初期支护的挖、支、喷环节应紧跟；当开挖面稳定时间不能满足初期支护施工时，应采取超前支护或注浆加固措施（详见本章第3.3节地层超前支护及加固施工监理）。

（2）隧道开挖循环进尺，在土层和不稳定岩体中应符合设计文件要求，宜为0.5~1.0m；在稳定岩体中宜根据围岩级别选用不同进尺，一般宜为2.5~3.0m。

（3）隧道开挖宜采用机械化作业，石方开挖宜采用凿岩台车，土方开挖宜采用机械配合人工开挖。

（4）两条平行隧道包括导洞，净距小于1倍隧道开挖跨度时，其前后开挖面错开距离不应小于15m。

（5）同一条隧道对向开挖时，当两掌子面相距 20m 时应停挖一端并封闭掌子面，继续开挖另一端，提前做好贯通测量工作，并应及时纠偏。

（6）隧道采用分部开挖时，应保持各开挖阶段围岩及支护结构的稳定性。

（7）隧道应按设计文件规定的尺寸严格控制开挖断面，不得欠挖，其允许超挖值应符合表 3-10 所示相关规定。

隧道开挖允许超挖值（mm） 表 3-10

隧道开挖部位	岩层分类							
	爆破岩层						土质和不需爆破岩层	
	硬岩		中硬岩		软岩			
	平均	最大	平均	最大	平均	最大	平均	最大
拱部	100	200	150	250	150	250	100	150
边墙及仰拱	100	150	100	150	100	150	100	150

注：超挖或小规模塌方处理应采用喷射混凝土回填，并做好回填注浆。

3.4.2 钻爆开挖

1. 适用范围

爆破开挖主要适用于围岩等级较高、机械开挖困难的矿山法隧道。钻爆开挖的隧道围岩概况如图 3-12 所示。

图 3-12 钻爆开挖的隧道围岩概况

2. 工程建设相关规范主要条文

《地下铁道工程施工标准》GB/T 51310—2018 规定：

（1）岩石隧道爆破宜采用光面爆破。分部开挖时，应采用预留光面层的光面爆破。

（2）爆破前应进行爆破设计，并根据爆破效果调整爆破参数。

（3）光面爆破参数应经现场试爆后确定。

（4）炮眼布置应符合下列规定：

1）在城区等复杂周边环境条件下炮眼深度应控制在 1~1.5m，并应进行控制爆破；

2）掏槽炮眼可用直眼也可用斜眼；采用斜眼时，如岩层层理或节理明显，则斜眼与其应成一定角度并宜垂直；

3）周边炮眼应沿设计文件规定的开挖轮廓线布置；

4）辅助炮眼应均匀交错布置在周边炮眼与掏槽炮眼之间；

5）周边炮眼与辅助炮眼的眼底应在同一垂直面上，掏槽炮眼应加深100mm。

（5）爆破后应对开挖断面进行检查，并应符合下列规定：

1）隧道应按设计文件规定的尺寸控制开挖断面，不得欠挖，其允许超挖值应符合表3-9的规定；

2）硬岩爆破眼的眼痕率应大于80%，中硬岩眼痕率应大于70%，软岩眼痕率应大于50%，并应在轮廓面上均匀分布；

3）两茬炮眼衔接台阶的最大尺寸不应大于150mm；

4）爆破岩块最大块度不宜大于300mm。

3. 爆破开挖质量控制流程

爆破开挖质量控制流程如图3-13所示。

4. 爆破开挖监理控制要点

（1）事前控制

1）检查承包商是否按规定向当地爆破主管部门申请爆破许可，爆破方案是否经主管部门批准同意。

2）审查承包商的爆破资质情况，如为专业分包应要求提交分包商进场申报表，重点检查承包商（分包商）的营业执照、资质、业绩、爆破管理人员、特种作业持证情况等。

3）审查爆破施工组织机构、人员配置及资质、培训、交底情况。

4）要求承包商在爆破前提交爆破施工组织机构及相关人员配置情况，监理工程师审查机构设置的合理性、人员资质情况，要求爆破工程师、爆破操作人员、管理运输人员必须持证上岗，项目监理在检查符合要求后，签字确认并存档备查。在施工过程中如承包人要求调换有关人员，必须得到监理批准并将新调换人员资料报监理审查。

5）对现场各级安全教育、技术交底情况进行检查。重点检查项目负责人和专职安全员的安全教育培训证、现场操作工人的安全教育记录等。

6）审核承包商的专项爆破方案，爆破方案应包括但不限于以下内容：工程概况、爆破部位工程地质条件、周边环境情况、爆破施工组织机构、开挖方法与爆破设计方案、爆破施工技术措施与质量要求、施工资源计划及施工计划安排、主要安全和防护措施、爆炸事故应急救援预案等，重点核查方案的针对性、可操作性、科学合理性、安全可靠性等。

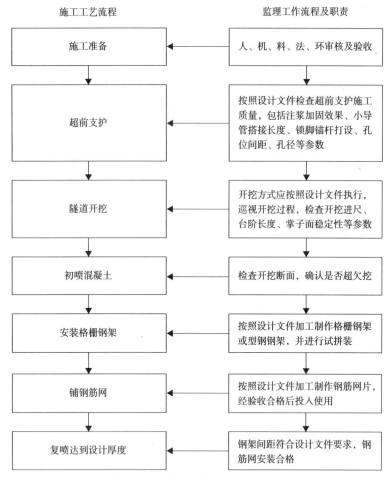

图 3-13 爆破开挖质量控制流程

7）每次爆破前，应督促承包商根据围岩实际情况进行爆破设计，爆破设计应包括以下内容：

①爆破参数及方法：主要有炮眼（掏槽眼、辅助眼、周边眼）的布置、数量、深度、角度、装药量和装药结构、起爆方法和爆破顺序的设计。

②钻爆布置图：主要有炮眼布置图、周边眼装药结构图、钻爆参数表、主要技术指标及必要的说明等。

③光面爆破要点：钻爆应使用控制爆破技术（光面爆破），硬岩宜采用光面爆破，分部开挖时可采用预留光面层光面爆破。光面爆破是采取特殊的装药结构，选择合理的周边布孔和准确的穿孔，严格控制装药量，合理安排起爆顺序和起爆方法，精确开挖的一种控制爆破方式。合理选择爆破参数是光面爆破控制的关键，通常可通过理论计算、类似经验及现场爆破试验确定，在各个循环的爆破施工中根据地质情况、周边环境条件、爆破效果反馈适时调整优化。

④检查承包商爆炸事故应急救援预案演练情况、应急物资的准备及存放情况。

⑤检查地面炸药相关物品库房的设置情况、管理制度及执行情况，炸药库应距离居民区不少于50m，炸药和起爆材料需隔离存放。

8）爆破施工机械设备检查及临时用电检查如下：

①对用于工程的施工机械、设备进场后，要求承包人填报进场设备报验单，进场的机械和设备的数量、型号完好率应符合施工组织设计中的要求，并具有产品检验合格证书或有效的检测报告。经试运转一切完好，还要有一定的易损备品、备件。

②场内临时供电线路应架空，配电柜应按监理已批准的临时用电方案、安全用电要求设置，监理在开工前和施工过程中随时进行检查，达不到安全用电规定时，要及时通知承包人整改，避免事故发生。

（2）事中控制

1）要求承包商提前上报爆破施工计划，爆破计划应注明爆破时间及爆破作业部位，注意爆破时间应尽量安排在当地政府主管部门规定的允许爆破时段内，爆破监理工程师应提前对爆破部位的地质情况、周边环境情况进行进一步核实，并做好洞内及洞外的安全巡视工作。

2）每次爆破前审查承包商上报的爆破设计，爆破设计各项参数需通过试爆和通过类似岩层施工经验、理论计算确定，与地质情况及周边环境情况相符，严防照搬照抄。

3）检查承包商爆破前的各项准备情况，包括安民告示、周边防护、安全警戒线设置、通风除尘措施、气体检测装置准备、爆破振速监测设备布置是否到位等。

4）检查现场爆破工程师及爆破作业人员是否与申报的人员资料一致，发现不具备资质或未持相应特种作业上岗证的人员严禁上岗，现场暂停爆破作业。

5）根据线路复杂情况，按照一定频次或间距复核爆破钻孔前的现场测量水准点、导线点、爆破断面测量资料等。

6）爆破参数应依照浅孔、密布、弱爆、循序渐进的原则，并必须经现场试爆后确定。炮眼布置应符合《地下铁道工程施工标准》GB/T 51310—2018 的规定。

7）炮眼装药应符合下列规定：

①炮眼装药前应清理干净。

②炸药宜采用低密度、低炸速、低猛度或高爆力炸药。

③药卷宜采用小直径连续或间接装药结构。在软岩中，可采用空气柱反向装药结构；硬岩的眼底可加装一节加强药卷。

④起爆方式采用毫秒雷管、导爆索或导爆管，如雷管分段毫秒差小，则周边眼应与内圈眼的雷管跳段使用，周边眼根据地质条件分段起爆。

⑤装药完毕，炮眼堵塞长度不宜小于200mm；当采用预裂爆破时，应从药包顶端起堵塞，不得只堵炮眼口。

8）控制超欠挖的技术措施如下：

①掏槽炮眼的眼口、眼底间距允许偏差为 50mm。

②掘进炮眼眼口排距、行距允许偏差均为 10mm。

③周边炮眼间距允许偏差为 50mm，外斜率不大于孔深 3%~5%，眼底不超过开挖轮廓线 100mm。

④周边炮眼至内圈眼的排距允许偏差为 50mm。

⑤除掏槽炮眼外，其他炮眼须在同一垂直面上。

9）严格控制周边眼起爆顺序，在满足爆破振动速度要求的前提下，周边眼尽可能安排少段次起爆，以减少由于起爆不同步引起的超挖。

10）严格控制周边眼的施工精度，施钻前必须在工作面按设计开挖轮廓线放线，并按爆破设计标出周边孔位置，检查合格后方可施钻，钻孔中要严格控制周边孔外插角度，以减少由于外插角过大而引起的超挖。

11）做好超前地质预报和爆破效果检查工作，以便及时快速地调整爆破参数，达到控制超欠挖的目的。

12）进行爆破振动监测。

13）爆破安全振动速度规定如下：

①一般建筑物和构筑物的爆破振动安全性应满足安全振动速度的要求，主要类型的建（构）筑物地面质点的安全振动速度规定如下：

a. 土窑洞、土坯房、毛石房屋 1.0cm/s；

b. 一般砖房、非抗震的大型砌块建筑物 2~3cm/s；

c. 钢筋混凝土框架房屋 5cm/s；

d. 交通隧洞 15cm/s。

②监测点布置与实施：

a. 测点埋设：地面振动测点一般选择在隧道附近建筑物上通过监测能真实反映其振动情况的地方。

b. 量测及计算：采用专用爆破振动分析仪监测爆破振动速度。爆破前对爆破振动分析仪进行调试，爆破发生时由爆破振动分析仪的传感器拾起振动波，转化为电信号进行存储，然后输入计算机进行分析、处理，最后输出爆破振动波形及振动速度。

（3）事后控制

1）爆破作业后 15min 内作业人员不得进入爆破现场，必须采取有效的通风除尘措施，经气体检测装置检测洞内空气质量符合安全健康标准后方可进入。

2）由爆破作业人员检查爆破部位有无哑炮，如有则应按照哑炮处理办法及时进行处理。处理哑炮时收集的不宜使用的炸药、雷管、传爆线等爆破器材退还后，按有关要求集中处理。

3）安排专人对爆破后的浮石进行找顶撬帮工作，要求作业人员佩戴好防护用品，使用轻便的工具，作业过程中有人监护。

4）现场检查爆破后的残眼率、超欠挖以及进尺情况。

5）收集各项试验、施工资料，根据爆破振速监测及爆破效果检查，对下一循环的爆破设计参数进行优化调整。

（4）爆破施工安全监理要点

1）组织有关人员进行现场踏勘，编制爆破设计方案，并将该方案上报当地公安部门审批。

2）爆破开始前，应对周围建（构）筑物进行详细调查登记，并依据结构特征和国家标准给出各自的爆破振动安全允许值。爆破一开始就要现场测试爆破振动，取得真实可信的振动衰减规律，以便调整爆破参数，降低爆破振动，确保爆破振动安全。

3）考虑爆区周围有各种管线，爆破前应测量杂散电流值，如杂散电流超过规定值，则应采用抗杂散电流的特殊电雷管。爆破时必须实施严格的安全警戒，警戒信号要明显可辨。

4）采用微差控制爆破技术，每段微差时间不小于25ms，单段最大药量和一次爆破规模应根据振动衰减规律和爆破分段数严格限制。

5）为控制飞石危害，在明挖爆破区域应搭设安全防护排架和底脚挡墙，爆区炮孔顶面实施整体防护覆盖：孔口加压沙包、钢板及沙包覆盖等措施。

6）在爆破区域周围张贴安民告示，将爆破作业有关注意事项和每天爆破时间告知附近居民。

7）爆前应逐孔检查孔向、孔深和孔中有无积水，对被堵孔要进行清理，有水则需排水。根据验孔结果，对设计装药结构和装药量进行必要的调整。调整视钻孔实际孔深、抵抗线及周围孔的关系而定，特别要注意某方向有薄弱面或抵抗线过小孔的药量调整。

8）施爆前的安全警戒工作包括爆区的安全警戒、爆破体周围危险区内人员及重要机具的撤离、交通道路的封锁等，爆破飞石的安全警戒距离不得小于200m，大断面的安全警戒距离不得小于400m。在安全警戒就绪后才能连接起爆主线，撤离爆破作业人员。安全警戒时，要注意警戒人员与起爆点的联系，加强对警戒死角的检查。

9）起爆后15min，由爆破作业人员检查爆破作业现场，检查是否全爆，如无盲炮现象，可以发出解除警戒信号。当有盲炮情况发生时，应首先检查产生盲炮的原因，再由主管爆破人员确定处理拒爆的方法。如果要重新起爆，则应根据重新起爆孔的抵抗线情况，重新布置警戒。

5. 爆破开挖常见质量问题及预防措施

（1）常见质量问题描述

1）爆破断面尺寸不满足设计要求，存在超欠挖现象。

2)爆破效果差。

（2）原因分析

1）周边孔眼数量不足或定位不准,导致爆破断面尺寸不符合要求。

2）爆破施工方案不合理,未根据围岩情况的变化及时调整爆破参数。

（3）预防措施

1）提高测量精度,周边孔眼严格按照设计要求布置和钻孔。

2）优化爆破施工方案,根据不同的围岩等级、水文地质等调整爆破参数。

3.4.3 全断面法开挖

1. 适用范围

全断面法适用于围岩等级较高的Ⅰ级、Ⅱ级、Ⅲ级围岩以及土质稳定且断面较小的隧道,隧道跨径一般不大于8m,适宜人工开挖或小型机械作业。

全断面法开挖采取自上而下一次开挖成型,沿着轮廓开挖,按施工方案一次进尺并及时进行初期支护（图3-14）。

图3-14 全断面法开挖施工

（1）全断面法开挖的优点

1）可以减少开挖对围岩的扰动次数,有利于围岩天然承载拱的形成,减少拱顶地层及影响范围内的地表沉降。

2）具有较大的作业空间,有利于采用大型机械化配套作业,提高施工效率,加快施工速度,防水施工简单,便于施工组织和管理。

（2）全断面法开挖的缺点

1）对地质条件要求严格,围岩必须有足够的自稳能力。

2）由于开挖面较大,围岩相对稳定性降低,每循环工作量相对较大。

3）当采用钻爆法开挖时,每次深孔爆破振动较大,因此,需精心进行钻爆设计和控制爆破作业。

（3）全断面法开挖注意事项

1）加强对开挖面前方的工程地质和水文地质调查。对不良地质情况，要及时预测预报、分析研究，做好应急措施（包括改变施工方法），以确保施工安全和工程进度。

2）各工序机械设备要配套齐全。如钻眼、装渣、运输、模筑、衬砌支护等主要机械和相应的辅助机具（钻杆、钻头、调车设备、气腿、凿岩钻架、注油器、集尘器等）准备齐全，在尺寸、性能和生产能力上都要相互配合，工作方面能环环紧扣，充分发挥机械设备的使用效率和各工序之间的协调作用，并注意经常维修设备及备有足够的易损零部件，以确保各项工作的顺利进行。

3）加强各种辅助作业和辅助施工方法的设计与施工检查，尤其在软弱破碎围岩中使用全断面法开挖时，应对支护后围岩的变形进行动态量测与监控，使各种辅助作业的三管两线（即高压风管、高压水管、通风管、电线和运输路线）保持良好状态。

4）重视和加强对施工操作人员的技术培训，使其能熟练掌握各种机械的操作方法，并进一步推广新技术，不断提高工效，改进施工管理，加快施工速度。

5）全断面法开挖选择支护类型时，应优先考虑锚杆和锚喷混凝土、挂网、撑梁等支护形式。

2. 工程建设相关规范主要条文

《地下铁道工程施工标准》GB/T 51310—2018 规定：

全断面法在稳定岩体中应采用光面爆破，并应按设计文件要求做初期支护结构或直接进行二次衬砌施工。

3. 全断面法开挖施工质量控制流程

全断面法开挖施工质量控制流程如图 3-15 所示。

4. 全断面法开挖监理控制要点

（1）事前控制

1）组织施工单位进行图纸会审和设计交底，对施工单位进场施工人员进行审核，以保证按照合同规定配置相关管理人员。施工前对进场作业人员三级安全教育进行旁站。

2）要求施工单位编制施工组织设计方案、危险性较大分部分项工程专项施工方案、测量及监测方案、施工现场临时用电方案等，审核承包商隧道开挖的专项施工方案，检查施工方案是否与地质情况相符合，隧道开挖方案是否经专家论证及审批；在城市进行爆破施工的必须事先编制爆破方案，并由专业人员操作，报城市主管部门批准，并经公安部门同意后方可实施。

3）审查承包商施工资质情况，如为专业分包应要求提交分包商进场申报表，重点检查承包商（分包商）的营业执照、资质、业绩、管理人员、特种作业人员持证情况等。

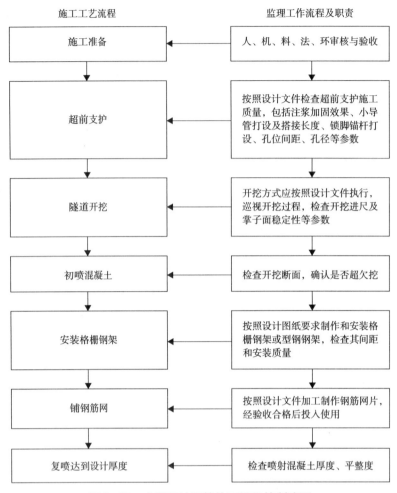

图 3-15 全断面法开挖施工质量控制流程

4)测量专业监理工程师审核施工单位提交的测量资料,应保证断面轮廓与设计文件一致,且偏差在规范允许范围内。

5)按照相关文件要求,(例如《开工前提条件、首件(样板)和关键节点施工前验收条件验收管理办法》),监理单位在开挖前组织建设、施工、设计、监测等单位进行开挖前条件验收,验收合格后方准予施工单位进行开挖施工。

6)监理人员检查施工单位的施工物资和应急物资进场情况。各种电力设施、安全防护装置与用品是否按规定配置,通风、照明、防尘、降温和治理有害气体设备设施是否充足。

(2)事中控制

1)(爆破)监理人员应按照设计文件核对爆破布置炮眼,炮眼的间距、角度、深度必须符合爆破设计要求。严格控制掏槽眼、周边眼、底板眼的间距和角度。

2)(爆破)监理人员应抽查钻孔过程,钻孔过程中严禁套打残眼,并根据钻进速度、围岩软硬程度等，要求及时调整供风量和供水量，确保钻孔位置和角度的准确。

3）（爆破）监理人员应控制爆破作业流程，钻孔和装药不得平行作业。

4）（爆破）监理人员应确认火工品的领用、加工、装药和起爆必须由持有爆破资质证的爆破工来完成；炮孔必须用炮泥填塞。

5）监理人员应按照隧道开挖专项施工方案核对每次开挖的进尺，不得擅自增加爆破进尺。

6）爆破完毕后，监理人员应检查爆破面是否存在欠挖、不平整、渗漏水等情形，并要求施工单位及时处理。

7）隧道开挖过程中，监理人员应检查隧道内的通风和照明。

（3）事后控制

开挖完成后及时检查断面轮廓尺寸，发现超欠挖或断面不平整等问题时及时处理。

5. 全断面法开挖常见质量问题及预防措施

（1）常见质量问题描述

1）大管棚、超前小导管安装及注浆质量不满足设计要求。

2）渣土开挖时超挖或欠挖。

（2）原因分析

1）小导管孔的孔径、孔深、外插角不符合设计要求。

2）钻机定位不牢，施工安装过程中因位移产生偏差。

3）注浆参数、压力控制不到位；注浆顺序不符合设计要求。

4）隧道外轮廓线测量放样不精确。

5）岩石隧道未采取光面爆破。

6）挖掘机开挖时直接开挖到设计开挖轮廓边缘。

7）掌子面开挖后架设拱架前没有进行初喷，导致掌子面失水松散掉块。

8）超前支护施作不到位。

（3）预防措施

1）严格按照布设的孔位打孔，可以设置管棚导向架，在钻孔过程中，采用全站仪、角度尺等随时检查孔位和钻孔角度，出现偏差及时修正。

2）水泥浆液采用拌合桶配制，配制水泥浆液或稀释水玻璃浆液时，应防止杂物混入，配制好的浆液必须过滤后使用，配制好的浆液应在规定时间内注完，随配随用。

3）注浆顺序由下至上，浆液先稀后浓，注浆量先大后小，注浆压力由小到大。

4）严格按照技术交底要求施工，严格控制注浆压力，注浆结束后，必须钻孔检查注浆效果，如未达到要求时需要补孔注浆。

5）测量放样时要精确标出开挖轮廓线，在开挖过程中控制好开挖断面，做到测量精确。

6）岩石隧道爆破开挖时要严格按照爆破施工技术交底进行提前准备，精确控制好炮眼间距，并严格控制装药量。

7）在开挖过程中还需根据实际情况确定预留变形量，应将施工中可能发生的围岩变化情况（掉块或塌落）进行考虑。

8）严格按设计施作超前支护，控制好外插角、间距、数量、长度、搭接长度，防止因超前支护施作不到位造成超挖。

9）预留开挖轮廓边缘线，在开挖过程中采用人机配合，避免机械开挖造成超欠挖现象。

10）地质情况较差、局部出现坍塌时，根据实际情况尽快施作初期支护，进行封闭处理。

11）存在较大超挖时，初期支护完成后应及时进行背后注浆。

3.4.4 台阶法开挖

1. 适用范围

台阶法开挖一般适用于岩质或局部岩质自稳较好地段以及软弱围岩、第四纪沉积地层隧道，隧道开挖跨径一般不超过10m。通常是将开挖断面分上半断面和下半断面两次开挖成形，台阶长度一般控制在1~1.5倍洞径以内，上台阶高度控制在2.5m。该工法一般采用人工和机械混合开挖，有时为解决上台阶出渣对下台阶的影响，可采用皮带输送机将上台阶的渣土送到下台阶的运输车中。台阶法包括长台阶法、短台阶法和超短台阶法等三种，其划分是根据台阶长度来决定。台阶的长度应根据以下两个条件来决定：

①初次支护形成闭合断面的时间要求，围岩越差，闭合时间要求越短。

②上断面施工所用的开挖、支护、出渣等机械设备施工场地大小的要求。

隧道台阶法施工，应在拱部初期支护结构基本稳定且喷射混凝土达到设计图纸及规范要求的强度后，方可进行下部台阶开挖（图3-16）。

图3-16 台阶法开挖施工

（1）台阶法开挖的优点

1）施工灵活多变，适用性强，凡是软弱围岩、第四纪沉积地层，应采用正台阶法。

2）台阶法开挖具有足够的作业空间和较快的施工速度。台阶有利于开挖面的稳定，尤其是上部开挖支护后，下部作业会较为安全。当地层无水、跨度小于10m时，均可采用该方法。

（2）台阶法开挖的缺点

1）上下部作业有干扰，应注意下部台阶开挖作业时对上部台阶稳定性的影响。

2）台阶开挖会增加对围岩的扰动次数，施工工期较全断面法开挖要长。

（3）台阶法开挖注意事项

1）台阶数不宜过多，台阶长度要适当，充分利用地层承载拱的作用，上台阶高度宜为2.5m，一般以一个台阶垂直开挖到底，保持平台长2.5~3m，易于减少二次开挖工作量。自卸汽车应紧跟开挖面，以提高装渣运输效率。

2）软弱地层施工时，单线隧道台阶长度超过1.5倍洞径需及时封闭，双线隧道台阶长度超过1倍洞径需及时封闭。如未封闭长度大于纵向承载拱跨，会产生变形突然增大现象。

3）台阶法开挖宜采用轻型凿岩机打眼施作小导管，当进行深孔注浆或设管棚时，多用根管钻机，而不宜采用大型凿岩台车。

4）上台阶架设拱架时，拱脚必须落在实处，必须清除拱脚浮渣，采用锁脚锚管（灌浆）稳固拱脚，防止拱部下沉。

5）个别破碎地段可配合喷锚支护和挂钢丝网施工，防止落石和崩塌。

6）解决上下台阶交叉作业相互干扰的问题，做好作业施工组织、质量监控及安全管理工作。

7）采用钻爆法开挖石质隧道时，应采用光面爆破技术和振动量测控制振速，以减少对围岩的扰动。

2. 工程建设相关规范主要条文

《地下铁道工程施工标准》GB/T 51310—2018规定：

台阶法施工应先开挖上台阶，后开挖下台阶。下部台阶应在拱部初期支护结构变形基本稳定且喷射混凝土达到设计文件规定的70%后，方可进行开挖，并应符合下列规定：

（1）台阶法应根据地质和开挖断面跨度等确定开挖台阶长度，土质隧道台阶长度不宜超过隧道宽度的1倍，台阶不宜多于3级。

（2）边墙应采用单侧或双侧交错开挖，不得使上部初支结构同时悬空，边墙挖至设计文件给定的高程后应立即架立钢架并喷射混凝土。

（3）一次循环开挖长度，稳定岩体中应根据机械开挖能力确定，一般不宜大于4m；土层和不稳定岩体中一次循环开挖长度应符合设计文件要求。

3. 台阶法开挖施工质量控制流程

台阶法开挖施工质量控制流程如图 3-17 所示。

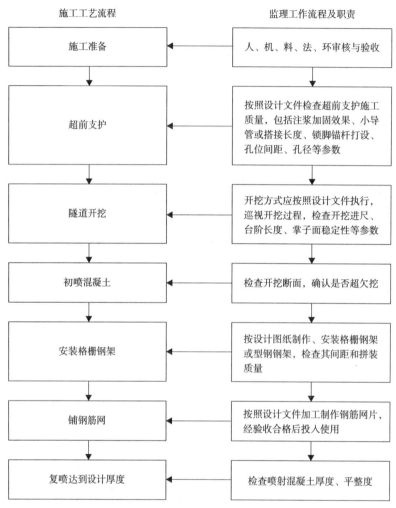

图 3-17　台阶法开挖施工质量控制流程

4. 台阶法开挖监理控制要点

（1）事前控制

该部分内容参见本章第 3.4.3 节 4. 全断面法开挖监理控制要点。

（2）事中控制

1）每一进尺开挖前监理人员应用激光准直仪测量复核隧道控制中线，并用隧道断面仪复测外轮廓线，符合设计要求后方可同意开挖。

2）监理人员应在开挖过程中控制台阶的长度和每一循环开挖的进尺，台阶长度和每次开挖的循环进尺应以设计文件和施工组织设计或施工方案为准，且不得超过《地下铁道工程施工标准》GB/T 51310—2018 的规定。停止开挖时,对不稳定的围岩应采取临时封堵或支护措施。

3)上台阶开挖完毕后,监理人员应督促施工单位及时施作初期支护,即"开挖一段,支护一段"。

4)监理人员应检查上台阶的初支拱脚处是否按设计文件施作锁脚锚杆,拱部的初期支护不应悬空。

5)监理人员应随时检查隧道累计开挖长度,及时掌握隧道掌子面之间的间距,相向开挖的两个开挖面相距约 2 倍管(隧)径时,应停止一个开挖面作业,进行封闭,从另一开挖面作贯通开挖。两条平行隧道(含导洞)相距小于 1 倍洞跨时,其开挖面前后错开距离不得小于 15m。

6)隧道内应加强通风,在有瓦斯的隧道内进行爆破作业必须遵守现行规范要求。

7)初期支护施工时应检查变形缝的位置,严格按设计要求设置变形缝。

8)检查支护钢格栅以及钢筋网的加工是否符合设计要求。安装前应除锈,并抽样进行首件试拼装,合格后方可使用。

9)检查钢格栅及钢筋网安装是否符合设计要求,钢筋格栅拱架就位后,必须支撑稳固,及时按设计要求焊(栓)接成稳定整体。检查控制喷射混凝土厚度的标志是否埋设,检查开挖断面尺寸,清除松动的浮石、土块和杂物。

10)要求施工单位做好洞内排水、降水,疏干地层的积、渗水。

11)喷射混凝土施工时需分段、分层进行,喷射顺序由下而上进行,喷头应保证垂直于工作面,喷头距工作面不宜大于 1m。

12)检查一次喷射混凝土的厚度:侧壁宜为 70~100mm,拱部宜为 50~60mm;分层喷射时,应在前一层混凝土终凝后进行。

13)检查钢筋网的喷射混凝土保护层厚度,不应小于 20mm。

14)已经完成的喷射混凝土,待终凝 2h 后要求施工单位及时进行养护,时间不小于 14d;冬期不得洒水养护;混凝土强度低于 6MPa 时不得受冻。

15)初期支护应预埋注浆管,结构完成后及时注浆加固,填充注浆滞后开挖面距离不得大于 5m。

(3)事后控制

开挖完成后及时检查断面轮廓尺寸,发现超欠挖或断面不平整等问题时及时处理。

5. 台阶法开挖常见质量问题及预防措施

(1)常见质量问题描述

1)台阶留置长度过长或过短。

2)掌子面土方坍塌。

(2)原因分析

1）施工时未按照设计要求留置台阶长度，未及时开挖下台阶或下台阶开挖过早。

2）开挖后掌子面未能及时封闭，地层加固效果差，封闭掌子面的喷射混凝土配合比不佳，速凝剂添加量不足等。

（3）预防措施

1）严格按照设计要求的台阶长度留置，台阶长度宜控制在1.5D（D为隧道开挖直径）范围以内，过早开挖下台阶会使上台阶土压力不能及时平衡，造成地表及拱顶沉降加大；过晚开挖下台阶则初支不能及时封闭成环，同样会造成地表及拱顶沉降加大。

2）掌子面开挖后及时进行喷射混凝土封闭，若厚度过大可以增加钢筋网片，喷射混凝土的配合比需要验证以符合设计要求。

3）严格控制地层注浆加固效果。

4）其余常见质量问题及预防措施内容参见本章第3.4.3节5.全断面法开挖常见质量问题及预防措施。

3.4.5 环形开挖留核心土法

1. 适用范围

环形开挖留核心土法适用于一般土质或易坍塌的软弱围岩、断面较大的隧道，是城市第四纪软土地层浅埋暗挖法最常用的一种标准掘进方式。隧道开挖跨径一般不超过12m，分两步台阶无法保证施工安全时可采用此方法。环形开挖时先开挖上半断面的环形拱部，并及时施作初期支护，再开挖中部核心土，核心土的断面面积不应小于上半断面面积的一半。环形开挖留核心土法施工如图3-18所示。

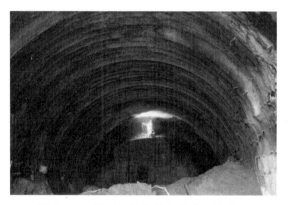

图3-18　环形开挖留核心土法开挖施工

（1）环形开挖留核心土法的优点

1）开挖过程中上部留有核心土支承开挖面，能迅速及时地建造拱部初期支护，故开挖工作面稳定性好。

2）和台阶法一样，核心土和下部开挖都是在拱部初期支护保护下进行的，施工安全性好。与超短台阶法相比，台阶长度可以适度加长，以减少上、下台阶施工干扰。与单侧壁导洞法相比，施工机械化程度相对提高，可加快施工速度。

（2）环形开挖留核心土法的缺点

开挖中围岩要经受多次扰动，而且断面分块多，支护结构形成全断面封闭的时间长，这些都有可能使围岩变形增大。因此，常要结合辅助施工措施对开挖工作面及其前方岩体进行预支护或预加固。

（3）环形开挖留核心土法施工注意事项

1）由于拱部开挖高度较小，或地层松软锚杆不易成型，所以对于城市第四纪地层，施工中一般不设或少设锚杆。

2）台阶长度控制在 3~5m，及时施作初期支护、锁脚锚杆（管），初期支护钢架背后严禁出现空洞。

3）整个断面的初期支护要紧跟下台阶封闭成环，距拱部开挖面的距离尽量短，最长不超过 30m。

2. 工程建设相关规范主要条文

《地下铁道工程施工标准》GB/T 51310—2018 规定：

留环形核心土法应先开挖上台阶的环形拱部，及时施工拱部初期支护后方可开挖核心土。核心土应留坡度，不得出现反坡。上台阶施工完后，应按台阶法施工下台阶及仰拱。

3. 环形开挖留核心土法施工质量控制流程

（1）一般情况下，将断面分成环形拱部、上部核心土、下部台阶等三部分。根据断面的大小，环形拱部又可分成几块交替开挖。环形开挖进尺为 0.5~1.0m，不宜过长，台阶长度一般宜控制在 3~5m。

（2）施工作业流程：用人工或单臂掘进机开挖环形拱部→架立钢支撑→挂钢筋网→喷射混凝土。在拱部初期支护保护下，为加快进度，宜采用挖掘机或单臂掘进机开挖核心土和下台阶，随时接长钢支撑和喷射混凝土、封底。视初期支护的变形情况或施工步序安排施工二次衬砌作业。环形开挖留核心土法施工质量控制流程如图 3-19 所示。

4. 环形开挖留核心土法监理控制要点

（1）事前控制

此部分内容参见本章第 3.4.3 节 4. 全断面法开挖监理控制要点。

（2）事中控制

1）严格按照设计图纸要求留置核心土，核心土的长度、宽度、高度需符合设计要求，施工过程中不得对核心土进行扰动，上台阶初支喷射混凝土强度未达到设计要求，

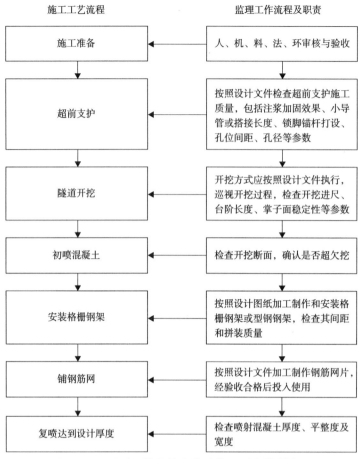

图 3-19 环形开挖留核心土法施工质量控制流程

不得对核心土进行开挖。

2）核心土的开挖随着上台阶开挖的进尺跟进，不得过长或过短，过长会产生交叉施工影响下台阶开挖，过短则无法稳定掌子面。

3）其余内容参见本章第 3.4.4 节 4. 台阶法开挖监理控制要点。

（3）事后控制

开挖完成后及时检查断面轮廓尺寸，发现超欠挖或断面不平整等问题时及时处理。

5. 环形开挖留核心土法施工常见质量问题及预防措施

本节常见质量问题及预防措施内容，参见本章第 3.4.3 节 5. 全断面法开挖常见质量问题及预防措施。

3.4.6 单侧壁导洞法

1. 适用范围

单侧壁导洞法的基本思路是将大跨度变为小跨度，然后采用台阶法施工。此法适用于隧道跨度大（跨径大于10m），扁平率低，围岩较差（一般为Ⅳ~Ⅴ类围岩），地表沉陷难以控制的软弱松散围岩的隧道施工。

单侧壁导洞法施工，其导洞应结合边墙设置，跨度不宜大于0.5倍隧道宽度，洞顶宜至起拱线，施工时应先完成导洞后再施工上下台阶及仰拱。

采用单侧壁导洞开挖，施工开挖前应做好超前支护，减少一次开挖面积，优化结构受力状况，单侧导洞完成初期支护后，继续向前开挖，进行下一循环。先行导洞掌子面与另一侧导洞掌子面间距不宜小于1~2倍洞室跨度，从而尽可能减少两侧壁导洞之间的相互影响。单侧壁导洞均应采用上下台阶开挖，下台阶开挖时，上台阶必须完成初期支护。当围岩稳定性较差或监控变形较大时，采用中部加临时支撑或CRD法施工。

施工过程中应严格控制超欠挖，初期支护应及时可靠，仰拱和初支及时跟进施工，二次衬砌根据监控量测结果适时施作。

2. 工程建设相关规范主要条文

《地下铁道工程施工标准》GB/T 51310—2018规定：

单侧壁导洞法施工应符合下列规定：

1）导洞应结合边墙设置，跨度不宜大于0.5倍隧道跨度，洞顶宜至起拱线；

2）导洞初支施工完成后宜按台阶法开挖另一侧土体，并应及时封闭仰拱；

3）二次衬砌拱墙可分部浇筑，也可一体浇筑。

3. 单侧壁导洞法施工质量控制流程

单侧壁导洞法超前台阶法开挖如图3-20所示。其工艺流程为：

1）左导洞施作超前支护，小导管注浆。

2）左导洞1部开挖支护，采用台阶法开挖，施作初期支护，及时封闭成环。

3）待左侧导洞开挖15~20m后，进行右侧导洞开挖，开挖2部，施作初期支护，及时封闭成环。

4）开挖3部，在3部底部设置一道临时型钢仰拱。

5）开挖4部，使4部及时封闭成环。

单侧壁导洞法施工质量控制流程如图3-21所示。

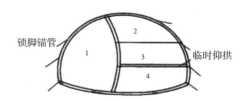

图3-20 单侧壁导洞法开挖

（注：1~4表示开挖顺序）

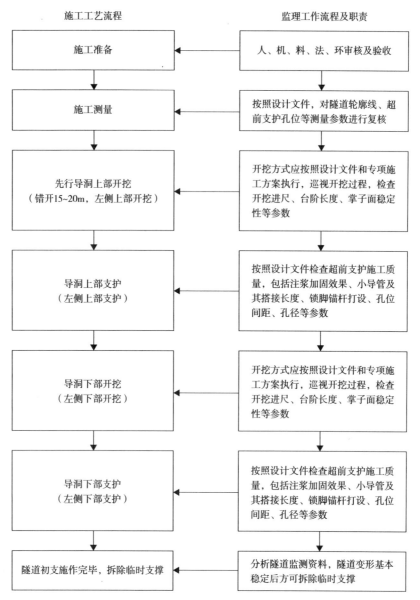

图 3-21 单侧壁导洞法施工质量控制流程

4. 单侧壁导洞法施工质量监理控制要点

（1）监理人员应以设计图纸和施工组织设计或施工方案为准，在开挖过程中控制上下台阶的长度和每次开挖的进尺（台阶长度和开挖进尺的具体数值应在专项施工方案中写明）。

（2）监理人员应控制导洞和其余部分的施工顺序，一侧导洞先施工，余下部分应滞后导洞15～20m后施工，避免相互影响，导致地面沉降过大。

（3）导坑每循环开挖完毕后，监理人员应督促施工单位及时施作侧壁，控制拱顶沉降。

（4）导坑或其余部分在开挖过程中，监理人员应检查各台阶的初支拱脚处是否按设计文件要求施作锁脚锚杆。

（5）采用单侧壁法开挖时，隧道跨径一般较大，设计上一般会设置格栅钢架或型钢钢架作为初期支护，监理人员在每循环开挖完成后，应督促施工单位及时按设计文件安装钢架。

（6）双导洞开挖时，后行洞靠近先行洞侧的围岩实际上是处于悬空状态，这部分围岩经开挖已扰动过一次，如果后行洞的施工方法不当，可能对围岩造成二次扰动，并导致先行洞洞壁破坏。为此，监理人员应严格执行"短进尺、勤量测"的原则，及时跟进，认真分析，结合隧道围岩情况，要求施工单位精心施工。

（7）严禁在一个里程同时开挖左右侧导洞。

（8）严格控制隧道超欠挖，由于拱顶分两次开挖，很容易造成超欠挖，为此要提高测量精确度，为快速支护和衬砌提供条件。

（9）监理人员应要求现场严格执行支护参数，监理单位每一步工序尽可能留有影像资料。

5. 单侧壁导洞法常见质量问题及预防措施

本节常见质量问题及预防措施内容参见本章第 3.4.3 节 5. 全断面法开挖常见质量问题及预防措施。

3.4.7 双侧壁导洞法

1. 适用范围

双侧壁导洞法也称"眼镜工法"，该工法先开挖隧道两侧导洞，并进行初期支护，再分步开挖其余部分。双侧壁导洞法实质是将大跨度隧道分成三个小跨进行作业，一般采用机械和人工混合开挖和出渣。

双侧壁导洞法施工，其导洞跨度不宜大于 0.3 倍隧道宽度，施工时左右导洞前后错开距离不应小于 15m，并在导洞施工完成后，方可按台阶法施工上下台阶及仰拱。双侧壁边桩导洞法施工，其导洞断面尺寸应满足边桩施工要求，施工时应先完成边桩再开挖上台阶，并做好拱部初期支护结构后，方可按逆筑法施工下台阶至封底。该工法主要有以下几个特点和要求：

1）主要适用于隧道地层较差、断面较大的情况。

2）工序复杂，由于测量原因或初支变形原因导致上下、左右钢架连接难度大。

3）一般分四阶段开挖，完全封闭时间长，围岩多次扰动，累计沉降较大。

4）左右导洞掌子面错开不少于 15m，导坑内上下台阶距离则视地质情况而定。

5）临时支撑拆除困难，且风险较大，必须拆除一段施作二衬一段。施工单位应事先制定拆撑专项方案，拆撑过程须加强监测。

2. 工程建设相关规范主要条文

《地下铁道工程施工标准》GB/T 51310—2018 规定：

双侧壁导洞法施工应符合下列规定：

1）导洞跨度不宜大于 1/3 隧道跨度；

2）左右导洞同时施工时，前后错开距离不宜小于 15m；导洞与中间土体同时施工时，导洞应超前 30～50m；

3）双侧导洞初支均封闭后，方可用台阶法施工中间剩余空间，并应及时封闭仰拱；

4）双侧壁导洞法一般应分段进行二次衬砌，如拱墙一体浇筑，其初支结构应满足大断面受力要求，并应符合设计文件要求。

3. 双侧壁导洞法施工质量控制流程

双侧壁导洞法以台阶法为基础，将隧道断面分为三部分，即双侧壁导洞和中洞，其双侧壁导洞尺寸以满足机械设备和施工条件为主确定。

施工时，先开挖两侧的侧壁导洞，在导洞内按正台阶法施工，当隧道跨度大而地质条件较差时，上台阶也可以采用中隔墙或者环形留核心土法开挖，开挖后及时施工初期支护结构，在初期支护的保护下，逐层开挖下台阶至基底，并施工仰拱或底板。施工过程中，左右侧壁导洞错开不小于 15m，这是基于在开挖中引起导洞周边围岩应力重新分布不影响已成导洞而确定的。上、下台阶之间的距离，视具体情况按台阶法确定。双侧壁导洞法开挖断面分块示意如图 3-22 所示。双侧壁导洞法施工质量控制流程如图 3-23 所示。

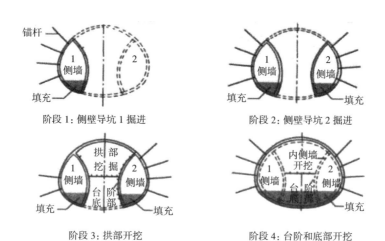

图 3-22 双侧壁导洞法开挖断面分块示意

4. 双侧壁导洞法施工监理控制要点

（1）监理人员应以设计图纸、施工组织设计或施工方案为准，在开挖过程中控制

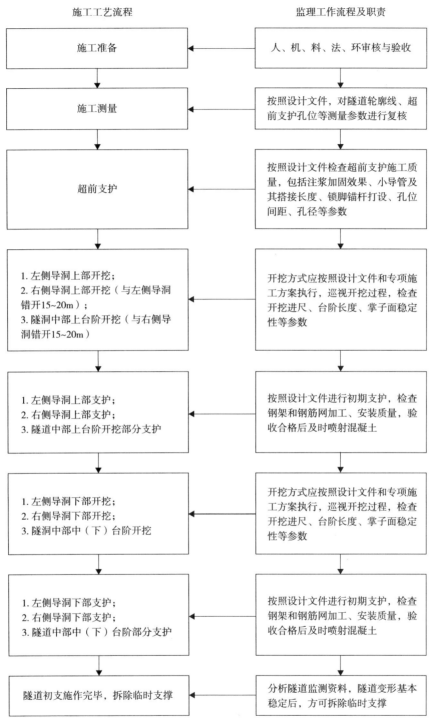

图 3-23 双侧壁导洞法施工质量控制流程

上下台阶的长度和每次开挖的进尺,台阶长度和开挖进尺的具体数值应在专项施工方案中予以明确。

（2）监理人员应控制导坑和其余部分的施工顺序，一侧导坑先施工，再施工另一侧导坑，最后施工中间部分，每部分开挖应错开15~20m，避免相互影响，导致地面沉降过大。

（3）导坑每循环开挖完毕后，监理人员应督促施工单位及时施作侧壁，控制拱顶沉降。

（4）导坑或其余部分在开挖过程中，监理人员应检查各台阶的初支拱脚处是否按设计文件施作锁脚锚杆。

（5）每循环进行测量放样，严格控制超欠挖。定期对测量控制点进行检查、复核，避免由于隧底下沉、上鼓、不均匀变形及人工或机械碰撞等原因对控制点的破坏。

（6）隧道开挖过程中，应在每次开挖后及时观察和描述围岩裂隙结构状况、岩体软硬程度、含水量大小，核对设计图纸中的地质状况，判定围岩的稳定性。

（7）尽量减少使用挖掘机对隧道边沿开挖，应采用人工风镐对隧道周边进行修整，减少对围岩的扰动，避免侧壁或拱顶掉块现象。拱脚、墙角应预留30cm人工开挖，严禁超挖。土质隧道拱墙脚严禁被水浸泡。开挖完毕后，应尽早对围岩进行支护封闭，减少围岩暴露的时间。

（8）隧道开挖断面的中线和高程必须符合设计要求，测量专业监理工程师应对测量成果进行复核。

（9）监理人员应对隧道开挖断面进行检查，隧道开挖应严格控制欠挖。当围岩完整、石质坚硬时，岩石个别突出部分（每平方米不大于$0.1m^2$）侵入衬砌应小于5cm。拱脚和墙脚以上1m内断面严禁欠挖。

（10）洞身开挖过程中，应在每一次开挖后及时观察、描述开挖面地层的层理、节理、裂隙结构状况、岩体的软硬程度、出水量大小等，核对设计地质情况，判断围岩稳定性。

（11）隧道开挖进尺应符合设计要求。软弱围岩隧道Ⅳ级、Ⅴ级、Ⅵ级地段采用台阶法施工时，上台阶每循环开挖支护进尺为：Ⅴ级、Ⅵ级围岩不得大于1榀钢架间距，Ⅳ级围岩不得大于2榀钢架间距；边墙每循环开挖支护进尺不得大于2榀。

（12）隧底开挖轮廓和底部高程应符合设计要求。隧底范围石质坚硬时，岩石个别突出部分（每平方米不大于$0.1m^2$）侵入衬砌应小于5cm。

（13）边墙基础及隧底地质情况应满足设计要求，基底内无积水和浮渣。

5. 双侧壁导洞法常见质量问题及预防措施

本节常见质量问题及预防措施内容参见本章第3.4.3节5.全断面法开挖常见质量问题及预防措施。

3.4.8 中隔壁法和交叉中隔壁法

1. 适用范围

中隔壁法是指先开挖隧道一侧,并施作临时中隔壁,当先开挖一侧超前一定距离后,再开挖另一侧的隧道开挖方法,也称 CD 法。CD 法主要适用于地层较差和不稳定岩体且地表沉降要求严格控制地段的大断面隧道(隧道断面较小时,因 CD 法或 CRD 法分块较多、施工不便、进度慢、沉降大,故不宜采用)。当中隔壁法不能满足要求时,可在中隔壁法的基础上加设临时仰拱,即形成交叉中隔壁法,也称 CRD 法(图 3-24)。

图 3-24 中隔壁法(交叉中隔壁法)开挖施工

2. 工程建设规范主要条文

《地下铁道工程施工标准》GB/T 51310—2018 规定:

中隔壁法或交叉中隔壁法施工应符合下列规定:

1)导洞应采用台阶法施工,导洞跨度不宜大于 0.5 倍隧道跨度;

2)中隔壁法左右两导洞掌子面开挖错开距离不应小于 15m,并应在先开挖侧初期支护封闭且喷射混凝土达到设计文件规定的强度后,方可进行另一侧开挖。

3)交叉中隔壁法开挖顺序应符合设计文件要求,相邻导洞掌子面开挖错开距离不宜小于 15m,并应在先开挖导洞初支完成且喷射混凝土达到设计文件规定的强度后,方可进行后续开挖。

4)二次衬砌应在拆除中隔壁和临时仰拱后,充分利用初支结构的时空效应,及时施工,并应符合设计文件要求。

3. 中隔壁法和交叉中隔壁法施工质量控制流程

中隔壁法和交叉中隔壁法施工质量控制流程如图 3-25 所示。

4. 中隔壁法、交叉中隔壁法施工监理控制要点

(1)开挖过程中,监理人员应按照设计文件和施工方案的要求,督促施工单位对中隔壁的两侧分别采用台阶法开挖。

(2)中隔壁两侧开挖应错开不少于 15m 的距离,并且应要求施工单位及时施作初

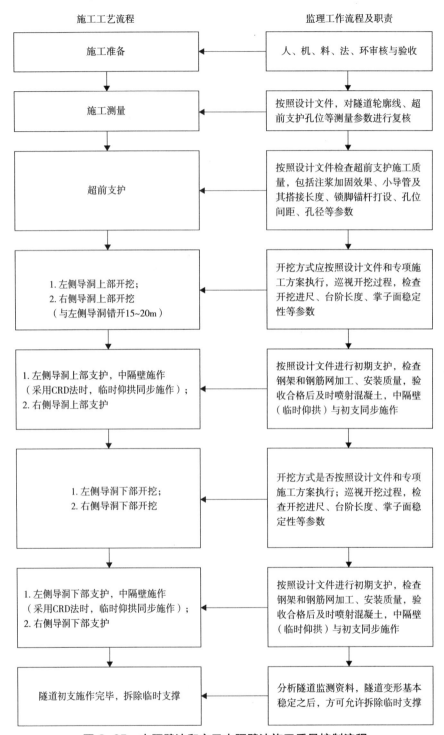

图 3-25 中隔壁法和交叉中隔壁法施工质量控制流程

期支护，严格控制拱顶沉降。

（3）中隔壁法或交叉中隔壁法一侧的开挖通常采用台阶法，分 2~3 步台阶，台阶长度一般控制在 5~7m。开挖过程中,监理人员应关注掌子面的预加固和预支护状况,查看掌子面是否稳定,是否存在渗漏水情况,必要时要求施工单位调整支护参数,加强支护。

(4)每一台阶的循环开挖进尺应符合设计文件的要求,且不得超过 1m;每一步台阶开挖完成后,均应快速施作初期支护和中隔壁;对于交叉中隔壁法还应施作临时仰拱,以便形成独立的闭合单元。

(5)中隔壁应随开挖过程与初期支护同步施工,并按照设计文件施作锁脚锚杆;中隔壁采用格栅钢架时,监理人员应重点检查各段中隔壁的连接质量;采用型钢钢架时,各段型钢的连接应为满焊连接。

(6)整个隧道断面开挖完成后,监理人员应根据隧道施工监测数据,判断隧道沉降基本稳定后,方可允许拆除中隔壁及临时仰拱;拆除时应先拆除横向临时仰拱,后拆除竖向中隔壁。

5. 中隔壁法和交叉中隔壁法常见质量问题及预防措施

本节常见质量问题及预防措施内容参见本章第 3.4.3 节 5. 全断面法开挖常见质量问题及预防措施。

3.5 轨道交通矿山法工程初期支护

3.5.1 适用范围

隧道开挖过程中的初期支护包括钢筋网、钢架(格栅钢架或型钢钢架)、锚杆、喷射混凝土等项内容,初期支护广泛适用于城市地铁暗挖隧道施工,是隧道复合衬砌的重要组成部分,主要承担隧道开挖之后的常规荷载(图 3-26)。

图 3-26 初期支护

3.5.2 工程建设相关规范主要条文

《地下铁道工程施工质量验收标准》GB/T 50299—2018 规定:

1. 喷射混凝土

(1)开挖断面尺寸应符合设计文件要求,并应采用人工或机械清除开挖面的松动岩块、浮渣及堆积物。

（2）对基面有渗漏水的情况，应采用凿槽、埋管等方法进行导引，应无明流水。

（3）锚杆应按设计文件要求打设，砂浆锚杆应设置垫板，垫板应与基面密贴。

（4）当喷射混凝土完成后，应布设测点，进行监控量测工作。

（5）水泥进场应按批对其品种、级别、包装或散装仓号、出厂日期等进行验收，并应对其强度、凝结时间、安定性进行试验，其质量应符合现行国家标准《通用硅酸盐水泥》GB 175 的规定。

1）检验数量：同一生产厂家、同一等级、同一品种、同一批号且连续进场的水泥，散装水泥每 500t 为一批，袋装水泥每 200 袋为一批，当不足上述数量时，也按一批计。每批抽样不应少于 1 次。

2）检验方法：检查产品合格证、出厂检验报告，并进行强度、凝结时间、安定性试验。

（6）喷射混凝土所用的细骨料，应按批进行检验，其颗粒级配、坚固性、氯离子含量指标应符合现行行业标准《普通混凝土用砂、石质量及检验方法标准》JGJ 52 的规定，细度模数应大于 2.5，含水率应为 5%～7%。

1）检验数量：同一产地、同一品种、同一规格且连续进场的细骨料，每 400m^3 或 600t 为一批，不足 400m^3 或 600t 按一批计。每批抽检一次。

2）检验方法：检查出厂检验报告和取样送检。

（7）喷射混凝土所用的粗骨料宜用卵石或碎石，粒径不应大于 15mm 且不小于 5mm，含泥量不应大于 1%。按批进行检验。

1）检验数量：同一产地、同一品种、同一规格且连续进场的粗骨料，每 400m^3 或 600t 为一批，不足 400m^3 或 600t 按一批计。每批抽检一次。

2）检验方法：检查出厂检验报告和取样送检。

（8）喷射混凝土中掺用外加剂进场时验收应符合下列规定：

1）质量应符合现行国家标准《混凝土外加剂》GB 8076 和《混凝土外加剂应用技术规范》GB 50119 的规定；

2）速凝剂应进行水泥相容性试验及水泥净浆凝结效果试验，初凝时间不应超过 5min，终凝时间不应超过 10min；

3）当使用碱性速凝剂时，不应使用活性二氧化硅石料；

4）检验数量：同一产地、同一品种、同一批号、同一出厂日期且连续进场的外加剂，每 50t 为一批，不足 50t 按一批计。每批抽检一次。

5）检验方法：检查产品合格证、出厂检验报告并进行试验。

（9）喷射混凝土拌合用水应符合现行行业标准《混凝土用水标准》JGJ 63 的规定。

1）检验数量：同水源的试验检查不应少于 1 次。

2）检验方法：做水质分析试验。

（10）喷射混凝土的配合比应符合设计文件要求。

1）检验数量：对同强度等级、同性能混凝土检查一次。

2）检验方法：检查配合比试验报告。

（11）喷射混凝土的强度应符合设计文件要求。用于检查喷射混凝土强度的试件，可采用喷大板切割制取。

1）检验数量：同一配合比，区间或小于其断面的结构，每20m拱和墙各取一组抗压强度试件，车站各取两组。

2）检验方法：检查混凝土强度试验报告。

（12）当设计文件要求为抗渗混凝土时，应留置抗渗压力试件。

1）检验数量：区间结构每40m取1组，车站每20m取1组

2）检验方法：检查混凝土抗渗压力试验报告。

（13）喷射混凝土的厚度应符合下列规定：

1）大于和等于设计文件要求厚度的测点应在80%以上。

2）最小值不应小于设计文件要求厚度的80%。

3）厚度总平均值不应小于设计文件要求的厚度。

4）检验数量：车站每10m、区间每20m检查一个断面，从拱顶中线起，每2m检查一个点。

5）检验方法：检查控制喷层厚度的标志或凿孔检查。

（14）喷射混凝土拌制前，砂、石含水率应符合混凝土配合比设计规定，并应符合现行行业标准《铁路隧道工程施工质量验收标准》TB10417的规定。

1）检验数量：每工作班不应少于1次。

2）检验方法：砂、石含水率测试。

（15）喷射混凝土原材料每盘称重的偏差应符合下列规定：

1）水泥重量的允许偏差应为±2%。

2）粗、细骨料重量的允许偏差应为±3%。

3）水、外加剂重量的允许偏差应为±2%。

4）检验数量：每工作班不应少于1次。

5）检验方法：称重检查。

（16）喷射混凝土应密实、平整，应无裂缝、脱落、漏喷、露筋、空鼓、渗漏水等现象。平整度允许偏差应为30mm，且矢弦比不应大于1/6。

1）检验数量：全部检查。

2）检验方法：观察检查，2m靠尺检查。

2. 钢筋网

（1）钢筋网所使用的钢筋的品种、规格、性能应符合现行国家标准《钢筋混凝土用钢 第2部分：热轧带肋钢筋》GB/T 1499.2 和《冷轧带肋钢筋》GB/T 13788 的规定。

1）检验数量：按同一厂别、同一炉罐号、同一规格、同一交货状态每60t为一验收批，当不足上述数量时，按一批计，每批抽样不应少于1次。

2）检验方法：检查产品合格证、出厂检验报告和进场复验报告。

（2）钢筋网的网格间距允许偏差应为 ±10mm，钢筋总根数不应小于设计文件要求，钢筋搭接长度允许偏差应为 ±15mm。

1）检验数量：每进场一批，随机抽样5片。

2）检验方法：钢尺量测。

（3）钢筋网宜在喷射一层混凝土后铺挂。采用双层钢筋网时，第二层钢筋网应在第一层钢筋网被混凝土覆盖及混凝土终凝后铺设。

1）检验数量：每循环检验1次。

2）检验方法：观察检查，检查施工记录。

（4）钢筋网搭接长度不应小于200mm（或一网格）。

1）检验数量：每循环检验1次，随机抽样5片。

2）检验方法：钢尺量测。

（5）钢筋应调直后使用，钢筋表面不应有裂纹、油污、颗粒状或片状锈蚀。

1）检验数量：每批检验1次。

2）检验方法：观察检查。

3. 锚杆

（1）锚杆钻孔数量应符合设计文件要求，孔位、孔深和孔径的允许偏差应符合下列规定：

1）孔位允许偏差为 ±150mm。

2）水泥砂浆锚杆孔深允许偏差应为 ±50mm，楔缝式锚杆孔深允许偏差应为 0～+30mm，胀壳式锚杆孔深允许偏差应为 0～+50mm。

3）水泥砂浆锚杆孔径应大于杆体直径15mm，楔缝式锚杆孔径应符合设计文件要求，胀壳式锚杆孔径应小于杆体直径1～3mm。

4）检验数量：全部检查。

5）检验方法：观察检查，钢尺量测。

（2）砂浆锚杆采用的砂浆强度等级、配合比应符合设计文件要求。

1）检验数量：每一作业段检查一次。

2）检验方法：检查配合比报告及砂浆强度试验报告。

（3）锚杆应进行抗拔试验，同一批试件抗拔力的平均值不应小于设计文件要求的锚固力,且同一批试件抗拔力最低值不应小于设计文件要求锚固力的90%。

1)检验数量:同一批锚杆每100根应取一组试件,每组3根,不足100根也取3根,设计文件或材料变更时应另取试件。

2)检验方法:检查试验报告。

(4)锚杆孔应保持直线,宜保持与隧道衬砌切线方向垂直,当隧道内岩层结构面出露明显时,锚杆孔宜与岩层主要结构垂直,锚杆垫板应与基面密贴。

1)检验数量:全部检查。

2)检验方法:观察检查。

(5)锚杆用钢筋应平直、无损伤,表面应无裂纹、油污、颗粒状或片状锈蚀。

1)检验数量:全部检查。

2)检验方法:观察检查。

4. 格栅钢架及型钢钢架

(1)钢架所使用的钢筋原材料进场检验应符合相关规定。型钢材料进场检验应符合现行国家标准《碳素结构钢》GB/T 700的规定。

1)检验数量:同牌号、同炉罐号、同规格、同交货状态的型钢,每60t为一批,不足60t按一批计。每批抽检一次。

2)检验方法:检查产品合格证、出厂检验报告和进场复验报告。

(2)制作钢架的钢材品种、级别、规格和数量应符合设计文件要求。

1)检验数量:全部检查。

2)检验方法:观察检查,钢尺量测。

(3)格栅钢架钢筋的弯制、末端的弯钩及型钢钢架的弯制应符合设计文件要求,焊缝应符合设计文件要求,不应有焊碴,钢筋应无锈蚀。

1)检验数量:全部检查。

2)检验方法:观察检查,钢尺量测。

(4)钢架安装的位置、接头连接、纵向拉杆应符合设计文件要求,钢架安装不应侵入二次衬砌断面,开挖面不应有虚碴和积水。

1)检验数量:全部检查。

2)检验方法:观察检查,钢尺量测。

(5)格栅钢架主筋连接应在格栅接头处,应采用同一型号钢筋焊接,钢架与围岩间的间隙应采用喷射混凝土喷填密实。

1)检验数量:全部检查。

2)检验方法:观察检查。

(6)钢筋、型钢、钢轨原材料应平直、无损伤,表面不应有裂纹、油污、颗粒状或片状锈蚀。

1）检验数量：全部检查。

2）检验方法：观察检查。

（7）格栅钢架加工允许偏差和检验数量应符合表3-11的规定。

检验方法：钢尺量测。

格栅钢架加工允许偏差和检验数量　　　　　表3-11

检验项目		允许偏差（mm）	检验数量	
			范围	点数
拱架（包括顶拱和墙拱架）	拱架矢高及弧长	0～+20	每榀	1
	墙架长度	±20		1
	墙架横断面尺寸（高、宽）	0～+10		2
钢筋格栅	高度	±30		3
	宽度	±20		
	扭曲度	20		

（8）钢架安装允许偏差和检验数量应符合表3-12的规定。

检验方法：钢尺量测。

钢架安装允许偏差和检验数量　　　　　表3-12

检验项目	允许偏差	检验数量	
		范围	点数
钢架纵向	±50mm	每榀钢架	3
钢架横向	±30mm		
高程偏差	±30mm		2
垂直度	1°		
钢架保护层厚度	−5mm		3

3.5.3 初期支护施工质量控制流程

初期支护施工质量控制流程如图3-27所示。

3.5.4 初期支护施工监理控制要点

1. 事前控制

（1）审核承包商隧道开挖专项施工方案，检查施工方案是否与地质情况相符合，隧道开挖方案是否经专家论证，审批手续是否符合要求。

（2）审查承包商施工资质情况，如为专业分包应要求提交分包商进场申报表，重点检查承包商（分包商）的营业执照、资质、业绩、管理人员、特种作业人员持证情况等。

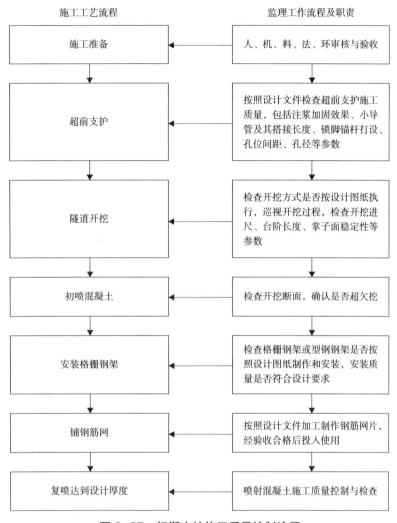

图 3-27 初期支护施工质量控制流程

(3)审查项目施工组织机构、人员配置及资质、培训、交底情况。

(4)对进场原材料、构配件、施工机械设备进行检查验收。

(5)对现场的安全措施及临时用电进行检查。

(6)检查承包商应急救援预案演练情况、应急物资的准备及存放情况。

2. 事中控制

(1)开挖断面规整程度监理控制要点

1)根据隧道围岩类型选择合适的开挖方法,Ⅰ级~Ⅲ级围岩可采用全断面法开挖;对于Ⅳ级、Ⅴ级围岩可采用台阶法、单侧壁导洞法、双侧壁导洞法等开挖方式。对于Ⅳ级、Ⅴ级围岩采用全断面法开挖时,各种工法均存在开挖与支护互相干扰的情况,过程中应严格控制沉降。

2)督促承包商完善施工组织和管理,严格遵循"短进尺,弱爆破"的原则,减少对围岩及已施工初期支护的扰动。当采用半断面开挖方法时，下半断面开挖厚度及用药量要严格控制，减小扰动，防止拱部围岩失稳。

3）隧道开挖断面的中线和高程必须符合设计要求。施工单位每一开挖循环检查一次，监理单位按施工单位检验数量的10%实施平行检验。

4）隧道开挖应严格控制欠挖。当围岩完整、石质坚硬时，岩石个别突出部分（每平方米不大于$0.1m^2$）侵入衬砌应小于5cm，拱脚和墙脚以上1m内断面严禁欠挖。施工单位采用自动断面仪等仪器测量周边轮廓断面，绘制断面图与设计断面核对。监理单位见证测量，现场核对开挖断面。

5）洞身开挖中，应在每一次开挖后及时观察、描述开挖面地层的层理、节理、裂隙结构状况、岩体的软硬程度、出水量大小等，核对设计地质情况，判断围岩稳定性。

（2）隧道断面尺寸及超欠挖监理控制要点

1）隧道开挖断面尺寸要符合设计图纸的要求，根据围岩情况和部位确定不同的超欠挖规定值及允许偏差。隧道开挖质量检测不是仅对某一断面进行检验评价，而是在一个长度段内连续测量若干等距的断面，对所有实测数据进行综合计算分析，最后得出该段的开挖质量检测结果。

2）在实际施工中，对超欠挖的检测除了用水准仪、断面仪测量或尺量以外，还可通过比较实际出渣量与设计出渣量、实际衬砌混凝土量与设计衬砌混凝土量的方法来测定，如发现问题，及时查找原因并予以解决。

3）隧道支护必须紧跟开挖工作面及时施作，同时应按设计要求进行监控量测，对位于不良地质地段的隧道，支护应及时封闭。

（3）钢筋网片及格栅钢架制作及安装监理控制要点

1）隧道开挖初期支护的钢筋网宜在工厂加工。其原材料必须符合设计要求和施工规范规定，经检验合格后方可进行批量生产。根据设计要求将钢筋调直、除锈处理后，在加工平台上焊成钢筋网片，钢筋网加工允许偏差为：钢筋间距±10mm。钢筋网铺设应平整，并与格栅或锚杆连接牢固；喷射混凝土时钢筋不得晃动。

2）网片应在初喷混凝土5cm厚后进行施工，钢筋与壁面的间隙宜为30mm；每层钢筋网之间应搭接牢固，且搭接长度不应小于200mm。钢筋使用前应清除污锈。

3）隧道初支钢格栅所用钢筋以及钢架所用型钢的进场检验，必须按批抽取试件做力学性能（屈服强度、抗拉强度和伸长率）和工艺性能（冷弯）试验，其质量必须符合现行国家标准《碳素结构钢》GB/T 700—2006等的规定和设计要求。

4）格栅钢架由主筋与箍筋按设计图纸要求焊接而成，钢架之间用纵向连接筋焊接在一起。架立前要求进行试拼，连接螺栓必须拧紧，数量符合设计图纸，节点板密贴对正，钢格栅连接应圆顺。格栅钢架钢筋的弯制和末端弯钩及型钢钢架的弯制应符合设计要求。钢架的结构尺寸应符合设计要求。

5）钢架安装不得侵入二次衬砌断面，底部不得有虚碴，相邻钢架及各节钢架间的连接应符合设计要求。钢架的混凝土保护层厚度不得小于 4cm，表面覆盖层厚度不得小于 3cm。

6）钢筋格栅与壁面应楔紧，每片钢筋格栅节点及相邻格栅纵向必须分别连接牢固；沿钢架外缘每隔 2m 应用钢楔或混凝土预制块与初喷层顶紧，钢架与初喷层间的间隙应采用喷射混凝土喷填密实。

7）钢筋格栅应垂直线路中线安装，允许偏差为：横向 ±30mm，纵向 ±50mm，高程 ±30mm，垂直度 5‰。钢筋格栅组装后应在同一平面内，允许偏差为：高度 ±30mm，宽度 ±20mm，扭曲度 20mm。

8）钢架落底接长在单边交错进行。每次单边接长钢架 1~3 排。在软弱地层可同时落底接长与仰拱相连并及时喷射混凝土。接长钢架和上部通过角钢用螺栓牢固准确连接。

9）格栅钢架的钢筋焊接接头严格根据图纸、规范标准及要求制作。接头长度要满足设计或施工规范要求，并按规定将相邻钢筋的接头错开。

10）钢筋焊接所用的焊条、焊剂的牌号、性能以及接头中使用的钢板应符合设计要求和有关规定。

（4）喷射混凝土监理控制要点

1）喷射混凝土前，应检查开挖断面尺寸，清除开挖面和待喷面的松动岩块及拱脚、墙脚处的岩屑等杂物，并应设置控制喷层厚度的标志。基面有滴水、淌水、集中出水的地点，应采用凿槽、埋管等方法进行引导疏干。

2）喷射混凝土应优先采用硅酸盐水泥、普通硅酸盐水泥。水泥、细骨料、粗骨料进场检验应符合标准规定。喷射混凝土外加剂进场时，必须按批对减水率、凝结时间差、抗压强度比进行检验，其质量必须符合现行国家标准《混凝土外加剂》GB 8076—2008、《混凝土外加剂应用技术规范》GB 50119—2013 和其他有关环境保护的规定和设计要求。

3）初喷混凝土：开挖完成后立即进行，以及时封闭、找平开挖面，防止围岩表面风化剥离脱落。

4）复喷混凝土：锚杆、钢筋网片及格栅钢架等施工完毕检验合格后进行，一次喷射混凝土厚度 6~8cm，分几次喷至设计厚度，注意后一层应在前一层混凝土终凝后进行，如终凝 1h 后再喷，应清洗前一层表面。

5）喷射混凝土施工时，应先喷钢筋格栅与壁面间混凝土，然后再喷两钢筋格栅之间混凝土。

6）喷嘴与受喷面距离以 1.5~2.0m 为宜，喷头保持与受喷面垂直，若受喷面被格栅、钢筋网覆盖时，可将喷头稍加偏移，但不宜小于 70°，若角度太小，会形成混凝土物料在工作面上滚动，产生波形喷面，增加回弹，影响喷层质量。喷射混凝土回弹料严禁重复使用。

7）分层喷射混凝土时，后一层喷射应在前一层混凝土终凝后进行，一次喷射的最大厚度：拱部不得超过 10cm，边墙不得超过 15cm。喷射作业紧跟开挖作业面时，混凝土终凝到下一循环爆破作业间隔不得小于 3h。

8）喷射混凝土 2h 后应养护，养护时间不应少于 14d，当气温低于 5℃时，不得喷水养护。

（5）初支背后注浆监理控制要点

1）初期支护施工时，在拱部会留下部分空隙，使初期支护与围岩分离，不能一起承受荷载，这样就与施工原理相违背，对结构的安全性和控制地表沉降很不利。因此，当结构全断面初期支护封闭并达到设计强度后，须及时对初期支护混凝土实施拱背回填注浆。拱背回填注浆具有堵水、加固结构、改善结构受力条件和控制地层沉降等多种作用。

2）注浆施工工艺流程如图 3-28 所示。

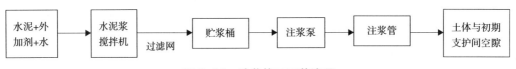

图 3-28 注浆施工工艺流程

3）注浆材料选用：注浆材料选用单液水泥浆内掺外加剂为好。注浆浆液配比：水泥浆水灰比宜为 0.6∶1～0.8∶1，水泥选用强度等级为 32.5 级的普通硅酸盐水泥，内掺水泥用量 0.5% 的食盐和 0.05% 三乙醇胺复合促凝剂或 3%～5% 的水玻璃。

4）回填注浆孔布置：注浆孔沿隧道的四周环向布设，纵向孔距 3～5m，注意布孔以避开环向施工缝为宜，注浆管宜采用 ϕ42 普通钢管，均采用预埋方式布置；间隔注浆达到互补作用，以提高注浆效果。

5）注浆压力：注浆压力不宜过高，只要能克服管道阻力和土体与空隙阻力即可，压力过高易引起初期支护变形。采用注浆泵注浆时，紧接在拱顶注浆处的压力宜控制在 0.3～0.4MPa，不得超过 0.5MPa。

6）注浆施工：

①注浆之前，清理注浆孔，连接好注浆管路，保证其畅通，必要时应进行压水试验。

②注浆必须连续作业，不得任意停泵，以防浆液沉淀，堵塞管路，影响注浆效果。

③注浆顺序应由低处向高处，由无水处向有水处依次压注，以利充填密实，避免浆液被水稀释离析。当漏水量较大时，则应分段留排水孔，以免高水压抵消部分注浆压力，最后处理排水孔。

④注浆时，必须严格控制注浆压力，以防大量跑浆和使结构产生裂缝。

⑤在注浆过程中，如发现从施工缝、混凝土裂缝少量跑浆，可以采用快凝砂浆勾

缝后继续注浆;当冒浆或跑浆严重时,应关泵停压,待一两天后进行第二次注浆。

⑥注浆结束标准:当注浆压力稳定上升,达到设计压力并持续稳定3min(土层中要适当延长时间)后,不进浆或进浆量很少时,即可停止注浆,进行封孔作业。

⑦停浆后,立即关闭孔口阀门,然后拆除和清洗管路,待浆液初凝后,再拆卸注浆管,并用高强度等级水泥砂浆将注浆孔填满捣实。

⑧施工中应经常监视注入量、注浆压力及初衬结构状况,必要时应更换注浆参数,对不符合结束标准要求的必须进行补孔注浆。

7)注浆效果检查:注浆结束后对注浆效果进行检查分析和判断。采用径向钻孔,检查注浆范围,测试注浆加固体强度。

3. 事后控制

(1)按设计及施工规范要求对水平收敛值、拱顶下沉值进行严格监控量测,并将量测结果及时反馈,以指导施工。尤其对于不良地质地段,在开挖前必须用地质雷达、超前平行导坑等方法做好超前地质预报工作,同时做好预加固、预支护等辅助措施。

(2)喷射混凝土结构试件制作及工程质量应符合下列规定:

1)抗压强度和抗渗压力试件制作组数:同一配合比,区间隧道或小于其断面的结构,每2m拱和墙各取1组抗压强度试件,车站各取2组;抗渗试件区间结构每40m取1组;车站每20m取1组。

2)喷层与围岩之间以及喷层之间粘结应用锤击法检查。对于喷层厚度,区间隧道或小于区间断面的结构,每20m检查1个断面,车站每10m检查1个断面。每个断面从拱顶中线起,每2m凿孔检查一个点。断面检查点60%以上喷射厚度不小于设计厚度,最小值不小于设计厚度的1/3,厚度总平均值不小于设计厚度时,方为合格。

3)喷射混凝土的强度必须符合设计要求。用于检查喷射混凝土强度的试件,应采用大板切割法制取;当不具备切割条件时也可采用边长150mm的立方体无底试模,在其内喷射混凝土制作试件,试件成型的喷射方向应与边墙相同,喷射混凝土标准养护试件的试验龄期为28d。当对强度有怀疑时,可在混凝土喷射地点采用钻芯取样法随机抽取制作试件做抗压试验。施工单位每一作业循环检验1次,每个循环至少在拱部和边墙各留置1组检验试件。

4)喷射混凝土的厚度和表面平整度应符合下列要求:

①平均厚度大于设计厚度;

②检查点数的80%及以上大于设计厚度;

③最小厚度不小于设计厚度的2/3;

④表面平整度的允许偏差为100mm。

5)施工单位每一作业循环检查一个断面,每个断面应从拱顶起,每间隔2m布设一个检查点检查喷射混凝土的厚度。监理单位见证检查或按施工单位检查断面的20%

抽查。检查控制喷层厚度的标志、凿孔或无损检测测量厚度,用自动断面仪或摄影仪等仪器测量断面轮廓以检查表面平整度。

6)初支背后注浆,浆液原材料、配合比及注浆效果必须符合设计要求,且回填密实。检验方法:采用钻孔取芯、压水(或空气)等方法检查。

7)注浆各阶段的压力控制和进浆量应符合设计要求。注浆对地面产生的沉降量不得超过 30mm,地面的隆起不得超过 20mm。

3.5.5 初期支护施工常见质量问题及预防措施

1. 格栅拱架加工质量较差

(1)原因分析

1)格栅拱架加工作业交底不到位,下料过程中未按图纸施工。

2)现场管理人员质量意识较差,把关不严。

3)电焊工技术较差,责任心不强,没有严格按照规定的焊接参数操作。

(2)预防措施

1)检查钢筋、型材等原材料是否满足设计和规范要求,检查下料的尺寸、型号是否满足设计要求。

2)焊制前进行焊工摸底试焊,并按照规范选用焊接电流、电压、引弧速度等,确保焊接质量。

3)监理应对格栅模具进行验收,检查尺寸、弧度是否满足设计要求。

4)第一榀格栅加工好后必须进行试拼检查净空尺寸,满足设计、规范要求后方能批量生产。

5)格栅加工过程中加强巡视及检查,发现问题应及时纠正,所有格栅必须检验合格后方能下井安装。

6)做好半成品的保护措施,特别是格栅的运输,防止格栅扭曲。

7)格栅拱架合格成品与待检半成品需分类堆放。

2. 格栅拱架安装不规范

(1)原因分析

1)格栅钢架安装作业交底不到位。

2)施工安装人员过程监督、工序验收把关不严。

(2)预防措施

1)拱架安装时,一定要保证拱架垂直于隧道中心线。

2)安装上部拱架时控制好拱架角度、方向和垂直度。

3)纵向连接筋焊接时应焊接在拱架内腹板上,防止影响喷射混凝土平顺度。

4)严格检查两榀格栅钢架纵向间距,控制在允许偏差范围内。

5）格栅拱架安装完成后，立即进行连接筋的设置并用锁脚锚杆固定，防止拱架发生位移。

3. 格栅拱架连接筋焊接不满足设计及规范要求

（1）原因分析

1）前一榀预留纵向连接筋长度不能满足搭接长度要求。

2）电焊工技术较差，责任心不强。

3）钢筋翻样和配料时疏忽大意，未认真安排好原材料的下料长度。

（2）预防措施

1）安装前一榀格栅钢架时要预留满足搭接长度的纵向连接筋，以保证下榀连接满足设计要求，并对预留的连接筋采取防止喷射混凝土包裹的措施。

2）检查连接筋与格栅钢架的搭接、焊接质量。

3）配料时严格按照设计图纸和规范对原材料进行下料。

4. 钢筋网片安装不规范

（1）原因分析

1）钢筋网片加工的规格、尺寸不满足设计要求。

2）网片安装时未按设计要求安放，网片间搭接长度不满足要求。

（2）预防措施

1）严格按照设计文件要求进行网片加工。

2）安装时严格按照设计及施工方案要求进行施工。

5. 锁脚锚杆打设数量及角度与设计不符

（1）原因分析

1）锁脚锚杆打设角度、高度、深度有偏差，或数量不足。

2）现场管理人员质量意识较差；放松管理，间距大。

3）未按图纸严格施工，没有对作业人员进行交底。

（2）预防措施

1）根据设计要求，制定详细的施工方案，明确打设角度及数量等重要的施工参数，并经过监理审查。

2）将锁脚锚管的施工参数对施工作业人员做详细的技术交底。

3）施工中对锚管数量及打设角度进行检查，确保按照方案要求得以落实到位。

6. 初支背后空洞

（1）原因分析

1）围岩松动，开挖过程中超挖严重。

2）喷射混凝土不密实。

3）人为回填杂物。

（2）预防措施

1）开挖过程中发现围岩松动，加强超前支护，调整进尺。

2）初支完成后及时注浆处理。

3）加强喷射混凝土过程的巡视、检查，杜绝人为因素的影响。

3.6 轨道交通矿山法工程防水施工监理

3.6.1 适用范围

轨道交通矿山法工程防水一般采用防水钢筋混凝土和全包柔性防水层组成双道防水防线，以适应受侵蚀性介质或受振动、变形作用的环境。防水层铺设在主体结构的迎水面，形成全包密封防水层，一般每 8～12m 分段封闭，以保证防水效果。具体分段长度应以设计文件为准。

隧道柔性防水卷材是隧道防水体系的重要组成部分，多采用 PVC 防水板和高分子自粘型防水卷材。柔性防水层介于隧道初期支护和二次衬砌之间，与初期支护和二次衬砌共同构成复合衬砌，广泛适用于轨道交通区间隧道工程。

3.6.2 工程建设相关规范主要条文

《地下工程防水技术规范》GB 50108—2008 规定：

（1）地下工程的防水设防要求，应根据使用功能、使用年限、水文地质、结构形式、环境条件、施工方法及材料性能等因素确定。

暗挖法地下工程的防水设防要求应按表 3-13 所示选用。

暗挖法地下工程防水设防要求　　　　　表 3-13

工程部位		衬砌结构						内衬砌施工缝					内衬砌变形缝（诱导缝）				
防水措施		防水混凝土	塑料防水板	防水砂浆	防水涂料	防水卷材	金属防水层	外贴式止水带	预埋注浆管	遇水膨胀止水条（胶）	防水密封材料	中埋式止水带	水泥基渗透结晶型防水涂料	中埋式止水带	外贴式止水带	可卸式止水带	防水密封材料	遇水膨胀止水条（胶）
防水等级	一级	必选	应选一至两种					应选一至两种					应选	应选一至两种				
	二级	应选	应选一种					应选一种					应选	应选一种				
	三级	宜选	宜选一种					宜选一种					应选	宜选一种				
	四级	宜选	宜选一种					宜选一种					应选	宜选一种				

（2）施工缝的施工应符合下列规定：

1）水平施工缝浇筑混凝土前，应将其表面浮浆和杂物清除，然后铺设净浆或涂刷混凝土界面处理剂、水泥基渗透结晶型防水涂料等材料，再铺 30～50mm 厚的 1∶1 水泥砂浆，并应及时浇筑混凝土。

2）垂直施工缝浇筑混凝土前，应将其表面清理干净，再涂刷混凝土界面处理剂或水泥基渗透结晶型防水涂料，并应及时浇筑混凝土。

（3）卷材防水层的基面应坚实、平整、清洁，阴阳角处应做圆弧或折角，并应符合所用卷材的施工要求。

（4）铺贴卷材严禁在雨天、雪天、五级及以上大风中施工；冷粘法、自粘法施工的环境气温不宜低于 5℃，热熔法、焊接法施工的环境气温不宜低于 -10℃。施工过程中下雨或下雪时，应做好已铺卷材的防护工作。

（5）不同品种防水卷材的搭接宽度应符合表 3-14 所示要求。

防水卷材搭接宽度 表 3-14

卷材品种	搭接宽度（mm）
弹性体改性沥青防水卷材	100
改性沥青聚乙烯胎防水卷材	100
自粘聚合物改性沥青防水卷材	80
三元乙丙橡胶防水卷材	100/60（胶粘剂/胶粘带）
聚氯乙烯防水卷材	60/80（单焊缝/双焊缝）
	100（胶粘剂）
聚乙烯丙纶复合防水卷材	100（粘结料）
高分子自粘胶膜防水卷材	70/80（自粘胶/胶粘带）

（6）防水卷材施工前，基面应干净、干燥，并应涂刷基层处理剂；当基面潮湿时，应涂刷湿固化型胶粘剂或潮湿界面隔离剂。

3.6.3 防水卷材（以 PVC 为例）

1. 适用范围

PVC 防水板是合成高分子聚合物的一种，具有良好的拉伸强度、低温弯折性、抗穿孔性和不透水性等特点，是矿山法隧道常用的防水材料之一（图 3-29）。

2. PVC 防水板施工流程

PVC 防水板施工流程如图 3-30 所示。

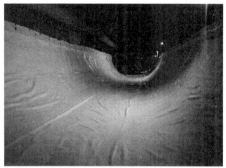

图 3-29 防水卷材施工

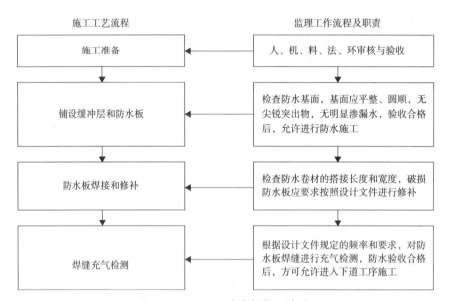

图 3-30 PVC 防水板施工流程

3. PVC 防水板施工监理控制要点

（1）防水层施工前，监理人员应检查施工准备条件，检查内容如下：

1）防水施工队伍资质符合要求，具备同类工程施工经验。

2）供电设备工作电压稳定，照明清晰、安全。

3）脚手架搭设稳定牢靠，能保证作业安全顺利。

4）防水板材质符合要求，工具齐全。

（2）PVC 防水板铺设前，监理人员应对防水基面检查验收，检查内容如下：

1）基面应平顺，没有明显的凹凸和尖物。混凝土平整度要求 $D/L \leqslant 1/6$（D 为高度，L 为水平距离），一般在喷射混凝土后，在未凝固前先找平基面，用水泥砂浆进行基面处理（找平顺）。

2）基面不得有钢筋、管件等尖锐突出物。当出现后应进行割除，并在割除部位用水泥砂浆抹成曲面。

3）断面变化或转角时的阴角、阳角应抹成圆弧。

4）防水基面达到设计强度后才能铺设防水板，要求防水基面坚固，无松动块体。

5）基面不得有明水，允许有湿渍，如有明水应采用引排、抹面封堵和注浆防水等措施。

（3）防水板施工过程控制要点如下：

1）防水层铺设前应按照设计文件要求，铺设无纺布作为缓冲层。可采用 $\phi 75PE$ 垫圈固定无纺布，防水板片材热焊在 PE 垫圈上，用以固定防水板。

2）防水板铺设时，不应拉得太紧，要铺设平顺，不出现褶皱，与基面密贴。

3）卷材搭接缝可采用单焊缝或双焊缝。单焊缝搭接宽度应为 60mm，有效焊接宽度不应小于 30mm；双焊缝搭接宽度应为 80mm，中间应留设 10~20mm 的空腔，有效焊接宽度不宜小于 10mm。

4）焊接缝的结合面应清理干净，焊接应严密；焊接时应先焊长边搭接缝，后焊短边搭接缝。

（4）防水板铺设标准及质量检查如下：

1）拼焊好的每幅塑料板应平顺、舒展、无褶皱、无隆起，挂线牢固密接，无明显空鼓。焊缝平顺、清晰、无破损。

2）防水板质量检查：外观检查应符合防水板铺设标准；两块塑料板在焊缝处经熔融压实后形成均匀透明的整体，中间没有乳白色拉擦痕迹，也不应夹杂烧黑的塑料颗粒。

3）焊缝强度应经过充气耐压检查，焊缝强度不低于母材的 70%，在充气压力 0.1~0.15MPa 下，耐压时间不少于 1min。

4）焊缝检测频率：焊接 1000m 抽验一处焊缝。为保证焊接质量，每天每台焊机均取一个试样。注明取样位置、焊接操作人员及日期。

5）焊缝检查方法：用 5 号注射针与压力表相接，用自行车打气筒充气，充气时检查孔会鼓起。当压力表达到 0.1~0.15MPa 时，停止充气，保持压力时间不少于 1min，说明焊接符合要求；若压力下降，证明未焊好，在未焊好之处，用肥皂水涂在焊接缝上产生气泡的地方，重新焊接，可用热风轮和电烙铁补焊，直到不漏气为止。

（5）防水板的保护和修补内容如下：

1）防水板施工完成后，监理人员应检查防水板的破损情况，如有破损应要求施工单位及时予以修补。

2）防水板修补要求：补丁不得过小，离破损边缘不得小于 7cm；补丁应裁成圆角，不得有正方形、长方形、三角形等尖角；对漏焊部位用电烙铁进行补焊，或用 PVC 专用胶粘剂（专业环氧胶粘剂）粘接；防水板如有小孔洞破坏，则应用剪刀剪去小块防水板，防水板铺设在破坏处用压焊进行焊补或粘接；如破坏面积较大，则用比破坏面积大的防水板用电烙铁或塑料热风焊枪沿其周边焊接,对于焊补防水板采用放大镜或肉眼检查。

3)灌注二次衬砌模筑混凝土时,振捣棒不得接触防水层,以免破坏防水层。振捣棒对防水层的破坏不易被发现,也无法修补,故二衬模筑混凝土施工时应特别注意。

4)不得穿带钉鞋在防水层上走动。当有后浇带时,后浇带部位的防水层应予以保护,严防落入杂物损伤防水板。

3.6.4 施工缝防水

1. 隧道施工缝的设置

(1)环向施工缝:间距8~12m(含仰拱和拱顶),应避开孔洞位置,且距预留孔洞距离不应小于300mm。

(2)水平施工缝:除特殊地段外,仰拱和拱顶不设纵向水平施工缝,横向水平施工缝应根据设计和施工方案要求布置。

(3)拱墙水平施工缝:根据设计和施工方案要求布置。

2. 施工缝使用的防水材料

(1)施工缝可采用钢板橡胶腻子止水带(宽200mm,厚5mm,钢板厚1mm),外设防水卷材加强层,宽度500mm。

(2)防水卷材加强层:应选择与主体结构外包防水层相同的材料。

(3)注浆管及注浆材料:注浆管应选用橡胶材质注浆管或全断面注浆管,注浆导管采用PVC软管,注浆材料应优先选用超早强自流平水泥浆或高渗透环氧树脂灌浆料。

(4)施工缝先浇结构面应涂刷水泥基渗透结晶型防水材料作为界面剂。

3. 施工缝防水要求

(1)水平施工缝浇筑混凝土前,监理人员应检查施工缝的清理。应先将施工缝处表面浮浆和杂物清理干净后,涂刷水泥基渗透结晶型防水材料,再铺30~50mm厚1:1水泥砂浆后方可浇筑混凝土。环向施工缝浇筑混凝土前,应先将其表面凿毛并清理干净,并应涂刷水泥基渗透结晶型防水材料,同时应及时浇筑混凝土。

(2)中埋式止水带采用钢板橡胶(丁基橡胶)腻子止水带,钢板两侧设有预留孔,孔的间距为250mm(两侧错开布置),采用铁丝固定在结构钢筋上。施工中不得用铁钉穿孔固定止水带,监理人员在验收中应对此进行重点检查。

(3)注浆管及注浆导管应符合下列要求:

1)注浆管安装长度每段不超过6m,并在两端安装注浆导管。注浆管必须与施工缝面密贴,任何部位不得悬空。

2)注浆导管与注浆管应连接牢固、严密,其末端应安装塞子进行临时封闭。注浆导管埋入混凝土内的部分至少应有一处与结构钢筋绑扎牢固，出露长度不小于100mm，导管引出端应设置在易于注浆施工的位置。

3）注浆管及注浆导管安装完毕后，应对成品严加保护，在其附近绑扎或焊接钢筋作业时，应采用临时遮挡措施。

3.6.5 变形缝防水

变形缝可采用中埋式止水带及单组分聚氨酯密封胶防水措施，外加防水卷材和防水卷材加强层，并在顶部和侧墙设置不锈钢接水槽。止水带应选择橡胶弹性优质的材料（不得使用再生橡胶制作的止水带），以适应隧道结构的沉降和变形（拉伸与压缩），以保证混凝土变形或沉降后止水带止水效果依然良好。

1. 变形缝设置

（1）变形缝的位置：

1）矿山法区间隧道与车站、竖井或联络通道相交处，在区间隧道内设置变形缝。

2）地层和断面发生较大变化处设置变形缝。

（2）变形缝的宽度约30mm。

2. 变形缝防水材料

（1）防水卷材加强层应选择与主体结构外包防水层相同的材料，宽度600mm，厚度与主体结构外包防水层相同。

（2）中埋式止水带选用不锈钢边橡胶止水带，宽度350mm，不宜采用塑料类材料。

（3）密封材料应优先选用单组分聚氨酯密封胶，该材料具有优良的粘结性、抗下垂性、水密性、气密性、耐腐蚀性及流动成型等良好的工作性，优于双组分聚氨酯密封胶，施工质量易得到保证，且综合造价低。

（4）填缝料采用优质低发泡高压聚乙烯闭孔型泡沫塑料板材。

（5）接水槽采用不锈钢材质。

3. 变形缝防水要求

监理人员在变形缝的施工验收中，可参照下列要求进行：

（1）变形缝在一个断面内应平顺连续，缝宽准确。

（2）变形缝填料应按设计要求施工，不允许在变形缝内填刚性材料，防止刚性注浆材料渗透到槽缝内，不得将变形缝做成刚性缝。

（3）变形缝内的钢边橡胶止水带埋设位置准确，其中间空心圆环与变形缝中心线重合；止水带应有优良的强度弹性，不得使用再生橡胶或废塑料制造止水带。

（4）变形缝间采用单组分聚氨酯密封胶，接缝连接牢固、可靠，迎水面采用低模量单组分聚氨酯密封胶，背水面采用高模量单组分聚氨酯密封胶。

（5）变形缝槽体内干净、干燥、牢固，无钢筋侵入槽体内。

（6）中埋式不锈钢边橡胶止水带两侧钢板应设置预留孔，预留孔间距250mm，两侧错开布置，以便用铁丝穿孔和钢筋固定牢固。

（7）加强层防水卷材与外包防水层满粘，且粘贴牢固，不空鼓，不串水。

（8）不锈钢接水槽槽宽80mm、槽深不小于30mm，钢板厚度1mm。其水平槽段应设置2‰人字坡，接水槽与基面间采用单组分聚氨酯密封胶密封，采用M8不锈钢膨胀螺栓固定，螺栓间距不大于250mm。

3.6.6 常见质量问题及预防措施

1. 常见质量问题描述

（1）防水基面不平整。

（2）防水板焊接质量差，防水卷材搭接长度不足。

（3）防水板破损、老化等。

（4）施工缝或变形缝处止水带安装偏差。

2. 原因分析

（1）初支喷射混凝土不平整，厚度不均匀，局部凸起部位未凿除。

（2）防水板电焊机温度控制不当，焊接质量差，人为操作误差导致防水卷材搭接长度不足。

（3）防水板或卷材存放不当导致老化；初支基面有尖锐凸起物，刺破防水层；二衬钢筋焊接时无防护措施，导致防水卷材烧伤。

（4）止水带定位不准，或未固定牢固，混凝土浇筑时止水带发生位移。

3. 预防措施

（1）按照施工规范和设计图纸要求，对防水基面进行处理，保持基面平整、圆顺，无尖锐凸起物，且无渗无漏。

（2）防水板焊接前进行试焊，各项参数符合要求后进行正式焊接；对作业人员进行技术交底，尽量减少人为操作误差。

（3）防水材料入库存放，防止雨淋、曝晒；二衬钢筋焊接时，采取防护措施将焊接面与防水层隔开，防止烧伤防水板或卷材。

（4）止水带按照设计图纸位置安装完成后，固定牢固，后续施工过程中发现偏差及时纠正。

3.7 轨道交通矿山法工程二次衬砌施工监理

二次衬砌是地铁矿山法区间隧道的主体结构，与初期支护和柔性防水层共同组成隧道的复合衬砌，主要作为安全储备，承担如地震等特殊情形下的荷载（图3-31）。

图 3-31 二次衬砌施工示意

3.7.1 适用范围

二次衬砌广泛适用于城市轨道交通矿山法隧道,其施工质量控制是隧道施工质量控制的关键。城市轨道交通工程暗挖隧道二衬结构分为现浇钢筋混凝土结构和盾构空推管片拼装结构,其中前者在城市第四纪地层中使用,也是目前地下隧道结构的主流施工工艺;后者在地层为中风化、微风化花岗岩地层等盾构掘进困难的地段中使用,其基本思路是先采用矿山法施工做出初支隧道,然后盾构机空推并拼装管片,用管片取代矿山法隧道中的二衬。

1. 现浇钢筋混凝土结构

城市地铁区间隧道常采用现浇钢筋混凝土结构作为隧道二衬结构,作为隧道的强度冗余补充,初支主要承受外部荷载作用,初支和二衬共同承担地震、爆炸等特殊荷载作用。

2. 盾构空推拼装管片结构

当盾构穿越中风化、微风化花岗岩地层,盾构掘进施工困难地段时可采用该工艺,相比于单独采用盾构施工可以加快施工进度,但工程造价较高。盾构空推管片拼装结构不单独施工,实践中同一区间隧道常见组合为前段采用盾构施工,后段采用喷锚支护初支加盾构空推管片拼装结构。隧道结构初期支护采用喷锚支护施工,待前段盾构贯通后,盾构机继续推进拼装管片沿混凝土弧形导台通过,隧道防水采用"管片自身防水+管片背后回填豆砾石+注浆"的方式。

运用该工法施工时,监理需要主要控制如下施工:盾构到达段掘进与接收、盾构空推段管片防水质量、盾构实推段与空推段接口处理、钢筋混凝土导台施工、盾构机在未完全进入暗挖隧道内的推进、隧道轴线或高程改变处推进、暗挖隧道与盾构隧道接口处注浆回填、盾构轴线控制、管片拼装、管片背后豆砾石填充及注浆等。

3.7.2 工程建设相关规范主要条文

1.《混凝土结构工程施工质量验收规范》GB 50204—2015 规定:

(1)模板及支架应根据安装、使用和拆除工况进行设计,应满足承载力、刚度和整体稳固性要求。

（2）现浇结构模板安装的允许偏差及检验方法应符合表3-15所示的规定。

现浇结构模板安装的允许偏差及检验方法　　　　表3-15

项目		允许偏差（mm）	检验方法
轴线位置		5	尺量
底模上表面标高		±5	水准仪或拉线，尺量
模板内部尺寸	基础	±10	尺量
	柱、墙、梁	±5	尺量
	楼梯相邻踏步高差	5	尺量
柱、墙垂直度	层高≤6m	8	经纬仪或吊线，尺量
	层高>6m	10	经纬仪或吊线，尺量
相邻模板表面高低差		2	尺量
表面平整度		5	2m靠尺和塞尺量测

注：检查轴线位置，当有纵、横两个方向时，沿纵、横两个方向量测，并取其中偏差的较大值。

（3）钢筋进场时，应按国家现行相关标准的规定抽取试件做屈服强度、抗拉强度、伸长率、弯曲性能和重量偏差检验，检验结果应符合相应标准的规定。

（4）钢筋安装位置的允许偏差及检验方法应符合表3-16所示的相关规定。

钢筋安装允许偏差及检验方法　　　　表3-16

项目		允许偏差（mm）	检验方法
绑扎钢筋网	长、宽	±10	尺量检查
	网眼尺寸	±20	尺量连续三档，取最大偏差值
绑扎钢筋骨架	长	±10	尺量
	宽、高	±5	尺量
纵向受力钢筋	锚固长度	-20	尺量
	间距	±10	尺量两端、中间各一点，取最大偏差值
	排距	±5	
纵向受力钢筋、箍筋的混凝土保护层厚度	基础	±10	尺量
	柱、梁	±5	尺量
	板、墙、壳	±3	尺量
绑扎箍筋、横向钢筋间距		±20	尺量连续三档，取最大偏差值
钢筋弯起点位置		20	尺量
预埋件	中心线位置	5	尺量
	水平高差	+3，0	塞尺量测

注：检查中心线位置时，沿纵、横两个方向量测，并取其偏差的最大值。

（5）现浇结构质量验收应符合下列规定：

1）现浇结构质量验收应在拆模后、混凝土表面未作修整和装饰前进行，并应作相应记录；

2）已经隐蔽的不可直接观察和量测的内容，可检查隐蔽工程验收记录；

3）修整或返工的结构构件或部位应有实施前后的文字及图像记录。

（6）现浇结构的外观质量缺陷应由监理单位、施工单位等各方根据其对结构性能和使用功能影响的严重程度按表3-17确定。

现浇结构外观质量缺陷　　　　　表3-17

名称	现象	严重缺陷	一般缺陷
露筋	构件内钢筋未被混凝土包裹而外露	纵向受力钢筋有露筋	其他钢筋有少量露筋
蜂窝	混凝土表面缺少水泥砂浆而形成石子外露	构件主要受力部位有蜂窝	其他部位有少量蜂窝
孔洞	混凝土中孔穴深度和长度均超过保护层厚度	构件主要受力部位有孔洞	其他部位有少量孔洞
夹渣	混凝土中夹有杂物且深度超过保护层厚度	构件主要受力部位有夹渣	其他部位有少量夹渣
疏松	混凝土中局部不密实	构件主要受力部位有疏松	其他部位有少量疏松
裂缝	缝隙从混凝土表面延伸至混凝土内部	构件主要受力部位有影响结构性能或使用功能的裂缝	其他部位有少量不影响结构性能或使用功能的裂缝
连接部位缺陷	构件连接处混凝土有缺陷或连接钢筋、连接件松动	连接部位有影响结构传力性能的缺陷	连接部位有基本不影响结构传力性能的缺陷
外形缺陷	缺棱掉角、棱角不直、翘曲不平、飞边凸肋等	清水混凝土构件有影响使用功能或装饰效果的外形缺陷	其他混凝土构件有不影响使用功能的外表缺陷
外表缺陷	构件表面麻面、掉皮、起砂、沾污等	具有重要装饰效果的清水混凝土构件有外表缺陷	其他混凝土构件有不影响使用功能的外表缺陷

2.《地下铁道工程施工质量验收标准》GB/T 50299—2018 规定：

（1）边墙角、起拱线及拱顶结构的模板安装允许偏差及检验方法应符合表3-18所示的规定。

边墙角、起拱线及拱顶结构的模板安装允许偏差及检验方法　　　　表3-18

检验项目	允许偏差（mm）	检验方法
边墙角	±15	钢尺量测
起拱线	±10	钢尺量测
拱顶	0~+10	水准测量

（2）隧道结构应无露筋、露石，其各部位尺寸允许偏差、检验数量及检验方法应符合表3-19所示的规定。

隧道结构各部位尺寸允许偏差、检验数量及检验方法　　　　表 3-19

检验项目	允许偏差（mm）							检验数量		检验方法
	内墙	仰拱	拱部	变形缝	柱	预埋件	预留孔洞	范围	点数	
平面位置	±10	—	—	±20	±10	±20	±20	每施工段	1	钢尺量测
垂直度（‰）	2	—	—	—	2	—	—		1	吊线、钢尺量测
直顺度	—	—	—	5	—	—	—		1	
平整度	15	20	15	—	5	—	—		3	3m 靠尺检查
高程	—	±15	10~30	—	—	—	—		1	水准仪测量

注：1. 本表不包括特殊要求项目的偏差标准。
　　2. 平面位置以隧道线路中线为准进行测量。

3.7.3　二次衬砌施工质量控制流程

二次衬砌施工质量控制流程如图 3-32 所示。

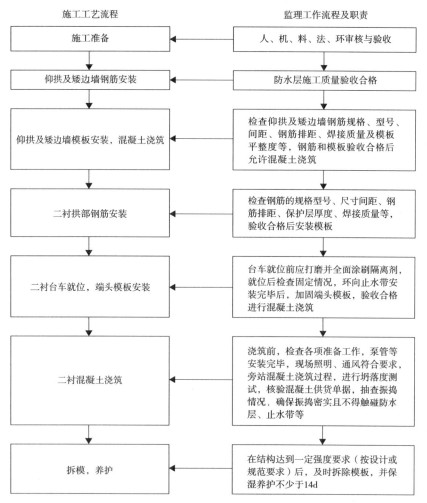

图 3-32　二次衬砌施工质量控制流程

3.7.4 二次衬砌施工监理控制要点

1. 事前控制

（1）二次衬砌施工前，隧道中线、高程、断面和尺寸应经过监理人员验收符合设计图纸要求，且防水层验收合格。

（2）二衬施工前，监理人员应检查隧道二次衬砌施工的钢筋、模板、隔离剂等原材料和构配件的质量证明文件，并按照相关规范要求进行见证取样送检，经检测合格后方可同意投入使用。

（3）对于施工中涉及的特种作业人员，如电焊工、架子工、电工等，监理人员应核实其特种作业证书的有效性，并在施工过程中核对证书与人员的一致性；对于其他作业人员，监理人员应检查其三级安全教育和技术交底资料，保证每一名作业人员均经过培训后上岗。

（4）审核施工单位上报的隧道二衬施工方案，并制定相应的二衬施工监理实施细则。

2. 事中控制

（1）钢筋绑扎

1）钢筋绑扎前应对防水板铺设进行验收。

2）钢材进场后，进行复试，按批量随机抽取规定数量的样品取样送检，并将复试报告报监理审查，经审查合格后使用。

3）钢筋绑扎时应检查钢筋的规格、型号及间距，搭接或焊接长度，内外层钢筋保护层厚度及两层钢筋间的层距。

4）钢筋接头应设置在承受应力较小处，并应分散布置。配置在"同一截面"内受力钢筋接头的截面面积占受力钢筋总截面面积的百分率应符合设计要求。

5）检查钢筋防迷流及测量端子的焊接质量。

6）检查预埋件是否按设计图纸预埋。

7）钢筋连接的方式：根据钢筋直径、钢材、现场条件确定钢筋连接的方式。主要采取机械连接、焊接或绑扎等方式。

8）钢筋加工及安装应满足《混凝土结构工程施工规范》GB 50666—2011、《混凝土结构工程施工质量验收规范》GB 50204—2015 等现行规范和设计要求。

9）钢筋安装应按国家现行标准《钢筋机械连接技术规程》JGJ 107—2016、《钢筋焊接及验收规程》JCJ 18—2012 的规定，抽取钢筋机械连接接头、焊接接头试件做力学性能检验，其质量应符合相关规程的规定。

10）钢筋安装质量检验应在模板支搭或混凝土浇筑之前对安装完毕的钢筋进行隐蔽验收。

11）钢筋焊接时应注意对防水板的保护，避免烧伤防水板。

12）检查止水钢板的安装位置、方向及焊接质量，其搭接长度应满足图纸要求。

13）钢筋安装完毕后应组织参建单位进行钢筋样板验收，样板验收长度应不少于20m。

14）二衬钢筋安装允许偏差应符合规范要求，详见表3-20。

二衬钢筋安装允许偏差　　　　　　　　　　　表3-20

项目			允许偏差（mm）	检验方法
绑扎钢筋网	长、宽		±10	钢尺检查
	网眼尺寸		±20	钢尺量连续三档，取最大值
绑扎钢筋骨架	长		±10	钢尺检查
	宽、高		±5	钢尺检查
受力钢筋	间距		±10	钢尺量两端、中间各一点，取最大值
	排距		±5	
	保护层厚度	基础	±10	钢尺检查
		柱、梁	±5	钢尺检查
		板、墙、壳	±3	钢尺检查
绑扎箍筋、横向钢筋间距			±20	钢尺量连续三档，取最大值
钢筋弯起点位置			20	钢尺检查
预埋件	中心线位置		5	钢尺检查
	水平高差		+30	钢尺和塞尺检查

（2）止水带安装

1）止水带安装应在结构变形基本稳定的条件下施作。变形缝应根据设计设置，并与初期支护变形缝位置重合；应在止水带两侧加设支撑筋，并固定牢固，浇筑混凝土时不得有移动位置、卷边、跑灰等现象。

2）变形缝端头模板处的填缝中心应与初期支护变形缝位置重合，端头模板支设应垂直、牢固。

3）塑料或橡胶止水带的形状、尺寸及其材质的物理性能，应符合设计要求，且无裂纹，无气泡。

4）塑料或橡胶止水带接头应采用热接，不得叠接；接缝应平整牢固，不得有裂口、脱胶现象；T字接头、十字接头和Y字接头应在工厂加工成型。

5）金属止水带应平整、尺寸准确，其表面铁锈、油污应清除干净，不得有砂眼、钉孔。

6）金属止水带接头应按其厚度分别采用折叠咬接或搭接；搭接长度不得小于2mm，咬接或搭接必须采用双面焊接。

7）金属止水带在伸缩缝中的部分应涂防锈和防腐涂料。

8）止水带安装应牢固，无孔洞、撕裂、扭曲、褶皱，位置准确，其中心线应与变形缝中心线对正，止水带不得有裂纹、孔洞等。不得在止水带上穿孔或用铁钉固定就位。

（3）模板安装

1）隧道标准断面的二衬施工一般采用模板台车，具体长度以设计图纸为准，但不宜超过规范规定的12m。

2）衬砌模板台车、移动台架设计制造时，必须以隧道设计断面为准，且应考虑施工误差、贯通测量误差调整及预留沉落量等因素。钢结构及钢模必须具有足够的强度、刚度和稳定性。若使用的是模板台车，则应在台车进场后由监理单位组织验收，并形成有关资料备案。

3）台车固定：台车立模后，需要通过杆件将模板与架体连成整体，以承受混凝土浇筑过程中的荷载。

4）模板安装前必须进行隧道中心线的测量放样。模板安装或台车固定后，应对模板净空进行检查，检查内容包括线路中心线的位置及标高、仰拱及拱顶标高、线路纵坡等，确保二衬结构不侵入隧道限界。

5）模板安装或就位前，应对钢筋进行验收。注意检查钢筋层间距及钢筋保护层厚度、新旧混凝土接缝处的处理等。

6）模板系统必须能保证结构和各部分构件的形状、尺寸及其空间位置的准确性。

7）模板安装必须稳固牢靠，接缝严密，不得漏浆，模板接缝不大于1mm。模板与混凝土接触面必须清理干净并涂刷隔离剂。浇筑混凝土前，应将模板内的积水和杂物清理干净。

8）模板表面必须平整、光滑，脱模剂必须涂刷均匀，严禁漏涂。脱模剂的品种、性能和涂刷质量应在专项施工方案中明确，监理人员在模板验收过程中应按照施工方案进行验收。

9）现浇结构模板安装应符合《地下铁道工程施工质量验收标准》GB/T 50299—2018中7.11.7条款的规定。

（4）二衬混凝土浇筑及养护

1）模板台车安装就位且加固验收后，浇筑混凝土之前应清除台车上的杂物，混凝土进场后应检测混凝土的强度等级、坍落度。加强对混凝土试件的制作管理，包括抗压、抗渗试件，且须分标准养护和同条件养护两种。

2）二衬混凝土应连续浇筑，按照预先设置的浇筑孔顺序进行，倾落高度小于2m。浇筑时按照分层、均匀、对称浇筑。浇筑层厚度根据拌合能力、运输条件、浇筑进度及振捣能力决定，边浇筑边振捣，浇筑采用输送泵输送，插入式振捣棒振捣。隧道边墙应分层浇筑混凝土，混凝土入模高度超过2m时应采用溜放方式。

3）考虑到拱顶混凝土难以充填饱满，应在拱顶衬砌背后预埋注浆管。采用泵送挤压法浇筑拱部混凝土时，需对挡头板加固并作特殊处理。待每循环混凝土终凝后，可分两次压浆充填实施补充注浆。

4）衬砌台车表面每次脱模后应进行清洗，二衬混凝土结构表面应密实平整、颜色均匀，严禁露筋，不得有蜂窝、孔洞、疏松、麻面和缺棱掉角等质量缺陷，衬砌表面接缝无明显错台，无渗漏水，满足设计要求。

5）常温下混凝土浇筑完成后 4~6h 内进行洒水养护，养护时间不少于 14d。二次衬砌背后回填注浆采用水泥浆液，注浆压力不宜过高，以克服管道阻力和衬砌背后阻力即可，回填注浆应在衬砌混凝土达到设计强度的 70% 后方可进行。

6）隧道结构竣工后，混凝土抗压强度和抗渗压力应符合设计要求，成型隧道二衬结构质量允许偏差应符合表 3-21 所示的规定。

成型隧道二衬结构质量允许偏差　　表 3-21

检验项目	允许偏差（mm）							检验数量		检验方法
	内墙	仰拱	拱部	变形缝	柱	预埋件	预留孔洞	范围	点数	
平面位置	±10	—	—	±20	±10	±20	±20	每施工段	1	钢尺量测
垂直度（‰）	2	—	—	—	2	—	—		1	吊线、钢尺量测
直顺度	—	—	—	5	—	—	—		1	
平整度	15	20	15	—	5	—	—		3	3m 靠尺检查
高程	—	±15	10~30	—	—	—	—		1	水准仪测量

3. 事后控制

（1）钢筋保护层厚度检测的结构部位，应由监理（建设）、施工等各方根据结构构件的重要性共同选定。

（2）对梁、板类构件，应各抽取构件数量的 2% 且不少于 5 个构件进行检验；当有悬挑构件时，抽取的构件中悬挑梁类、板类构件所占比例均不小于 50%。

（3）对选定的梁类构件，应对全部纵向受力钢筋的保护层厚度进行检验；对选定的板类构件，应抽取不少于 6 根纵向受力钢筋的保护层厚度进行检验。对每根钢筋应选择有代表性的不同部位量测 3 点取平均值。

（4）当全部钢筋保护层厚度检验的合格率为 90% 及以上时，钢筋保护层厚度的检验结果判定为合格。

（5）当全部钢筋保护层厚度检验的合格率小于 90% 但不小于 80% 时，可再抽取相同数量的构件进行检验；当按两次抽样总和计算的合格率为 90% 及以上时，钢筋保护层厚度的检验结果仍应判定为合格。

（6）隧道结构实体质量和主要使用功能达不到设计要求的单位工程严禁验收。

3.7.5 二次衬砌施工常见质量问题及预防措施

1. 常见质量问题描述

(1) 二衬钢筋安装偏差, 钢筋层间距不足, 钢筋焊接质量差, 钢筋保护层厚度等不符合设计要求。

(2) 二衬混凝土表面蜂窝、麻面、露筋、错台、开裂、渗水等。

2. 原因分析

(1) 钢筋加工尺寸不准确, 钢筋网格尺寸间距不均匀, 初支侵限, 导致二衬钢筋层间距不足, 电焊机电流控制不当, 钢筋烧伤, 焊缝夹渣, 焊缝不饱满, 模板安装位置偏差, 导致钢筋保护层厚度不符合设计文件要求。

(2) 混凝土振捣不密实, 二衬模板拼装不严密或安装不牢固, 振捣过程中模板松动导致错台, 混凝土拆模后养护不及时或养护不当。

3. 预防措施

(1) 二衬混凝土浇筑前, 应再次检查初支隧道断面, 包括基面平整度、防水板铺设、钢筋及止水带安装质量, 保证二衬结构厚度满足设计图纸要求。

(2) 严格按照设计图纸进行钢筋加工, 钢筋安装过程中加强检查验收, 对电焊机设备进行进场验收, 电焊工持证上岗。

(3) 模板定位准确, 加固牢靠, 钢筋保护层厚度严格按照设计文件要求执行。

(4) 混凝土浇筑过程中合理振捣, 且应避免触碰模板、止水带等, 加强防水板保护, 防止模板错台、止水带偏位。

3.8 轨道交通矿山法工程隧道附属工程施工监理

3.8.1 竖井、中间风井施工监理

1. 适用范围

竖井、中间风井作为城市地铁暗挖隧道的重要组成部分, 其作用主要作为施工中人员进出通道, 以及出土、下料通道等, 或施工完成后作为送、排气通风口以及联络通道使用, 应按照设计图纸和相关规范要求施作。

2. 工程建设相关规范主要条文

《地下铁道工程施工标准》GB/T 51310—2018 规定:

(1) 竖井应根据现场条件, 利用风道、车站出入口、隧道顶部或单独设置。

(2) 竖井尺寸应根据施工设备、土石方及材料运输、施工人员出入隧道和排水的需要确定。当利用永久结构作为竖井时, 其尺寸尚应符合设计文件要求; 当单独设置竖井时应有设计文件。

(3）竖井应设防雨棚，井口周围应设防汛墙和栏杆。

(4）竖井与横通道连接处、横通道与正洞连接处、变断面处、交叉点处等开挖时，采取钢架支撑或注浆的加强措施应符合设计文件要求。

(5）竖井垂直运输应符合下列规定：

1）提升设备应进行验算，应符合国家现行有关标准的规定，并应经政府主管部门验收后方可投入使用；使用中应经常检查、维修和保养；

2）提升设备不得超负荷作业，提升速度应符合设备技术要求，与竖井支撑构件安全距离不应小于15cm；

3）竖井上、下应设联络信号，并应设专人负责；

4）竖井底应设集水坑、集土坑或转渣场，地面渣土仓容积应满足开挖要求。

(6）渣土运输应防止遗撒和扬尘。

3. 竖井施工质量控制流程

竖井施工质量控制流程如图3-33所示。

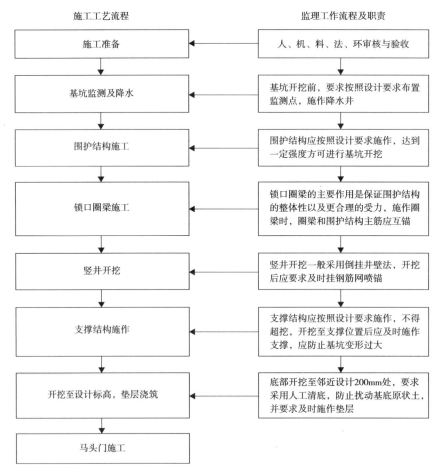

图3-33　竖井施工质量控制流程

4. 竖井施工监理控制要点

（1）事前控制

1）对承包人现场主要管理人员的资质进行审查，符合要求后签字确认并存档。

2）对现场各级人员安全教育、技术交底情况进行检查。重点检查项目负责人和专职安全员的安全教育培训证，现场作业工人的三级安全教育记录，开工前的技术与安全交底记录等。

3）对特殊工种人员（如电工、电焊工、起重工、司索工等）的上岗资格证进行审查。

4）用于工程的起重机、电焊机等主要施工机械设备进场后，要求承包人向监理部报验，经查验合格后，方准许投入使用。

5）对进场的钢支撑及围檩进行检查验收，符合设计要求后准许使用。

6）审查竖井基坑土方开挖专项施工方案，达到危险性较大的分部分项工程要求的基坑开挖，须要求施工单位严格按照《危险性较大分部分项工程安全管理规定》的有关要求执行。

7）项目监理部应组织对施工图纸进行审查并提出审核意见，图纸会审后由项目总监或总监代表对图纸的主要内容在监理部内部进行交底。

（2）事中控制

1）施工准备

①竖井施工前，应对竖井及隧道范围内的地下管线、建（构）筑物进行调查，并应会同产权单位确定保护方案；施工中，应加强对重要管线、建（构）筑物等的保护和监测。

②竖井施工范围内应人工开挖十字探沟，确定无管线后再开挖。

③竖井井口防护应符合下列规定：

a.竖井应设置防雨棚、挡水墙；

b.竖井应设置安全护栏，护栏高度不应小于1.2m；

c.竖井周边应架设安全警示装置。

2）锁口圈梁

①竖井应按设计施作锁口圈梁，圈梁埋深较大时，上部应设置砖砌挡土墙、土钉墙或"格栅钢架+喷射混凝土"等临时围护结构。

②锁口圈梁处土方不得超挖，并应做好边坡支护。

③圈梁混凝土强度应达到设计强度的70%及以上时，方可向下开挖竖井。

④锁口圈梁与格栅应按设计要求进行连接，井壁不得出现脱落。

3）提升系统

①竖井应设置一套起重吊装设备作为提升系统，起重吊装设备应由有资质的单位安装、拆除；安装完成后，应进行安全检验，合格后方可使用。

②竖井提升系统制作、安装应符合现行国家或行业标准的有关规定。

4）竖井开挖与支护

①开挖前，应根据地质条件及地下水状态，按设计要求或专项施工方案采取地下水控制及地层预加固措施。

②井口地面荷载不得超过设计规定值；井口应设置挡水墙，四周地面应硬化处理，并应做好排水措施。

③竖井基坑应对称、分层、分块开挖，每层开挖高度不得大于设计规定，随挖随支护；每一分层开挖，宜遵循先开挖周边、后开挖中部的顺序。

④初期支护应尽快封闭成环，按设计要求做好格栅钢架的竖向连接及采取防止井壁下沉的措施。

⑤喷射混凝土的强度和厚度等应符合设计要求。喷射混凝土应密实、平整，不得出现裂缝、脱落、漏喷、露筋、空鼓和渗漏水等现象。

⑥施工平面尺寸和深度较大的竖井时，应根据设计要求及时安装临时支撑。

⑦严格控制竖井开挖断面尺寸和高程，不得欠挖，竖井开挖到底后应及时封底。

⑧竖井开挖过程中应加强观察和监测。当发现地层渗水、井壁土体松散、裂缝或支撑出现较大变形等现象时，应立即停止施工，采取措施加固处理后方可继续施工。

（3）事后控制

竖井基坑土方开挖完成后，应继续保持一定的监测频率，对地下水、土体沉降等继续监测，发现异常情况及时采取相应措施处理。

5. 竖井施工常见质量问题及预防措施

（1）常见质量问题描述

1）土方开挖违反专项施工方案，超挖严重。

2）钢格栅加工质量差。

3）竖井开挖井底积水。

4）锁口圈梁及周边地面堆载超重。

5）喷射混凝土不及时，施工质量差。

6）监控量测不及时，监测密度不够。

（2）原因分析

1）施工单位技术交底不到位，作业人员安全意识淡薄，未按照专项方案施工。

2）钢筋加工工序质量控制不严，技术交底未落实。

3）基坑降水未到位，雨天积水抽排不及时。

4）施工单位安全管理措施把控不严，周转材料等未合理分区堆放。

5）施工单位喷射混凝土施工质量把控不严，技术交底未落实，现场质量"三检"制度未严格执行。

6）施工监测频率不够，第三方监测数据不真实。

（3）预防措施

1）严格执行循环作业，严禁超挖，及时安装格栅钢架喷射混凝土。

2）加强技术交底和现场技术指导，保证格栅钢架加工质量、格栅钢架连接及格栅钢架竖向连接筋搭接长度和焊接质量。

3）正式开挖竖井前，应做好锁口圈梁，保证井口稳定，同时防止地面雨水等进入竖井内；做好竖井周边地面硬化，并设置好排水坡度和排水沟，便于集中排水，减少地表水的下渗。竖井开挖过程中，应及时排除井底积水，严禁井底被水浸泡；由于设备故障或非正常原因需较长时间停止竖井开挖作业时，应做好井底网喷混凝土封底，同时加强巡视，及时排除井底积水，保持井底无积水。

4）合理设置设备、材料堆放区。开挖过程中周边严禁行驶重载车辆。

5）严格控制喷射混凝土配合比，开挖后及时喷射混凝土，保证混凝土强度。

6）加强监控量测，尤其是在暂时停工和雨期等非常时期，更应加大监测密度。

3.8.2 联络通道施工监理

1. 适用范围

当区间隧道长度大于600m时，按地铁设计规范的要求，在两条隧道之间必须设置中间联络通道，起连通、排水、防火以及应急逃生等作用。若一条隧道运行中出现异常情况，行人可通过联络通道转移至另外一条隧道，行人的安全系数也将大大增加，因此有"逃生通道"之称。

联络通道的施工工法可采用钻爆开挖、全断面法、台阶法、冻结法和顶管法进行，其初支主要由超前注浆小导管、钢筋网、喷射混凝土和钢拱架组成联合支护体系，二衬结构为钢筋混凝土。其中全断面法、台阶法施工工艺及其控制要点与隧道开挖基本一致，详见本章隧道开挖部分，此处从略。本小节内容以顶管法为例。联络通道顶管法施工水平支撑如图3-34所示。

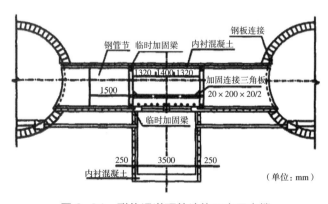

图3-34 联络通道顶管法施工水平支撑

2. 工程建设相关规范主要条文

广东省标准《顶管技术规程》DBJ/T 15—106—2015 规定：

（1）工程所用的管材、中间产品和主要原材料等产品进入施工现场时必须进行进场验收并妥善保管。进场验收按照各专业和行业有关规定执行。

（2）在质量检验、验收中使用的计量器具和检测设备，必须经计量检定，校准合格后方可使用。原材料和中间产品的送检项目和频率应符合表3-22的规定。

原材料和中间产品的送检项目和频率　　　　　表 3-22

分部分项名称	项目	材料名称	试验项目	试验取样频率	送检数量	参照规范
顶管井混凝土结构	原材料、中间产品	钢筋	屈服、极限抗拉强度、伸长率、冷弯	同牌号、同炉号、同规格、同交货状态，每60t取一次，不足60t也取一次	拉伸试验2根、冷弯试验2根	CJJ 2—2008 6.5.1
		钢筋焊接接头	屈服、极限抗拉强度、伸长率	300个同牌号、同类型钢筋接头为一批	拉伸试验3根	JGJ 18—2003 5.4.1
		砂土	标准锤击试验	1000m²/层（30cm/层）取样一次	2组/次	GB 50268—2008 4.6.3
		水泥	强度、细度、安定性和凝固时间	同生产厂家、同批号、同品种、同出厂日期且连续进场的袋装水泥每200t为一批，每批取样一组	12kg/组	CJJ 2—2008 7.13.1
	混凝土试件	混凝土	抗压强度	每构筑物的同一配合比混凝土，每拌制100m³且每一台班取一组	3个/组	GB 50141—2008 6.2.8
			抗渗强度	同一配合比，每构筑物按底板、池壁和顶板等部位，每一部位每浇筑500m³混凝土为一批	6个/组	
管材	混凝土管	成品管材（出厂抽检）	外压裂缝荷载	从外观质量、尺寸及偏差、混凝土强度合格的管子中抽取两根，其中一根进行外压裂缝荷载检验	1根/批	JC/T 640—2010 8.2.3
		成品管材（出厂抽检）	内水压检验	对另一根进行内水压检验。如果一项检验不合格，则允许再抽取两根进行复检；如其中仍有一根不合格，则判定该批产品不合格	1根/批（DN600—1350，700根/批；DN1500—2400，650根/批；DN2600—3000，500根/批；）	
	钢管	成品管材（出厂抽检）	纵向力学性能	按同一厂家、同一原料、同一规格、同一压力等级或管系列、同一个月内进场时间的材料为一检验批	1根/批	GB/T 8163—2018 中表2的规定
			压扁试验	按同一厂家、同一原料、同一规格、同一压力等级或管系列、同一个月内进场时间的材料为一检验批。试样应无裂缝或裂口	1根/批	GB/T 8163—2018
		外防腐层	厚度	每20根1组（不足20根按1组），每组抽查1根测管两端和中间共3个截面	每截面测互相垂直的4点	GB 50268—2008 5.9.4

续表

分部分项名称	项目	材料名称	试验项目	试验取样频率	送检数量	参照规范
管材	钢管	外防腐层	电火花检漏	全数检查	全数检查	GB 50268—2008 5.9.4
			黏附力	每20根为1组（不足20根按1组），每组抽1根	每根1处	
		涂料类内防腐层	干膜厚度	每根（节）	两个断面，各4点	GB 50268—2008 5.9.3
	玻璃纤维增强塑料管	成品管	巴氏硬度和水压渗漏试验等	以300根相同工艺、相同公称直径、相同轴向压缩强度等级、相同压力等级和相同刚度等级的管材为1批，不足300根的按1批处理。1批中随机抽取2根，其中一根用于进行外观质量、尺寸（不含内衬厚度、巴氏硬度和水压渗漏试验；一根用于内衬厚度、不可溶分含量和力学性能检验）	2根/批	GB/T 21492—2008
			内衬厚度和力学性能检验等			

（3）检验批、分项工程、分部（子分部）工程、单位（子单位）工程的验收应及时进行，未经检验或验收不合格不得进行下道工序，具体验收项目和标准按照各行业有关规定执行。验收抽检项目和频率应符合表3-23的规定。

抽检项目和频率　　　　　　　　　表3-23

分部分项名称	项目	试验项目	试验取样频率	抽检数量	参照规范
钢管对接	钢管接缝现场焊接	超声波检测	按照设计要求或按照规范GB/T 11345—2013		GB/T 11345—2013
		X射线检验	按照设计要求或按照规范GB/T 11345—2013		GB/T 11345—2013
	钢管接缝外防腐	厚度	逐个检测，每个随机抽查1个截面	每个截面测互相垂直的4点	GB 50268—2008 5.10.4
		电火花检漏	全数检查	全数检查	
		黏附力	每20个焊缝抽1处		
	钢管接缝内防腐	干膜厚度	每个现场焊缝	两个断面，各4点	GB 50268—2008 5.10.3
管道验收	无压管道	闭水试验	按井段数量抽样选取1/3进行试验		GB 50268—2008 9.2.6
	压力管道	管道水压力试验	宜小于1000m为1段	1次每段	GB 50268—2008 9.1.9
	所有管道	CCTV视频录像	按井段数量抽样选取1/3进行试验	1次每段	广州市有关规定
工作井/接收井	回填砂/土	压实度试验	500m²/层，每层每侧一组	3点/组	GB 50141—2008 表4.7.7

3. 联络通道顶管法施工质量控制流程

联络通道顶管法施工质量控制流程如图 3-35 所示。

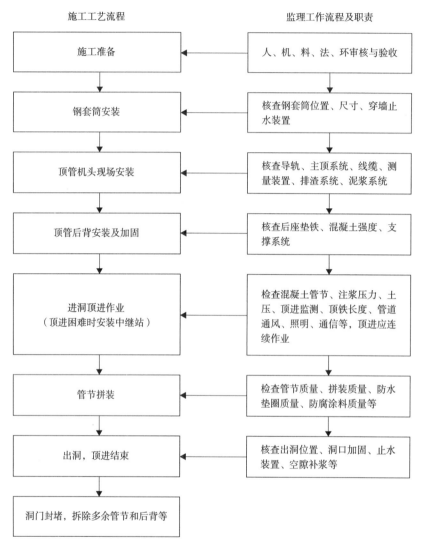

图 3-35　联络通道顶管法施工质量控制流程

4. 联络通道顶管法施工监理控制要点

（1）顶管机选型：管道顶进方法的选择，应根据管道所处土层性质、管径、地下水位、附近地上与地下建（构）筑物和各种设施等因素，经技术经济比较后确定，并应符合下列规定：在黏性土或砂性土层，且无地下水影响时，宜采用手掘式或机械挖掘式顶管法；当土质为砂砾土时，可采用具有支撑的工具管或注浆加固土层的措施；在软土层且无障碍物的条件下，管顶以上土层较厚时，宜采用挤压式或网格式顶管法；在黏性土层中必须控制地面隆陷时，宜采用土压平衡顶管法；在粉砂土层中且需要控制地面隆陷时，宜采用加泥式土压平衡或泥水平衡顶管法；在顶进长度较短、管径小的金属管时，宜采用一次顶进的挤密土层顶管法。合理选择顶管机的类型，是整个工程成败的关键。

（2）轴线控制：由于管节与钢管片开口间的四周应留有一定的间隙，一般约为10mm。这一间隙对于工具管始顶出洞是较为合理的，但对进洞难度极大，且联络通道顶进距离较短，测量控制网受工程条件所限难以达到很高精度，因此，在施工时增加一节中继间，确保能够对工具管进行微调，保证进洞质量。

（3）顶管顶力、顶进速度及土压控制：顶管顶力的大小、顶进速度的快慢以及土压的平衡关系到地面的沉降变形和已成主隧道的稳定，因此，在顶进过程中须严加控制。在出洞阶段放慢顶进速度适当加大顶力，密切关注地表沉降量的变化，根据监测数据及时反馈给施工人员，并调整施工顶进速度和顶力参数以及网格开口率，确保土压平衡。由于顶进过程中随着距离增长土体受到挤压，正面土压力增大，为了防止顶力过大而增加隧道变形以及管节损坏，应增加机头网格的开口率，确保顶力、顶速、土压处于协调状态。

（4）主隧道变形控制：为确保主隧道的安全，在顶进过程中对主隧道设立支撑系统以控制主隧道变形。

（5）联络通道顶进施工监理需要注意以下几个环节：

1）应督促施工单位抓住工程前期地质详勘与主盾构隧道施工期间对联络通道处所出土体的分析，对场地工程地质条件作出正确的判断。

2）施工前监理单位应详细审核施工专项方案，合理选用顶管机类型。

3）为克服顶进距离短，测量控制网受工程条件所限布置不合理等情况，监理单位应督促施工单位施工中多次复核通道轴线，必要时应采用中继间确保贯通精度。

4）检查施工单位管节预制及供应计划，管节应充分满足现场施工需求。

5）检查施工单位所用顶管机工具管开口率是否与场地地质、水文、土压等相适应，从而保证顶管施工的顺利进行。

6）顶进过程中，应检查顶推力的变化，确保地面沉降控制在允许范围内。

7）督促施工单位加强对区间联络通道水压力、结构内力及隧道变形的监测，实行信息化施工，保证隧道结构安全和环境安全，为优化设计提供依据。

5. 联络通道施工常见质量问题及预防措施

（1）管道轴线偏差过大

1）原因分析
①地层正面阻力不均匀，形成导向偏差，造成管道轴线偏差。
②顶管后背发生位移或不平整，使顶力合力线偏移，造成管道轴线偏差。

2）预防措施

①顶管施工前认真调查管道通过地带的地质情况。通过仪器指导纠偏，纠偏按照"勤测量、勤纠偏、小量纠"的操作方法进行。

②加强顶管后背施工质量的控制，确保后背不发生位移，并使后背平整，以保证顶进设备安装精度。

③顶进过程中随时绘制顶进曲线，以利指导顶进纠偏工作。

（2）地面冒浆

1）原因分析

顶进地层有空洞。

2）预防措施

施工前对工程地质条件和环境情况进行周密细致的调查，制定切实可行的施工方案，并对有问题地段采取加固保护措施。

（3）顶力突然增大

1）原因分析

①土层塌方或机头前端遇障碍物，使摩阻力增大。

②管道轴线偏差形成弯曲，使摩阻力增大。

③膨润泥浆配合比不当、注入不及时，或注入量不足，减阻效果降低，使摩阻力增大。

④顶进设备油泵、油缸、油路发生故障。

⑤顶进施工中，因故停顶时间过久，润滑泥浆失水后，使减阻效果降低。

2）预防措施

①顶进过程中严格执行"勤测量、勤纠偏、小量纠"的操作要求，使管道轴线被控制在允许偏差范围内。

②按不同地质条件配置适宜的泥浆，保证足量的泥浆储备与循环。

③停顶时间不能太久，发生故障及时排除。

④发生顶力过大的情况时，立即停止顶进，泥浆循环系统保证正常，查找原因，判明情况后采取相应措施进行处理。

（4）钢筋混凝土管道接口渗漏

1）原因分析

①管节和密封材料质量不符合技术标准，或运输、装卸、安装过程中管节被损坏。

②管道轴线偏差过大，造成接口错位，间隙不均匀，填充材料不密实。

③接口或止水装置选型不当。

2）预防措施

①严格执行管节和接口密封材料的验收制度。

②严格控制管道轴线，按技术标准和操作规程进行施工。

③在管节的运输、装卸、码放、安装过程中，做到吊（支）点正确，轻装轻卸，保护措施得当。

④认真进行接口和止水装置的选型。

⑤可采用环氧水泥砂浆或化学注浆的方法进行处理。

（5）钢筋混凝土管节裂缝

1）原因分析

①管节质量不合格。

②顶进过程中顶力超过管节的承压强度使管节损坏，或轴线偏差过大，致使管节应力集中而损坏。

③运输、装卸、码放、安装方法不当，造成管节损坏。

2）预防措施

①严格执行各管节质量验收标准，验收不合格要及时退货。

②顶进时严格控制管道轴线偏差，控制顶管顶力在管节允许的承压范围以内。

③在管节运输过程中采取管垫等保护措施，并做到吊（支）点正确，轻装轻卸。

④认真分析裂缝产生的原因和性质，根据不同受力情况，分别采取不同的治理方法，处理后能保证原有的承载能力、整体性。

3.9 轨道交通矿山法工程隧道施工辅助工法

3.9.1 冻结法

冻结法的工艺原理是利用人工制冷技术（液氮冷冻或盐水冷冻），使地层中的水冻结，将松散含水地层变成冻土，增加其强度和稳定性，隔绝地下水，以便在冻结壁的保护下进行地下工程施工作业。它是土层的物理加固方法，是一种临时加固技术，当工程需要时，冻土可具有岩石般的强度，如不需要加固强度时，又可采取强制解冻技术使其融化。冻结法施工具有以下特点：

1）可有效隔绝地下水，其抗渗透性能是其他任何方法不能相比的，对于含水量大于10%的任何含水、松散以及不稳定地层均可采用冻结法施工技术。

2）冻土帷幕的形状和强度可视施工现场条件、地质条件灵活布置和调整，冻土强度可达5~10MPa，能有效提高工效。

3）冻结法是一种环保型工法，对周围环境无污染，无异物进入土壤，噪声小。冻结结束后，冻土墙融化，不影响建筑物周围地下结构（图3-36）。

1. 适用范围

冻结法常用于矿山法隧道联络通道的施工，且是一种较前沿和成熟的工法。我国采用冻结法施工技术至今已有40多年的历史，冻结法工艺被广泛应用于上海、北京、

图 3-36 冻结法施工

深圳、南京等城市的地铁工程施工中。

当施工区域存在下列情形时，不宜选用冻结法：

1）地下水流速大于 10m/d，有集中水流或地下水水位波动超过 2m/d；

2）土层结冰温度低于 −2℃或有地下热源影响土体冻结；

3）地层含水量低，影响土体冻结强度；

4）其他施工方法扰动过的地层；

5）其他影响地层冻结或地层冻结严重影响周围环境的情况。

2. 工程建设相关规范主要条文

《地下铁道工程施工标准》GB/T 51310—2018 规定：

（1）冻结法施工应根据地质报告中的物理力学性能指标及地下水活动特征，编制冻结施工专项方案。

（2）透水砂层中采用冻结时，在冻结壁形成期间，冻结壁内、外 200m 区域内不宜降水。

3. 冻结法施工工艺流程

冻结法施工工艺流程如图 3-37 所示。

4. 冻结法施工监理控制要点

（1）事前控制

1）掌握熟悉施工图纸和各项技术验收规范及有关文件。

2）审核施工单位编制经专家评审通过并按专家意见进行完善修改的冻结法专项施工方案。

3）审核分包单位资质和原材料供应商资质、安全生产许可证，以及审核项目经理、安全管理人员和特殊工种人员等的岗位证书。

4）用于工程的原材料，在见证人的见证取样下抽检，检测合格后，方可用于工程。

5）审查施工单位安全保证体系是否健全落实，安全生产责任制是否落实到位。

6）核验承包商上报的冷冻机、钻孔设备等是否符合要求。

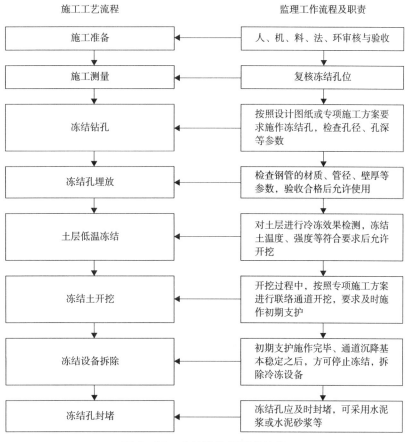

图 3-37 冻结法施工工艺流程

7）审查施工方案中的安全技术措施和应急救援预案，核验应急物资及应急设备的落实情况。

8）联络通道具备冷冻加固和开挖条件后，由总监理工程师审核开挖令，并报建设单位备案。

（2）事中控制

1）监理人员应对冻结孔与冻结管施工按照下列要求进行验收：

①冻结孔的开孔位置、钻孔偏斜率及钻孔深度应符合设计图纸要求。

②成孔后，监理人员应对孔深、倾角、孔距进行验收。

③含水地层进行冻结孔施工时，应采用二次开孔方法开孔并安装孔口密封装置，以防孔口涌水涌砂。

④冻结管应采用无缝钢管，冻结管的壁厚不应小于 5mm。

⑤供液管宜优先采用聚乙烯或焊接钢管，管道的连接应牢靠、严密。

⑥冻结管下放深度不应小于设计文件或冻结施工专项方案要求的深度，冻结管内不应有任何杂物。

2）冻结管安装完毕后，监理人员应根据冻结壁的检测结果，确定后续开挖施工的节点；冻结壁效果达到下列要求时方可允许开挖：

①冻结区域内应设置测温孔，测温孔布置应符合设计文件或专项施工方案要求；测温管内的测温元件安装好后，应按设计文件或冻结施工专项方案要求对管口进行防护。

②冻结开始后，应每隔8～24h观测一次冻结温度。

③设有卸压孔的，冻结期间压力应保持与初始取值相一致。

④应根据测温孔的温度计算冻结壁厚度、冻结壁平均温度和开挖边界温度，并应符合设计文件或冻结施工专项方案要求。

⑤当未设卸压孔或冻结壁处于不闭合状态时，应对每个冻结孔的冷冻液流盘及去路、回路冷冻液的温度进行监测，监测结果应符合设计文件或冻结施工专项方案要求。

3）冻结工程收尾时，监理人员应督促施工单位做好冷冻站拆除和冷冻液回收，并应符合下列规定：

①冷冻站拆除前，监理人员督促施工单位回收冷冻液，不得任意排放污染环境。

②要求施工单位对拆除设备、管路应采取可靠的技术措施，设备、容器应清洗、防腐后入库。

③监理人员应督促施工单位封堵冻结管，冻结管无论是否回收，均应填充冻结孔；填充材料可用水泥浆或水泥黏土混合浆。

（3）事后控制

冻结施工完毕后应对原施工区域保持一定的监测频率，如发现融沉应及时注浆，严格控制地表沉降。

5. 冻结法施工常见质量问题及预防措施

（1）常见质量问题描述

1）钻孔出现偏差，冻结范围不满足施工要求。

2）钻孔过程中出现涌水涌砂。

3）冷冻作业冻结效果不能满足要求。

（2）原因分析

1）测量放样不准确，加固平面范围不足；孔深测量偏差，导致冻结加固范围不足。

2）地下水文地质条件较差，钻孔过程中出现涌水涌砂。

3）冷冻设备故障，冷冻液不符合要求，技术人员操作有误。

（3）预防措施

1）提高测量精度，对测量成果进行复核，保证冻结法加固的范围满足施工要求。

2）通过打设地质探孔，探明地下水文地质情况，进行初步预加固，防止钻孔中出现涌水涌砂，并制定应急预案。

3）在冷冻法施工时及时检查冷冻设备、冷冻液的运行情况以及提高技术人员的操作水平。

3.9.2 洞外注浆加固

洞外注浆加固目前常用注浆法加固和高压喷射注浆加固等方法，本节主要针对高压喷射注浆加固法进行说明（图3-38）。

图3-38 洞外注浆加固

高压喷射有旋喷（固结体为圆柱状）、定喷（固结体为壁状）和摆喷（固结体为扇状）等三种基本形状，均可用下列方法实现：

（1）单管法：喷射高压水泥浆液一种介质。

（2）双管法：喷射高压水泥浆液和压缩空气两种介质。

（3）三管法：喷射高压水流、压缩空气及水泥浆液三种介质。

由于上述三种喷射流的结构和喷射的介质不同，有效处理范围也不同，以三管法为最大，双管法次之，单管法最小。实践表明，旋喷形式可采用单管法、双管法和三管法中的任何一种方法，定喷和摆喷注浆常用双管法或三管法。目前在施工现场主要采用双管法和三管法从地面钻孔旋喷注浆加固地层。

1. 适用范围

高压喷射注浆法对淤泥、淤泥质土、黏性土（流塑、软塑和可塑）、粉土、砂土、黄土、素填土和碎石土等地层都有良好的处理效果。但对于硬黏性土，含有较多的块石或大量植物根茎的地基，因喷射流可能受到阻挡或削弱，冲击破碎力急剧下降，切削范围小或影响处理效果，应根据现场试验结果确定其适用程度。对于湿陷性黄土地基，也应预先进行现场试验。

2. 工程建设相关规范主要条文

(1)《建筑地基处理技术规范》JGJ 79—2012 规定：

1) 在制定旋喷桩方案时，应搜集邻近建筑物和周边地下埋设物等资料。

2) 旋喷桩方案确定后，应结合工程情况进行现场试验，确定施工参数及工艺。

3) 旋喷桩加固体强度和直径，应通过现场试验确定。

(2)《建筑地基基础工程施工质量验收标准》GB 50202—2018 规定：

1) 施工前应检验水泥、外掺剂等的质量，桩位，浆液配比，高压喷射设备的性能等，并应对压力表、流量表进行检定或校准。

2) 施工中应检查压力、水泥浆量、提升速度、旋转速度等施工参数及施工程序。

3) 施工结束后，应检验桩体的强度和平均直径，以及单桩与复合地基的承载力等。

4) 高压喷射注浆复合地基质量检验标准应符合表 3-24 的规定。

高压喷射注浆复合地基质量检验标准 表 3-24

项目	序号	检查项目	允许值或允许偏差		检查方法
			单位	数值	
主控项目	1	复合地基承载力	不小于设计值		静载试验
	2	单桩承载力	不小于设计值		静载试验
	3	水泥用量	不小于设计值		查看流量表
	4	桩长	不小于设计值		测钻杆长度
	5	桩身强度	不小于设计值		28d 试块强度或钻芯法
一般项目	1	水胶比	设计值		实际用水量与水泥等胶凝材料的重量比
	2	钻孔位置	mm	≤50	用钢尺量
	3	钻孔垂直度	≤1/100		经纬仪测钻杆
	4	桩位	mm	≤0.2D	开挖后桩顶下 500mm 处用钢尺量
	5	桩径	mm	≥-50	用钢尺量
	6	桩顶标高	不小于设计值		水准测量，最上部 500mm 浮浆层及劣质桩体不计入
	7	喷射压力	设计值		检查压力表读数
	8	提升速度	设计值		测机头上升距离及时间
	9	旋转速度	设计值		现场测定
	10	褥垫层夯填度	≤0.9		水准测量

注：D 为设计桩径（mm）。

3. 高压喷射注浆施工工艺流程

高压喷射注浆施工工艺流程如图 3-39 所示。

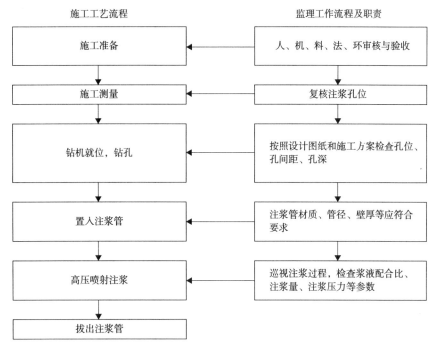

图 3-39 高压喷射注浆施工工艺流程

4.高压喷射注浆施工监理控制要点

（1）事前控制

1）熟悉施工图纸和各项技术验收规范及有关文件。

2）审核施工单位编制的专项施工方案，经审核批准后方可实施。

3）审核分包单位资质和原材料供应商资质、安全生产许可证，以及审核项目经理、安全管理人员和特殊工种人员的岗位证书。

4）用于工程的水泥、水玻璃等材料，在见证人的见证取样下抽检，检测合格后方可用于工程。

5）审查施工单位安全保证体系是否健全落实，安全生产责任制是否落实到位。

6）审查施工方案中的安全技术措施和应急救援预案，核验应急物资及应急设备的落实情况。

7）施工前需对加固范围内的地下管线、周边建（构）筑物地基形式以及深度等进行调查，出具调查报告，施工单位需要制定地下管线、建（构）筑物等的保护方案，严格按照保护方案进行施工。

8）施工前监理单位应督促施工单位完成施工作业人员的安全技术交底，施工单位与管线单位签订管线保护协议，参与建设单位组织的管线交底专题会议。

（2）事中控制

1）高压喷射注浆施工参数应根据土质条件、加固要求通过试验或根据工程经验确定,并在施工中严格加以控制。单管法、双管法高压水泥浆和三管法高压水的压力应大于 20MPa,流量应大于 30L/min,气流压力宜大于 0.7MPa,提升速度宜为 0.1~0.2m/min。水泥浆液的水灰比宜为 0.8~1.2。监理人员在施工过程中需对注浆工艺参数做好详细记录。

2)旋喷注浆宜采用强度等级为 42.5 级的普通硅酸盐水泥,可根据需要加入适量的外加剂及掺合料。外加剂和掺合料的用量应通过试验确定。

3)喷射孔与高压注浆泵的距离不宜大于 50m。钻孔位置允许偏差应为 ±50mm,垂直度允许偏差应为 ±1%。

4)当喷射注浆管贯入土中,喷嘴达到设计标高时,即可喷射注浆。在喷射注浆参数达到规定值后,随即按旋喷施工的工艺要求,提升喷射管,由下而上旋转喷射注浆。喷射管分段提升的搭接长度不得小于 100mm。

5)旋喷注浆施工完毕,应迅速拔出喷射管。为防止浆液凝固收缩影响桩顶高程,可在原孔位采用冒浆回灌或第二次注浆等措施。

6)施工中应做好废泥浆处理,及时将废泥浆运出或在现场短期堆放后作土方运出。

7)旋喷加固体的直径受施工工艺、喷射压力、提升速度、土类和土性等因素影响,正式施工前应在监理人员的见证下进行试桩,根据实际试桩加固效果调整注浆压力、提升速度、水泥用量、水玻璃用量等施工参数。加固体的强度和直径,应通过现场试验确定。

8)施工质量可根据设计要求或当地经验采用开挖检查、钻孔取芯、标准贯入试验及动力触探等方法检查。待加固体抽芯检测强度达到设计要求后方可开挖隧道。检验点布置应符合下列规定:

①有代表性的桩位。
②施工中出现异常情况的部位。
③地基情况复杂,可能对旋喷桩施工质量产生影响的部位。
④成桩质量检验点的数量不少于施工孔数的 2%,并不应少于 6 点。
⑤承载力检验宜在成桩 28d 后进行。

(3)事后控制

根据注浆效果检查结果,对可能存在缺陷的部位进行补注浆。

5. 常见质量问题及预防措施

(1)常见质量问题描述

1)钻孔出现偏差,加固范围不满足施工要求。
2)钻孔过程中出现涌水涌砂。
3)注浆过程中出现压力骤然下降、上升或冒浆异常。

（2）原因分析

1）测量放样不准确，加固平面范围不足；孔深测量偏差，导致旋喷加固范围不足。

2）地下水文地质条件较差，地质勘察报告揭露地层与实际不符，钻孔过程中出现涌水涌砂。

3）设备故障压力表显示错误，遇到地质勘察报告未揭露的溶洞、硬岩等不良地层，注浆孔被堵塞，孔内注浆压力过大导致孔口冒浆。

（3）预防措施

1）提高测量精度，对测量成果进行复核，保证加固范围满足施工要求。

2）通过打设地质探孔探明地下水文地质情况，进行初步预加固，防止钻孔中出现涌水涌砂，并制定应急预案。

3）在施工时前对压力表进行标定，施工过程中及时检查注浆设备运行情况，随时观测钻机抖动情况、钻杆钻进速度、压力表数值，发现异常立即停止施工，查明原因采取措施后再恢复施工。

3.10 轨道交通矿山法工程施工旁站监理

旁站指项目监理机构对矿山法隧道施工的关键部位、关键工序的施工质量实施全过程现场作业的监督活动。

3.10.1 适用范围

项目监理机构应根据2003年建设部发布的《房屋建筑工程施工旁站监理管理办法》的有关规定，结合矿山法隧道施工的特点，确定旁站范围如下：

1）卷材防水层细部构造处理。

2）隧道二衬混凝土浇筑过程。

3）隧道贯通段开挖。

3.10.2 旁站监理质量控制流程

旁站监理质量控制流程如图3-40所示。

3.10.3 旁站监理控制要点

1. 卷材防水层细部构造施工（包括联络通道防水施工）

（1）检查防水层施工所用卷材的原材料是否均经过见证取样送检，且检测合格。

（2）防水基面经过验收合格后，过程中应该巡查基面是否有渗漏水，如果存在渗漏水要求暂停作业，及时进行堵漏止水处理，不得带水铺设防水层。

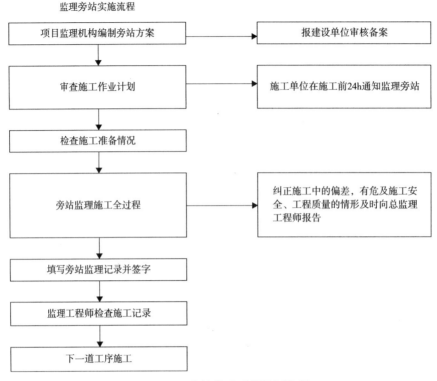

图 3-40 旁站监理质量控制流程

（3）过程中检查防水卷材的搭接长度和搭接宽度，卷材不宜张拉过紧，应留有一定的变形量，防止卷材破裂。特殊部位或细部的防水严格按照设计图纸要求施工。

（4）施工缝处的止水带应居中埋置，施工缝应凿毛处理，并按照设计文件或规范要求涂刷水泥基结晶涂层。

2. 隧道二衬混凝土浇筑

（1）检查施工单位各项质量管理制度落实情况，是否已经按照设计要求和相关施工技术规程的规定对施工作业人员进行施工技术交底，专职质检员等施工管理人员是否现场跟踪作业，及时纠正违规操作行为。

（2）二衬混凝土浇筑前，二衬钢筋、模板（支架）、施工缝（包括止水带）等安装质量应验收合格。

（3）应检查现场作业条件。作业人员经过技术交底；混凝土泵送、振捣设备数量满足要求，且性能良好；作业面照明、通风满足作业要求。

（4）督促施工单位对进场混凝土进行均匀性和坍落度检查，满足设计要求方可批准泵送浇筑，并监督和见证施工单位按规定留置混凝土试件。

（5）混凝土浇筑应连续，浇筑过程中督促施工单位现场施工管理人员在现场进行技术指导，并及时处理浇筑过程中可能出现中断的情况。

（6）混凝土浇筑结束后，见证施工单位核对混凝土浇筑量，保证二衬混凝土足够充盈、密实。

（7）现场监理应对二衬混凝土的浇筑过程进行全程旁站，并填写旁站记录。

3. 隧道贯通段开挖

（1）在相向开挖的隧道两处掌子面相距不小于10m（或2倍洞径）时，要求停止一侧掌子面开挖并进行喷锚封闭，采用单向掘进。

（2）贯通段开挖过程中要求严格按照设计文件进行超前地层加固和支护，并适当增大监测频率。

第 4 章
轨道交通矿山法工程施工测量监理要点

本章执笔：陈设新　王欢贵　邹先科

4.1　轨道交通矿山法工程施工测量工作流程

施工测量质量管理是确保全线建（构）筑物、设备、管线安装按设计准确就位，在线路上不产生因施工测量误差而引起修改线路设计，进而降低行车运营标准。矿山法工程施工测量工作流程如图 4-1 所示。

4.2　轨道交通矿山法工程施工测量监理控制要点

4.2.1　施工准备阶段的测量监理

（1）测量质量的好坏很大程度上取决于承包商质保体系的完善程度。在施工准备阶段，测量监理的重点是对各承包商的质保体系、测量多级复核制度的落实情况、测量技术人员、设备、施测方案的设计等方面进行重点监控，以确保施工总目标的实现。

（2）为确保矿山法工程施工顺利完成，承包商必须根据本项目的工程特点与实际情况，事先编制测量技术设计方案，其主要内容包括：控制网的布设、仪器的选用、观测方法的确定、测量精度的分析预估、保证质量的方法及措施等方面。

（3）矿山法工程施工过程中，承包商须提交的专题测量方案及报告主要有：施工测量技术方案、业主交桩控制网的复测及地上加密控制点测量成果报告、各子项定位测量的施工放样报验、地上地下联系测量报告、贯通测量报告、竣工测量报告等。

4.2.2　地面控制测量监理

地面控制测量工作主要包括复测业主移交的 GPS 控制点、精密导线点、精密水准点，布设为满足工程需要而加密的施工控制网，以及在此基础上进行的定线测量及专项调查与测绘。

工程开工前，建设单位应向相关承包商和驻地监理工程师提供首级控制网点，各方签署交接桩文件纪要。承包商接桩后，必须对首级控制网进行复测和对桩点进行保护，

第4章 轨道交通矿山法工程施工测量监理要点

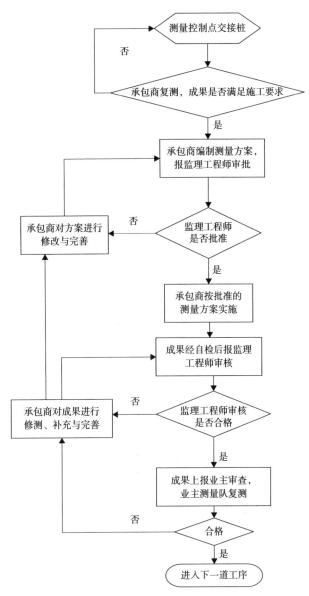

图 4-1 矿山法隧道施工测量工作流程

复测情况及保护措施报告须提交监理工程师审核批准，并于开工前 15d 内上报给业主审定。

地面首级控制网检测无误后，承包商应根据检测的控制点再进行施工专用控制网的布设，以保证施工测量顺利进行，施工控制网的布设分以下两个方面：

（1）平面控制网的加密

1）业主移交提供的首级控制点的密度与数量并不一定能满足施工的需要，为了施工的便利，承包商应根据现场实际情况布设施工加密控制网，以满足施工放样工作的需要。

· 121 ·

2）点位要求：承包商布设的控制点应稳固、可靠、利于保护、点位唯一，并做明显标识，易于寻找。平面控制点一般采用钢板（或混凝土）上钻孔镶铜芯的方式。

3）施工平面控制网的等级及技术要求应根据测量规范确定，一般应按照精密导线测量的技术要求执行，精密导线测量的技术要求见表4-1。

精密导线测量技术要求　　表4-1

平均边长（m）	导线总长度（km）	每边测距中误差（mm）	测距相对中误差	测角中误差（″）	水平角测回数		边长测回数	方位角闭合差（″）	全长相对闭合差	相邻点的相对点位中误差（mm）
					Ⅰ级全站仪	Ⅱ级全站仪	Ⅰ、Ⅱ级全站仪			
350	3~4	±4	1/60000	±2.5	4	6	往返测距，各2测回	±5$\sqrt{n}$	1/35000	±8

注：n 为导线的角度个数，一般不超过12；附合导线路线超长时，宜布设结点导线网，结点间角度个数不超过8个。

（2）高程控制网的加密

1）在对业主提供的首级高程控制点进行复核的同时，承包商应根据现场的实际情况，沿线路走向布设高程控制网。

2）竖井口应设置2个以上水准点，水准点应选在施工场地变形区外稳固的地方，应便于寻找、保存和引测。

3）高程控制网采用严密平差法进行平差，主要技术要求见表4-2。

高程控制网主要技术要求　　表4-2

水准测量等级	每千米高差中数中误差（mm）		附合水准路线平均长度（km）	水准仪等级	水准尺	观测次数		往返较差、附合或环线闭合差（mm）
	偶然中误差 M_Δ	全中误差 M_W				与已知点联测	附合或环线	
二等	±2	±4	2~4	DS1	铟瓦尺或条码尺	往返测各一次	往返测各一次	±8$\sqrt{L}$

注：L 为线路长度，以km计。

4.2.3 联系测量监理

联系测量的主要内容有地面趋近导线测量、趋近水准测量、竖井定向及高程传递测量、地下趋近导线测量及地下趋近水准测量等工作。矿山法区间隧道联系测量至少施测4次，分别为开挖前、隧道开挖至50m处、隧道开挖至100~150m处、隧道开挖至距离贯通面150~200m处时进行。若单向开挖长度超过1km时，开挖至150m后每600m须增加一次联系测量，并加测陀螺定向以校核坐标方位。暗挖车站联系测量至少施测4次，分别为施工完第一块底板后、施工至整个车站长度的1/2处时、车站初支底板结构完工时及底板二衬施工完成后进行。

1. 趋近导线及趋近水准测量

（1）地面趋近导线及趋近水准应附合在高等级控制点上。近井点应与GPS点或高等级控制点通视，并应使定向具有最有利图形。

（2）趋近导线应参照如前所述的精密导线测量的技术要求进行施测，并进行严密平差。

（3）趋近水准应参照城市轨道交通二等水准测量的技术要求进行施测，其近井水准附合或闭合路线的闭合差应小于 $\pm 8\sqrt{L}$ mm（L 为线路长度，以 km 计）。

2. 定向测量

定向测量的常用方法有：联系三角形定向法、两井定向法、导线定向法。

3. 传递高程测量

传递高程的测量方法有：悬垂钢尺法、水准测量法、光电测距三角高程测量法。将地面上的高程传递到地下时，必须先对地面上的近井水准点进行稳定性检查，确认其高程数据无误后，才能进行下一步工作。

4.2.4 地下施工控制测量监理

1. 地下施工控制导线测量

（1）当隧道开挖至 100~150m 时，应布设地下施工控制导线。

（2）地下施工控制导线点应布设在隧道的两侧墙壁上，采用强制对中标志。

（3）每次延伸施工控制导线测量前，应对已有的施工控制导线前三个点进行检测，选择稳定的施工控制导线点进行施工控制导线延伸测量。

（4）地下施工控制导线在隧道贯通前应最少测量三次，并应与竖井定向同步进行。重复测量的坐标值较差应小于 $30 \times d/D$（mm），其中 d 为控制导线长度，D 为贯通距离，单位均为 m。满足要求时，应取逐次平均值作为控制点的最终成果指导隧道开挖。

2. 地下施工高程控制测量

（1）地下施工高程控制测量应采用二等水准测量方法进行施测，并应从地下趋近水准点开始起算。

（2）高程控制点可利用地下导线点，单独埋设时宜每 200m 埋设一个。

（3）水准测量应在隧道贯通前进行三次，并应与传递高程测量同步进行。重复测量的高程点间的高程较差应小于 5mm，满足要求时，应取逐次平均值作为控制点的最终成果指导隧道开挖。

（4）相邻竖井间或相邻车站间隧道贯通后，进行地下控制点联测，地下施工控制测量应构成附合路线。

4.2.5 矿山法隧道施工测量监理

施工导线和施工高程测量技术要求包括：

（1）施工导线边数不应超过 3 条，总长不应超过 180m。点位宜设置在线路中线或隧道中线上，也可埋设在其他位置。

（2）施工水准测量点宜每 50m 设置一个，可采用不低于 DS3 级水准仪和水准尺，并按城市四等水准测量技术要求进行往返观测，其闭合差为 $\pm 20\sqrt{L}$ mm（L 以 km 计）。

4.2.6 矿山法隧道施工竣工测量监理

竣工测量的主要内容及技术要求包括：

（1）相邻结构地下控制点进行联测，组成附合施工导线及附合水准路线，联测成果采用严密平差法。

（2）线路中线测量以联测成果为依据，中线点的间距在直线上平均 150m 左右，曲线上除曲线元素点外不应小于 60m，中线点组成的导线应采用Ⅰ级全站仪，左、右角各测一测回，左、右角之和与 360°之差应小于 5″，测距往返各二测回。

（3）净空断面测量：以测定的中线点为依据，直线段每 6m，曲线上包括曲线元素点每 4.5m 应测设一个结构横断面，结构断面可采用全站仪进行施测，测定断面里程允许误差为 ±50mm，断面测量精度允许误差为 ±10mm。

（4）竣工测量的方法和精度要求应与施工测量相同，并应按照实测资料编制竣工测量成果。

（5）竣工测量完成后应提交下列成果：

1）竣工测量成果表；

2）竣工图；

3）竣工测量报告。

4.3 轨道交通矿山法工程施工测量主要技术标准和验收表格

（1）《城市轨道交通工程测量规范》GB/T 50308—2017。

（2）《地下铁道工程施工质量验收标准》GB/T 50299—2018。

（3）相关验收表格见表 4-3 至表 4-10。

工程测量交接桩记录表

表 4-3

工程名称		主持单位	
交接桩区段或范围		交接桩时间	
交接桩号或里程			
测设图形方法			
交桩单位使用仪器牌号和精度			
所交接桩是否齐全，有无遗失意见			
签字	主持单位	交桩单位	接桩单位	监理单位
	主持人	交桩人	接桩人	（总）监理工程师

注：1. 本表一式八份，以上每单位各持一份，施工单位另备四份入竣工档案。
2. 本表适用于业主向施工单位交桩，同时也适用于施工单位将洞内或高架部分导（中）线点移交给业主。
3. 接桩单位接桩后，必须对所接桩点进行复测和保护，复测情况及处理措施报告经监理单位批准后，于接桩后 15 天内上报业主备案。
4. 最后一栏签名后须留有签名人联系电话。

施工放线报验单

表 4-4

工程名称		合同号	
施工单位		监理单位	

致（监理工程师）：_____

　　根据合同要求，我们已经完成_____

_____（工程或部位名称）的施工放样工作，清单如下，请予检查。

附件：测量及放样资料

施工单位（章）：　　　　日期：

工程项目或名称	放样内容	备注

查验结果：

　　测量人员：　　　项目负责人：　　　日期：

监理工程师意见：

　　　　　　　　　　　监理工程师：　　　日期：

工程定位测量（复测）记录　　　　　　　　表 4-5

年　　月　　日

工程名称				标段	
合同编号				测量日期	
施工单位				使用仪器	
水准点标高					
控制点坐标	X				
	Y				
测量依据	标高				
	坐标				
实际情况	标高				
	坐标				

测量示意图：

监理工程师_____　　质量检查员_____　　施工负责人_____

测量人员_____　　复测人员_____

注：在使用控制点时，应不少于3个，并注意检查其边角、高差等几何关系，确认无误后方可使用；如几何关系不能满足规范要求，则停止使用控制点成果。

工程轴线测量（复测）结果记录　　　　表 4-6

年　　月　　日

工程名称	
位　置	

测量示意图：

监理工程师：　　　施工负责人：　　　测量人员：　　　复测人员：

注：复测轴线时应不少于三个点，其边角几何关系须满足规范要求后方可使用。

断面测量记录表 表 4-7

工点（站、区间）：
隧道类型：
测量时间：　　　　　　　　　　　　　　　　　　　　　　　年　　　月　　　日

断面里程		实测断面				实测高程			备注
		左		右		顶点（m）	底点（m）	高度（m）	
		L（mm）	H（m）	L（mm）	H（m）				
	上								
	中 1								
	中 2								
	下								
	撒 A								
	撒 B								
	上								
	中 1								
	中 2								
	下								
	撒 A								
	撒 B								
	上								
	中 1								
	中 2								
	下								
	撒 A								
	撒 B								
	上								
	中 1								
	中 2								
	下								
	撒 A								
	撒 B								

作业员：　　　　　　　　　　检核员：　　　　　　　　　　负责人：

注：1. 本表以施工图（需注明使用的图名、图号）的设计线路中心线为测量基准。
　　2. 本表中 L 表示横距，H 表示横距的测点高程；"实测高程"栏高度（m）为顶点至底点高程差。

旁站监理记录表（控制测量） 表4-8

工程名称：				编号：	
日期及气候	年 月 日 气候：_____ 气温：_____℃		工程地点		

旁站监理部位或工序：

测量旁站开始时间	__月__日__:__	测量旁站结束时间	__月__日__:__

施工测量情况：
1. 测量仪器：型号：_____，检定日期：_____；
　　　　　　　型号：_____，检定日期：_____；
　　　　　　　型号：_____，检定日期：_____。
2. 测量人员：中（高）级工程师_____名，测工_____名；是否满足要求：□是 □否
3. 测设过程：平面控制点点号_____，
　　　　　　　高程控制点点号_____；
　　　　　　　控制网布设及外业观测是否符合要求，内业成果计算是否正确：□是 □否

测量监理旁站过程：
1. 测量仪器：型号：_____，检定日期：_____；
　　　　　　　型号：_____，检定日期：_____；
　　　　　　　型号：_____，检定日期：_____。
2. 监理人员：_____。
3. 抽查过程：平面控制点点号_____，
　　　　　　　高程控制点点号_____；
　　　　　　　监理抽查测量数据与施工方测量数据差值是否符合要求：□是 □否

发现问题：

处理意见：

承包单位：_____	监理单位：_____
项目经理机构：_____	项目监理机构：_____
测量工程师（签字）：_____	测量监理人员（签字）：_____
年　月　日	年　月　日

旁站监理记录表（施工放样）

表 4-9

工程名称：			编号：	
日期及气候	年 月 日 气候：_____气温：_____℃		工程地点	
旁站监理部位或工序：				
测量旁站开始时间	__月__日__:___		测量旁站结束时间	__月__日__:___

施工测量情况：

1. 测量仪器：型号：_____, 检定日期：_____；

　　　　　　型号：_____, 检定日期：_____；

　　　　　　型号：_____, 检定日期：_____。

2. 测量人员：中（高）级工程师_____名，测工_____名；是否满足要求：□是　□否

3. 测设过程：控制点点号_____，

　　　　　　放样点号及坐标_____

_____。

外业观测是否符合要求，施工放样点坐标与设计差值是否满足要求：□是　□否

测量监理旁站过程：

1. 测量仪器：型号：_____, 检定日期：_____；

　　　　　　型号：_____, 检定日期：_____；

　　　　　　型号：_____, 检定日期：_____。

2. 监理人员：_____。

3. 抽查过程：控制点点号_____，

　　　　　　放样点号及坐标_____

_____。

监理抽查测量数据与施工方测量数据差值是否满足要求：□是　□否

发现问题：

处理意见：

承包单位：_____	监理单位：_____
项目经理机构：_____	项目监理机构：_____
测量工程师（签字）：_____	测量监理人员（签字）：_____
年　　月　　日	年　　月　　日

××项目测量监理管理台账

表 4-10

测量人员					
姓名	职务	电话	单位		备注
测量设备汇总					
设备名	精度	检验情况	设备进出日期		备注
测量方案提交情况					
方案名称	提交日期	方案审查批复情况	批复日期	业主回复情况	备注
测量及复核情况					
测量部位	测量日期	监理复核	业主复核		备注
施工监测资料提交情况					
资料编号	监测部位	监测日期	是否异常	处理情况	备注
第三方监测资料提交情况					
资料编号	监测部位	监测日期	是否异常	处理情况	备注

第 5 章
轨道交通矿山法工程施工监测监理要点

本章执笔:陈设新　王欢贵　邹先科

5.1 轨道交通矿山法工程施工监测项目

矿山法隧道施工监测主要包括以下项目:地质与支护状态观察、地表沉降监测、拱顶下沉监测、水平收敛监测、建筑物沉降及裂缝观察、锚杆或锚管轴力监测、围岩与喷层间接触压力等。

5.2 轨道交通矿山法工程监测点埋设及监测方法

5.2.1 洞内开挖工作面观察

开挖工作面的观察在每个开挖面进行,特别是在软弱破碎围岩条件下,开挖后立即进行地质调查,绘出地质素描图。若遇特殊不稳定情况,进行不间断的观察。

1. 对开挖后没有支护的围岩的观察

(1)节理裂隙发育程度及其方向。
(2)开挖工作面的稳定状态,顶部有无坍塌。
(3)涌水情况,包括位置、水量、水压等。
(4)隧道(车站)底部是否有隆起现象。

2. 对开挖后已经支护地段围岩动态的观察

(1)有无锚杆被拉断或底板脱离围岩现象。
(2)钢拱架有无被压变形情况。
(3)锚杆注浆和喷射混凝土施工质量是否符合规定的要求。

3. 观察并分析围岩破坏形态

(1)危险性不大,不会发生急剧变化的情况,如加临时支护之后即可稳定的情况。
(2)应当引起注意的破坏,如拱顶混凝土喷层因受弯曲压缩的变化而引起的裂隙。

5.2.2 地表沉降监测

地表下沉监测点按二等水准基点埋设,并在破裂面以外3~4倍洞跨处设若干水准基点,作为各测点高程测量的基准。

地表下沉量测应在开挖前方2~3倍洞宽处开始进行,直到开挖面后方3~5倍洞宽,地表下沉基本停止处为止。

地面下沉测点与洞内拱顶下沉测点对应设置在同一个断面上,地表沉降监测点的布置见图5-1,用水准仪及钢钢尺,由地面已知水准点(不少于3个,按照闭合路线布置),可测出隧道上方地表下沉量及其与时间的变化关系。隧道上地表下沉,应在隧道未开挖之前进行量测,测出其初始值,借以获得开挖过程中的全位移曲线。

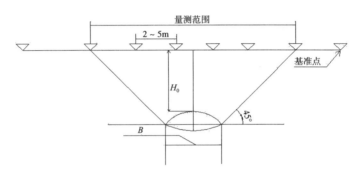

图 5-1 地表沉降横向测点布置示意

全位移值的计算公式为:

$$u = u_1 + u_2$$

式中　u——全位移值;

u_1——未挖到该点时已发生的位移;

u_2——从开挖到该测点量测时已发生的位移。

5.2.3 拱顶下沉监测

由地面垂直位移监测控制网的水准点将标高通过竖井引至竖井衬砌混凝土侧壁上,并假定此点的标高为A,在左右侧隧道中分别置镜,并分别观测临时水准点上的正尺(c)和监测点下的倒尺(e),即可得出监测点相对于临时水准点的高程变化。

监测点高程:$H = A + c + e$

衬砌上水准点的高程由悬挂钢尺法引测得到,引测时将检定过的50m钢卷尺垂直悬吊于竖井中,下挂与检定时拉力相同的重锤,分别在井上、井下用两台水准仪同时观测,并由下方公式得到临时水准点的高程为:

$$BM_{临} = BM_{井上} + A - H + b$$

式中　$BM_{井上}$——井上已知控制点高程；

　　　A——立于已知控制点 $BM_{井上}$ 的水准尺读数；

　　　H——钢卷尺垂直悬吊于风井中的长度；

　　　b——悬吊于拱顶上的倒尺读数。

监测过程中每两周用上述方法复核一次侧壁水准点的高程，如变化范围在 $8\sqrt{0.5}=6$mm 之内则不调整，否则应在侧壁水准点假定高程10m的基础上调整，并调整相应观测结果。

5.2.4　水平收敛位移监测

1. 水平收敛监测点埋设

矿山法隧道开挖后，周边点的位移是围岩和支护力学形态变化的最直接、最明显的反应，净空的变化（收缩和扩张）是围岩变形最明显的体现，主要体现在矿山法隧道及联络通道的开挖过程中。

矿山法隧道左右线每5m一个断面，其中标准断面4个，横通道断面2个，其中横通道与隧道接口处必须布设1个断面，共布置10个断面。隧道标准断面每个断面埋设12个监测点，横通道每个断面埋设4个监测点。量测时每2个监测点为一组。监测头的制作可用 $\phi 12$ 的长杆膨胀螺栓 30～50cm。在顶端加工一个 M6×25 左右的螺孔，把不锈钢制作的挂钩拧上即可。把加工过的膨胀螺栓按照相应的位置焊接在格栅钢架和钢筋网上，露出格栅钢架 8～10cm，焊接牢固，待喷射混凝土后，立即清除不锈钢挂钩上的混凝土，做好标记，以方便日后量测。

监测时一般采用 SD-1A 型收敛计或其他。安装测点时，在被测结构面用凿岩机或人工钻出孔径为 40～80mm、深 20cm 的孔，在孔中填塞水泥砂浆后插入收敛计预埋件，尽量使两预埋件轴线在基线方向上并使销孔轴线处于垂直位置，上好保护帽，待砂浆凝固后即可进行量测。收敛计预埋件示意图如图 5-2 所示。

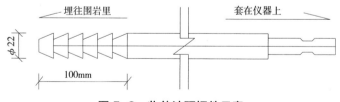

图 5-2　收敛计预埋件示意

2. 数据处理

将第 i 次对每个监测点的测量值与第 $i-1$ 次的数据进行比较，并计算变化值，即

变化值 $\Delta d = d_i - d_{i-1}$，单位以 mm 计。

5.2.5 建筑物沉降及裂缝观察

1. 隧道周边建筑物调查

根据地质情况和矿山法隧道的钻爆设计、埋深等确定施工的影响范围，对隧道上方所有地面建筑物进行两次调查，第一次为全面调查，第二次为建筑物调查。

调查的内容为建筑物的名称、位置、所属业主、建筑物的用途、建筑物的层数（高度）、有无地下室、建造时间、结构类型、建筑物的基础类型和基础深度、建筑物结构裂缝宽度等，其中建筑物的基础类型、基础深度、尺寸及其与矿山法隧道的相对位置关系是调查的重点。

根据地面建筑物的调查情况、隧道的开挖情况决定监测措施。

2. 周边建筑物沉降、倾斜、裂缝监测

观测时充分考虑施工的影响，避免在机械振动影响范围之内，其监测原理、方法同建筑物监测方法。

5.2.6 锚杆或锚管轴力监测

1. 埋设与安装

锚杆计可在钢筋加工场预先与锚杆焊好，焊接时应将锚杆与锚杆计的连接杆对中之后采用对接法焊接在一起。如果在现场焊接，可在埋设锚杆计的位置上将锚杆截下相应的长度，之后将锚杆计焊上。为了保证焊接强度，在焊接处需加焊邦条，并涂沥青，包上麻布，以便与混凝土脱开。为了避免焊接时仪器温度过高而损坏仪器，焊接时仪器要包上湿棉纱并不断在棉纱上浇冷水，直到焊接完毕后锚杆冷却到一定温度为止，焊接在发黑（未冷红）之前，切记浇上冷水，焊接过程中仪器测出的温度应低于60℃。

2. 计算公式

$$P = K \times \Delta F + b \times \Delta T + B$$

式中　P——被测锚杆的载荷（kN）；

K——锚杆计的标定系数（kN/F）；

ΔF——锚杆计输出频率平方实时测量值相对于基准值的变化量（F）；

b——锚杆计的温度修正系数（kN/℃）；

ΔT——锚杆计的温度实时测量值相对于基准值的变化量（℃）；

B——锚杆计的计算修正值（kN）。

3. 绘制轴力—时间变化曲线图

根据轴力—时间变化曲线图和设计规定的轴力限值，分析锚杆轴力是否满足设计要求，在监测简报中提出监测分析和建议。

5.2.7 围岩与喷层间接触压力

量测作用于喷层和岩土体之间的径向接触应力，采用钢弦式压力盒及 VW-1 型频率接收仪。

应把测点布设在具有代表性的隧道断面的关键部位上（如拱顶、拱腰、拱脚、边墙仰拱等）。每一断面宜布置 10~14 个测点，并对各测点逐一进行编号。

压力盒埋设时，要使压力盒的受压面向着围岩。根据实际围岩情况，采取适当方法将压力盒固定在岩面上，再谨慎施作喷射混凝土层，不要使喷射混凝土与压力盒之间有间隙，保证围岩与压力盒受压面贴紧。

5.3 信息反馈

1. 当日报表

通常作为施工调整和安排的依据，内容包括测点编号、初始值、本次监测值、较上次监测值增量值及累计变化量。日报表须在当天报送监理，监测异常时应立即通知监理、设计和业主。

2. 周报表

主要结合工程例会、阶段性小结。须在每周末报送监理。

3. 月报表

主要归入工程监测总报告中。须在月末报送监理。

5.4 轨道交通矿山法工程施工监测监理控制要点

（1）审核施工监测单位和第三方监测单位制定的监控量测方案，应根据隧道埋深、地质条件、地面环境、开挖断面和施工方法等，以及《地下铁道工程施工质量验收标准》GB/T 50299—2018 的规定或设计文件确定的量测项目确定。

监理主要审查以下内容：

1）技术部分要求合理，有针对性、可操作性，并按照工程建设强制性标准和设计文件要求进行编写。

2）明确人员组织架构及架构内主要人员职称证书的复印件，监测队应由有经验的监测人员组成。

3）拟投入使用的监测仪器检定证书复印件，测量仪器精度必须满足监测要求。

4）监测信息反馈机制完善，质量、安全保证措施齐全。

5）跟踪监测作业全过程，包括监测人员及仪器资质，监测点位埋设及初始值采集，监测方法、精度、频率，监测数据成果信息反馈、分析，出现异常的处理。

6）由于现场施工环节较多，很容易将监测点破坏，因此督促承包商加强监测点保护。破坏的点位应立即恢复正常，无法恢复的要求采取其他监测方法进行。

7）不同周期观测时，督促承包商和第三方监测单位采用相同的观测路线和观测方法，并使用相同类型的监测仪器，还宜固定观测人员，选择最佳观测时段，在基本相同的环境和条件下观测。

8）对重要建筑物变形观测进行跟踪，对敏感建（构）筑物观测点进行实地复测。

9）监测数据出现异常时，监理部应立即组织承包商、监测单位、设计单位和业主进行分析处理。

（2）认真检查监控量测初始读数的正确性和可靠性，督促监测单位及时绘制时态曲线，及时进行回归分析并反馈设计单位指导，做到信息设计与施工。

（3）检查分析围岩和初期支护结构是否基本稳定：

1）隧道周边收敛速度有明显减缓趋势；

2）收敛量已达总收敛量的80%以上；

3）收敛速度小于0.15mm/d或拱圈位移速度小于0.1mm/d。

（4）隧道施工中出现下列情况之一时，监理应立即发停工令，督促承包商采取措施进行处理。

1）周边及开挖面塌方、滑坡及破裂。

2）量测数据有不断增大的趋势，沉降速率或累积沉降量达到预设数值。

3）支护结构变形过大或出现明显的受力裂缝且不断发展。

4）变形时态曲线长时间没有变缓的趋势。

（5）监测应能确切反映隧道结构、邻近建（构）筑物、地表及地下管线的实际变形程度或变形趋势。

（6）为保证施工期间隧道结构及相邻建（构）筑物、管线安全，地表不出现较大沉降或隆起，监理工作中应采取以下控制措施：

1）加强监测作业过程中的质量管理，优化作业现场管理，在关键工序点、重点工序设置必要的质量控制点，实施现场检查。作业时严格执行操作规程，做好质量记录。

2）监理部由总监理工程师负责项目监测监理的全面工作，是监理标段监测工作质量的第一责任人。

3）总监理工程师代表协助项目总监理工程师工作，按项目总监理工程师授权，负责所管标段或专业全面的监测管理工作，是分管标段监测工作质量的直接责任人。

4）测量专业监理工程师指导各标段的日常测量与监测成果的收集与分析，对异常情况提出处理意见。组织对现场施工监测点位的验收，抽查监测数据的变化是否存在异常，对发现的异常情况及时通报并协助项目负责人处理。

5）其他专业监理工程师和监理员负责检查现场监测点的布设，负责日常监测的巡查，分析监测成果数据，做好监理日记和有关的监理记录。

第6章
轨道交通矿山法工程安全文明施工及辅助措施监理要点

本章执笔：谢小兵　戴人杰　任仕超

6.1 轨道交通矿山法工程施工主要安全风险点及风险后果

轨道交通矿山法工程施工主要安全风险点及风险后果如表6-1所示。

轨道交通矿山法工程施工主要安全风险点及风险后果　　　表6-1

序号	风险源名称	风险后果
1	开挖初支	涌水、涌泥、涌砂、掌子面坍塌、冒顶、片帮地面沉降、地面塌方、建（构）筑物沉降、建（构）筑物开裂、建（构）筑物倾斜、建筑物坍塌、高处坠落、设备伤人
2	爆破作业	爆炸造成人员伤亡或引发火灾等事故；尘肺病
3	二衬施工	模板坍塌、高处坠落、物体打击
4	临电作业	触电、火灾
5	临边防护	高处坠落、物体打击
6	机械作业	设备伤人、物体打击、起重伤害
7	临时设施	物体打击、火灾
8	通风	矽肺、中毒、窒息、爆炸

6.2 轨道交通矿山法工程施工安全监理控制要点

6.2.1 开挖初支施工安全监理要点

（1）督促承包单位在施工前编制专项施工组织设计（方案）并组织专家进行论证，制定有针对性的安全技术措施，严禁盲目施工。

（2）土方开挖前，督促承包单位会同有关单位对隧道施工影响范围内建（构）筑物、道路、管线等进行调查，必要时请有资质的房屋鉴定单位对房屋进行鉴定，对可能受开挖和降水影响的邻近建（构）筑物、管线制定专项安全技术措施，并在整个施工期间加强监测其沉降和位移、开裂等情况，发现问题及时处理。

（3）督促施工单位按照设计要求分步开挖，严格控制开挖步距，按照"管超前、严注浆、短进尺、弱爆破、强支护、早封闭、勤量测、畅通信"的工艺技术要求组织施工；及时检查开挖面和拱顶稳定情况，督促施工单位在掌子面开挖后及时封闭成环，确认开挖支护安全后方可进入下道工序施工。

（4）开挖初支过程中应严格控制地下水的流失，尤其在软弱地质条件、复杂环境条件下更应高度重视。开挖初支前可采用超前注浆、深孔注浆、地表注浆、止水帷幕、冻结法等方式进行堵水、截水。开挖初支施工时，各道工序应安排紧凑，尽快完成初支封闭，待初支闭合后及时进行回填注浆，对初支面的渗漏点也应进行注浆封堵。

（5）隧道初支结构发生变形是较普遍的现象，变形过大尤其是不均匀沉降将会发生初支开裂、地面沉降甚至塌陷。引起初支沉降变形的原因主要有：各个分部台阶留置过长导致初支结构未能及时封闭，初支结构设计参数不足，隧道下伏基础地质软弱或施工过程中软化、液化，隧道周边围岩属高应力等。应根据实际情况，从设计方案及施工组织等方面制定切实可行的控制初支变形的措施。

（6）若开挖面出现坍塌，立即组织专家分析原因，对坍塌面采用反压、注浆、加固等方法处理。

（7）当岩石地层采用钻爆法施工时，尽可能采用光面爆破技术，施工时应严格控制每循环进尺，严格控制炸药量，尽量减少对周边围岩及地面建筑物的振动损害。

（8）抓好对施工监测、第三方监测工作的管理，要求监测布点合理、及时，监测方法、监测项目、监测仪器、监测频率、监测数据分析手段满足施工要求，监测报表、监测预警等满足信息化施工需要，监理单位应安排专人负责监测管理，及时分析每日、每周、每月的隧道内初支断面收敛变形、地下水流失、地面沉降及开裂、地下水水位变化，以及周边建筑物的沉降、倾斜、开裂等监测数据，发现异常及时召集各方召开专题会议，分析原因并采取针对措施，做到信息化施工和动态化施工管理。

6.2.2 爆破作业安全监理要点

（1）督促承包商严格执行国家有关规定对易燃、易爆、剧毒、放射性等危险品进行管理。保证在采购、运输、储存、分装、使用和销毁等过程中的安全，严格执行危险品的收、发、退、销等规定。

（2）要求承包商加强对剧毒危险品的管理。要指定专人保管，专库（专柜）保存，建立双人保管、双本账、双把锁、双人领发等制度。使用易燃、易爆、剧毒、放射性等危险品，必须严格审批手续，无保管条件的单位，领用量一般不得超过当天的使用量。

（3）要求承包商使用和保管危险品的人员必须经过安全教育，熟悉所接触危险品的性质、操作规程、储藏保管等规定。

（4）要求承包商在保管相互可引起化学反应或灭火方法不同的危险品时，必须分类储存，库内不得超过规定的储存数量。

（5）要求承包商严格出入库手续，建立检查验收制度，做好发放登记工作。落实危险品存放地点的安全防护措施，库房内外严禁烟火。危险品库应有专人昼夜值班，防止治安灾害事故发生。

6.2.3 临电作业安全监理要点

（1）开工前，督促承包商编制临时用电施工方案和施工现场临时用电布置图（包括系统图、平面布置图），要求由电气专业工程师编制，企业技术负责人审核。

（2）审查电工特种作业人员持证情况，临电作业人员必须经培训且考试合格，取得上岗证后才能进行电气操作；与用电有关或处在电气作业环境中的作业人员必须督促承包商配置防护用品。

（3）检查现场使用的大型机电设备，进场前应通知驻地监理部检验合格，严禁不符合安全要求的机电设备进入施工现场。

（4）电气设备和线路必须绝缘良好，采用TN-S供电系统，重复接地点不少于3处，保护零线每一处重复接地装置的每个接地电阻值应不大于10Ω。发电机组应采用电源中性点直接接地的三相四线制供电系统和独立设置TN-S接零保护系统，其工作接地电阻值不得大于4Ω，做到"三相五线，三级配电二级漏电保护"，设专用接地线。

（5）一切移动式电动机具（如潜水泵、振动器、切割机、手持电动机具等）的机身必须写上编号，检测绝缘电阻，检查电缆外绝缘层、开关、插头及机身是否完整无损，并列表报驻地监理部检查合格后方可允许使用。

（6）检查配电箱内是否有总隔离开关和分路隔离开关。开关箱应做到"一机一闸一漏一箱"。分配电箱与开关箱的距离不得超过30m，开关箱与其控制的固定式用电设备的水平距离不宜超过3m，开关箱中漏电保护器的额定漏电动作电流应不大于30mA，额定漏电动作时间应不大于0.1s。一切电气设施必须有良好的接地装置。

（7）检查配电箱、开关箱是否装设端正、牢固。固定式配电箱、开关箱的中心点与地面的垂直距离应为1.4~1.6m。移动式配电箱、开关箱应装设在坚固、稳定的支架上。其中心点与地面的垂直距离宜为0.8~1.6m。固定式配电箱安装高度应为1.3~1.5m，移动式配电箱安装高度应为0.6~1.5m。总配电箱和分配电箱、开关箱应设防雨盖、雨罩和门锁。

（8）现场照明

1）检查照明回路是否具有单独的开关箱，配有漏电保护装置，并符合《施工现场临时用电安全技术规范》JGJ 46—2005的要求。

2）检查灯具金属外壳是否做保护接零。室外220V灯具距地面不得低于3m，室内220V灯具距地面不得低于2.5m。室外灯具安装高度应不低于3m，室内灯具安装高度应不低于2.4m，钠、铊等金属卤化物灯具安装高度应不低于5m。

3）检查照明器具、器材，应无绝缘老化或破损。

4）在潮湿场所或灯具离地面高度低于2.5m等场所，照明电源电压不应大于36V。特别潮湿场所、导电良好的地面照明，电源电压不得大于12V。

5）生活照明用电不得擅自拉线、装插座，不得使用多用插座和分火灯头，不得私自使用电炉、取暖器及其他功率较大的电器。

（9）外电防护措施

1）在建工程（含脚手架）的外侧边缘与架空线路的边线之间必须保持不小于4m，并满足表6-2所示安全操作距离。

安全操作距离　　　　　　　　　　　　　　　　　　　　表6-2

< 1kV	1~10kV	35~110kV	220kV	330~500kV
最小安全操作距离	4m	6m	8m	10m	15m

2）施工现场开挖沟槽边缘与外电埋地电缆沟槽边缘之间的距离不得小于0.5m。

3）设备设施与外电距离达不到最小安全操作距离时，必须采取防护措施，设置屏障、遮拦、围栏或保护网，并挂警告标志牌等绝缘隔离防护措施，还应悬挂醒目的警示标志。

4）当上述防护措施无法实现时，必须与有关部门协商，采取停电、迁移外电线路或改变工程位置等措施，未采取上述措施的严禁施工。

（10）应重点检查承包商电工的巡查记录、用电机具运转记录、保养维修记录等。

6.2.4 临边防护、高空作业安全监理要点

（1）检查进入施工现场的人员是否正确佩戴安全帽。安全帽是否符合标准要求，具有产品合格证。

（2）"四口"和"五临边"必须按要求进行封闭式防护，并有足够亮度的照明，"四口""五临边"和管沟等危险区域设置显眼的红灯信号示警。

（3）检查临边防护是否符合以下要求：

1）基坑边、楼梯口、梯段边等临边处必须设置牢固的防护栏杆，并应形成牢固的栏杆体系。

2）防护栏杆由上、下两道横杆及立杆柱组成，上横杆距地面1.0~1.2m，下横杆距地面0.5~0.6m，横杆长度大于2m时，加设栏杆柱。

3）防护栏杆用材要求：钢管必须是标准管材。采用钢筋做防护栏时，钢筋上杆直径应大于16mm，下杆直径应大于14mm，栏杆柱直径应大于18mm。

4）防护栏杆下设18cm高的挡脚板，并挂安全网封闭。

5）检查边长不小于1.5m预留洞口四周是否设置可靠的防护栏杆和18cm高的挡脚板。

6）检查边长小于1.5m的预留洞口是否用坚实的盖板覆盖或采用钢板、钢筋构成防护网格，铺满脚手板，并有固定措施，防止挪动、移动。

（4）检查施工现场安全网是否符合以下要求：

1）在建工程外侧等具有人或物坠落危险的作业场所应采用密目式安全网封闭。

2）安全网应有产品合格证，并按规定对安全网进行检测。

3）安全网应设置在脚手架外立杆外侧，并挂设严密。

4）安全网应用纤维绳，铁丝绑扎在立杆或大横杆上，绑扎牢固。

（5）检查2m以上高处作业、临边作业人员是否正确系挂安全带。安全带应符合安全标准要求，具有产品合格证。

（6）检查现场高处作业是否符合以下要求：

1）检查高处作业应符合《建筑施工高处作业安全技术规范》JGJ 80—2016的要求。

2）从事高处作业人员要定期体检，凡患高（低）血压、贫血、心脏病、癫痫病、精神病及其他不适于高处作业疾病的人员，不得从事高空作业。

3）高处作业人员要按规定佩戴劳动保护用品和安全带等安全工具。

4）超过2m的高处或悬空作业，包括无稳固的立足点作业、高处搭设脚手架、无防护边缘上的作业均必须设置可靠的安全防护措施，系挂安全带，安全带使用前必须经过检查合格。

5）施工作业搭设的扶梯、工作台、脚手架、护身栏、安全网等应牢固可靠，并经验收合格后方可使用。

6）进行两层或多层上下交叉作业时，上下层之间应设置密孔阻燃型防护网罩加以保护。上层施工班组零星碎料要堆放好，工具要入工具袋，工具要有套手索，防止甩出伤人。

6.2.5 渣土运输安全监理要点

隧道施工渣土运输分为隧道内渣土水平运输、工作竖井渣土垂直运输及外运，应设专人统一调配洞内水平运输和垂直运输。监理人员应对施工单位上报的运输方式进行审查，根据开挖断面、运量、挖运机械设备、施工方法及施工工期等审核运输方式选择是否恰当；审核装渣机械的装渣能力是否与开挖能力及运输能力相匹配，以保证装运能力大于最大开挖能力。目前隧道内装渣宜采用适合隧道断面的自卸汽车、挖掘机等设备，工作竖井内装渣一般选择装载机等设备。

1. 渣土水平运输

（1）隧道内渣土水平运输主要采用小型挖机和自卸汽车组合形式，轨道交通工程隧道初支完成后需进行部分渣土回填，回填应平整、坚实，并应做好排水维修工作，便于自卸汽车通行，在隧道内根据需要可设置局部扩大部分以便于自卸汽车会车。机械装渣、运输作业应严格按设备操作规程进行，并不得损坏已有的初支及临时设备。

（2）若采用中隔壁法、交叉中隔壁法、中洞法、侧洞法等工法施工，如需在临时初支架上装渣时，应设置漏斗，漏斗处应有防护设备和联络信号，装渣结束后漏斗处应加盖；在台阶或临时支护架上向下扒渣时，渣堆应稳定，防止滑塌伤人。

（3）水平运输还应满足下列要求：

1）线路两侧的废渣余料等应随时清理干净；

2）在施工作业面区，自卸汽车在隧道内的行车速度，不应大于10km/h；在其他区段，其行车速度不应大于15km/h；

3）宜采用电动运输车或带净化装置的柴油车，不宜使用汽油机械；

4）各种运输设备不得人、料混装，非司机、非调车员不得搭乘非运人的车辆与行走机械。

2. 渣土垂直运输及外运

在工作竖井内采用龙门吊或提升井架将渣土运至地面，在地面设置渣土池，再将渣土外运，并应符合下列要求：

（1）渣土运输车辆应满足环保要求，并应根据规定的线路运输到弃渣场，不应任意弃渣。

（2）渣土外运宜采用封闭自卸汽车，卸渣时应有专人指挥。

（3）车辆应定期保养和管理，不得违章开车，并应保证行车安全。

（4）地面设置渣土仓时，应用密目式滤网遮盖。

（5）场地出口应设洗车槽，运渣车辆应冲洗干净后方可出场。

（6）应及时清扫场内外遗撒的渣土。

6.2.6 起重吊装作业安全监理要点

（1）检查大型起重吊装作业是否在施工组织设计或计划中制定专项施工方案和安全技术保证措施，并对作业人员进行安全技术交底，检查起重吊装操作人员、指挥人员、司索工等是否持证作业。

（2）检查大型起重设备安装拆卸是否有专项安全施工组织设计方案并按相关规定进行审批。装拆施工单位必须具备相应资质；安装前，检查施工单位项目部是否到相应安全监督机构办理安装告知手续。

（3）起重设备的基础必须符合相关要求。底座安装水平高差应小于10mm，与地脚螺栓连接牢固。作业过程中起重设备应与架空电线始终保持安全距离，符合外电防护措施的有关规定，设备应有接地与防雷措施。

（4）施工单位项目部应定期对起重设备以及附件进行检查、维修、保养。大型起重设备应当至少每月进行一次自行检查，并做记录。设备架体整体稳固，垂直度允许偏差应不大于高度的1.5‰～3‰，导轨接点截面错位应不大于1.5cm；吊篮导靴与导轨的间隙应控制在5～10mm之内；外侧用立网防护。内吊篮式井架架体开口处应有加固措施。

（5）非标起重设备

1）非标起重设备是指没有国家或行业制造标准的各类起重机械设备，如非标架桥设备、竖井提升设备、非标门式起重机、贝雷架式或扒杆式起重装置等。

2）设备应有完整的设计图纸、计算书、工艺文件和设备使用说明书及检验检测项目与标准。由负责设计的单位技术负责人审核和盖法人公章。

3）起重设备制作材质应符合技术标准规范的要求，起重设备选用的标准配套部件，如卷扬机、电动葫芦、钢丝绳、吊钩、安全保护装置、液压装置、电气装置和操纵系统等应有产品合格证和使用说明书。

4）安装完毕的设备必须进行调试，由设计、制作、安装、使用、监理等单位共同进行自检验收。检测项目应在检测方案中明确，检测方案由设计单位会同检测机构及制作、安装、使用、监理等单位共同确定。在自检验收后应进行起重设备的专业检验检测，由检验检测机构提供检测报告。

6.2.7 机械作业安全监理要点

（1）建筑施工机械的使用应符合《建筑机械使用安全技术规程》JGJ 33—2012。不得使用国家明令淘汰、禁止使用的危及生产安全的设备。建立健全施工机械使用、操作、维修等技术档案，施工机械运抵工地安装后，须验收合格再使用（大型垂直运输机械，须经专业监测部门检验合格后方可使用）。

（2）机械设备应按其技术性能的要求正确使用。缺少安全装置或安全装置已失效的机械设备不得使用。

（3）机械设备的操作人员必须身体健康，并经过专业培训考试合格，在取得有关部门颁发的操作证或驾驶执照、特殊工种操作证后，方可独立操作。严禁无关人员进入作业区和操作室内，严禁酒后操作。

（4）严禁对处在运行和运转中的机械进行维修、保养或调整作业。

（5）机械操作人员和配合作业人员，必须按照规定穿戴劳动保护用品。

（6）对于违反《建筑机械使用安全技术规程》JGJ 33—2012的命令，操作人员有权拒绝执行，并向相关部门汇报。

（7）施工机械应当按照施工总平面布置图规定的位置和线路设置，位置合理，固定牢固，不得任意侵占场内道路。

6.2.8 临时设施安全监理要点

（1）督促承包商对吊装井字架、水泥、粉煤灰储存罐、搅拌站等重要临时设施进行安全设计，并要求具有资质的单位进行设计或采购有资质厂家生产的并符合国家有关规定的成品。

（2）严格检查承包商制作或采购的临设原材、半成品、成品的质量和质量证明资料。

（3）严格检查控制承包商用于安装临时设施的地基基础。

（4）组织检查验收重要临时设施的安装质量，应由设计方、生产厂家、安装单位、承包商、驻地监理联合验收，起重吊装设备应由有资质的起重设备检测中心验收，并出具验收合格证明后方可投入使用。

6.2.9 消防安全监理要点

（1）督促承包商建立健全消防安全制度，包括各级、各岗位的消防责任制，建立健全消防管理网络，绘出消防平面图，明确各区域消防责任人。

（2）督促承包商确定消防重点，编制消防应急预案，配备齐全的、足够的消防器材设备，如消防给水系统、水枪、水带、消火栓、灭火器等；有明火作业区、易燃易爆物品堆放区、生活区等应加强消防管理，重点防范。

（3）督促承包商在职工中普及消防知识，设立群众性的义务消防队，对重点工种进行专门的消防训练、演练和考核。

（4）督促承包商加强电气消防安全管理和检查，重点检查消除短路、过载、接触电阻大等火灾因素的措施、方法和效果。

（5）督促承包商做好易燃易爆物品的采购、运输、贮存和使用的消防管理。

（6）督促承包商执行动火审批制度；动火地点与氧气瓶、乙炔瓶的距离不得少于10m，与其他易燃易爆物品的距离不得少于30m。焊、割作业时，氧气瓶、乙炔瓶间距不得小于5m，氧气瓶严禁卧放，乙炔瓶要有防回火装置。

（7）督促承包商建立消防安全管理档案，及时收集、整理、记录施工消防安全情况。

6.2.10 电焊、气割焊作业安全监理要点

（1）检查电焊、气割焊作业人员是否持有特种作业人员操作证。

（2）检查电焊、气割焊人员作业时是否按规定穿戴防护用品。

（3）焊、割工作现场10m范围内严禁堆放各种易燃易爆物品。

（4）电焊机导线和接地线不准搭接在易燃易爆和带有热源的物品上。

（5）焊、割前应检查橡胶软管接头、氧气表、减压阀等是否坚固可靠，有无泄漏；严禁油脂、泥垢污染焊割工具、氧气瓶；严禁使用无减压阀的氧气瓶。

（6）氧气瓶、乙炔瓶和焊割枪之间应保持10m以上的距离，同一个地点有两个以上乙炔瓶，其间距不得小于10m。

（7）检查氧气瓶、乙炔瓶是否直立放置，并设支架稳固，防止倾倒。严禁乙炔发生器倒地放置。

（8）乙炔瓶使用前，应检查防爆和防回火安全装置。

（9）开启氧气瓶阀门时，禁止用铁件敲击。

（10）氧气瓶、乙炔瓶发生器应分开存放；严禁在存放处吸烟和明火作业；存放点应设"禁止烟火"的标志。

6.3 轨道交通矿山法工程施工辅助措施监理控制要点

6.3.1 洞内施工通风监理要点

（1）隧道内施工环境应符合下列规定：

1）氧气含量按体积比不应小于20%。

2）每立方米空气中含10%以上游离二氧化硅粉尘不应超过2mg。

3）有害气体浓度：一氧化碳含量不应大于30mg/m³；二氧化碳按体积计不应大于5‰；氮氧化物（换算成二氧化氮）含量不应大于5mg/m³。

4）气温不应超过28℃。

5）噪声不应大于90dB。

6）隧道内通风应满足各施工作业面需要的最大风量，风量应按每人每分钟供应新鲜空气3m³计算，风速为0.12~0.25m/s。

（2）隧道通风监理控制标准：

1）矿山法隧道通风布置

应审查隧道通风设计方案，施工通风应采用压入式通风方式，可在始发井或竖井口配备轴流式通风机，通风量的计算应满足隧道的通风要求，风管宜采用ϕ600mm胶管，经竖井送风至隧道内，风管风口距工作面的距离为10~15m。

2）通风量计算

根据矿山法隧道的施工安排及洞内主要有害气体的情况，施工通风量计算按洞内同时工作最多人数及洞内允许最小风速要求分别计算，两者间取大值作为施工供风量计算依据。按洞内同时工作最多人数计算：

$$Q = q \times m \times K$$

式中　Q——计算风量；

　　　q——洞内每人每分钟所需新鲜空气量，一般不少于3m³/人·min；

　　　m——洞内同时工作的最多人数；

K——风量备用系数，取 1.10～1.25。

（3）为保证通风防尘效果，宜采用如下措施：

1）通风管安装平顺，接头严密，破损地方及时修补或整节更换，以减小管道风阻及漏风率，通风管口距工作面距离压入式按不大于 15m 的要求实施。

2）通风机运转中，应注意噪声对地面及洞内的影响，必要时采取消声措施。通风过程中，定期测试风量、风速、风压，发现风管、风门破损、漏风，及时更换或修理。

3）隧道施工爆破、装渣后必须喷雾洒水净化粉尘，喷射混凝土时必须采取防尘措施，并定期测定粉尘和有害气体浓度。

4）为减少洞内粉尘含量，钻眼用湿式作业，初期支护采用湿喷工艺。

6.3.2 洞内施工临时给水排水监理控制要点

（1）施工供水采用自来水，从接水点接入，施工供水要求如下：

1）隧道工作面水压不得小于 0.3MPa。

2）管路应敷设平顺，接口严密，不漏水。

3）洞内水管与开挖面距离保持 30m，并用高压软管连接分水器。洞内软管长度不得大于 50m。

4）钢管在安装前必须进行检查，当有裂纹、创伤、凹陷等现象时，不得投入使用。管内不得保留有残余物和其他脏物。

5）供水管必须设专人负责检查、维护。

（2）洞内施工排水监理控制要点如下：

1）隧道下坡施工时，设排水沟，将施工污水及地下水汇集于掌子面附近的集水坑内，用污水泵经管道排至竖井底集水井，再排至地面。

2）隧道上坡施工时，施工用水及地下水经水沟自然汇集于矿山法隧道右侧最低点集水池内，用污水泵经管道抽排至竖井集水井。再定时排至地面沉淀池内，经沉淀后排入市政污水管道网中。

6.4 轨道交通矿山法工程文明施工监理要点

6.4.1 文明施工标准

1. 现场文明施工总体要求

（1）检查承包商文明施工是否做到"两通、三无、五必须"：

"两通"：施工现场人行道畅通；居民出入通道畅通。

"三无"：施工中无管线事故；施工现场周围道路平整无积水；施工对周边环境无污染。

"五必须"：施工区与非施工区必须严格分隔；施工现场必须挂牌施工；管理人员佩

卡上岗；工地生活设施必须清洁文明；工地现场必须开展以创建文明工地为主要内容的思想政治工作。

（2）要求施工人员按照规定着装统一制式工作服和反光衣，佩戴上岗证上岗；施工现场全体人员必须按规定佩戴安全帽；带班领导、带班员应按照规定穿着带班马甲带班生产。

（3）督促施工单位对施工现场平面布置应根据工程特点科学、合理布置。施工作业区应与办公区、生活区隔离分开，办公区及生活区应尽量远离深基坑和暗挖隧道上方，避开高压线、河道边、低洼地带以及危险边坡等区域，并按相关规定统一布置。办公区在条件允许的情况下要设置农民工业余学校。办公区、生活区场地规划应尽量保留原有绿化树木，减少混凝土场地硬化，优先采用透水材料铺设场地，大力推进海绵城市建设。

（4）要求施工现场周边必须设置连续、密闭的围挡，保证围挡稳固、安全、整洁、美观。施工围挡、出入口大门、洗车设备、TSP在线监测设备等各项设施、设备配置必须符合相关管理规定，施工现场进行钢筋焊接作业时，要配备焊烟吸收装置，扬尘治理做到"6个100%"（详见本节"5.治污保洁与生态文明要求"），暗挖隧道开挖、车站安装装修阶段，须采取措施降尘、降噪。

2. 水土污染的防治要求

（1）施工现场应设置排水沟及沉淀池，施工污水应经沉淀处理达到排放标准后，方可排入市政污水管网。

（2）暗挖隧道、盾构、深基坑等因工程需要，进行地层注浆时，须采用无毒的注浆材料，防止污染地下水。

（3）施工现场临时厕所的化粪池应进行防渗漏处理。

（4）施工现场存放的油料和化学溶剂等物品应设置专用库房，地面应进行防渗漏处理。

（5）施工现场的危险废物应按国家有关规定处理，严禁填埋。

（6）食堂必须按规定设置隔油池，并加强管理，定期掏油，污水经沉淀后再排入市政管网。

（7）严格按照"水土保持方案"推荐的水土保持措施进行设计和施工，应特别注意落实取（弃）土场、施工便道、施工场地等临时场所的水土保持措施及投资。

（8）隧道(包括风井、联络通道)的土石方工程尽量安排在非雨期施工，开挖或填筑的土质边坡以及绿化迁移应及时采取工程或植物防护措施，防止雨水冲刷造成水土流失。

（9）不管出于何种原因，未经监理的书面同意，不得破坏、占压、干扰河道、水道及排水系统。必须占压的，应首先征得主管部门同意，并采取必要的防护、替代措施。

（10）清理场地的废料和土方工程的弃方处理，不得影响城市管网给水排水系统及其他水利设施。应根据工程设计选择在适当地点设置弃土场，集中堆放，统一治理、防护。

（11）工程施工产生的渣土必须严格按照当地政府规定办理相关"两证"或其他要

求，运输余泥渣土的车辆必须按指定的运输路线和时间行驶。运输过程中，应装载适量，车厢上部必须加盖，防止余泥渣土沿途洒漏、飞扬。

（12）工程施工单位应尽量保护施工用地范围之外的既有林、草植被。若因修临时工程等原因对其造成了破坏，应在拆除临时工程时负责予以恢复。

3. 大气污染的防治要求

（1）施工现场的主要道路要进行硬化处理。裸露的场地和堆放的土方应采取覆盖、固化或绿化等措施。

（2）施工现场土方作业应采取防止扬尘措施，主要道路应定期清扫、洒水。

（3）土方和建筑垃圾的运输必须采用封闭式运输车辆或采取覆盖措施。

（4）施工现场出口处应设置车辆冲洗设施，并对驶出的车辆进行清洗。

（5）建筑物内垃圾应采用容器或搭设专用封闭式垃圾道的方式清运，严禁凌空抛掷。

（6）施工现场严禁焚烧各类废弃物。

（7）施工现场应使用预拌混凝土及预拌砂浆。

（8）水泥和其他易飞扬的细颗粒建筑材料应密闭存放或采取覆盖等措施。

（9）施工进行铣刨、切割等作业时，应采取有效的防扬尘措施。灰土和无机料应采用预拌进场，碾压过程中应洒水降尘。

（10）旅游景点、重点文物保护区及人口密集区的施工现场应使用清洁能源。

（11）施工现场的机械设备、车辆的尾气排放应符合环保排放标准。

（12）当环境空气质量指数达到中度及以上的污染时，施工现场应增加洒水频次，加强覆盖措施，减少易造成大气污染的施工作业。

4. 噪声及光污染的防治要求

（1）现场施工时间应控制在正常施工时间内。如特殊情况必须报政府主管部门批准并做好周边群众工作后方可施工，施工中必须严格控制噪声扰民。

（2）施工现场场界噪声排放应符合现行国家标准《建筑施工场界环境噪声排放标准》GB 12523—2011 的规定。

（3）施工现场应对场界噪声排放进行监测、记录和控制，并应采取降低噪声的措施。

（4）施工现场宜选用低噪声、低振动的设备，强噪声设备宜设置在远离居民区的一侧，并应采用隔声、吸声材料搭设的防护棚或屏障。

（5）进入施工现场的车辆禁止鸣笛。装卸材料应轻拿轻放。

（6）施工现场应对强光作业和照明灯具采取遮挡措施，减少对周边居民和环境的影响。

5. 治污保洁与生态文明要求

（1）要求施工单位高度重视文明施工管理，加大经费投入；心系一线工人安危，配足其个人防护用品，做好工人劳动保护，避免以包代管、粗放管理。

（2）施工现场进行钢筋焊接作业时，要求配备电焊烟雾吸收装置。有条件的施工单位应推广建设钢筋集中加工配送中心，妥善收集处理钢筋焊接烟尘和加工制作中产生的金属粉末。

（3）暗挖施工要做好除尘、通风、照明、排水和有毒有害气体检测，并在进行混凝土喷射、硬岩钻孔、土石方破碎或其他易起尘作业时，严格落实个人防护措施，为作业工人提供有效的劳动保护。

（4）要求施工单位按照《建设工程扬尘污染防治规范》DGJ 08—121—2006 落实扬尘污染防治措施，达到"6 个 100%"要求，即所有在建工地 100% 按要求落实：

①施工围挡及外架 100% 全封闭。工地须按照有关建设工程施工围挡改造提升的工作要求和标准设置围挡，做到连续、坚固、稳定、整洁、美观。工地外脚手架须按规定安装密目式安全网进行密实封闭。

②出入口及车行道 100% 硬底化。工地出入口、主要场地、道路、材料加工区须按规定进行硬底化，并定期对路面进行冲洗，保持路面干净整洁。

③出入口 100% 安装冲洗设施。工地出入口须按规定配备车辆自动冲洗设备和沉淀过滤设施，保证出工地车辆的车身、车轮、底盘冲洗干净后方能上路。

④易起尘作业面 100% 湿法施工。工地内干燥易起尘的施工作业面须洒水维持表面湿润。施工现场主要道路、围挡和其他易产生扬尘污染的部位须安装固定喷雾、喷淋装置，拆除工程、基础施工及土方作业工地须每 1000m² 配置一台移动雾炮设施，单个雾炮机覆盖半径不小于 30m。

⑤裸露土及易起尘物料 100% 覆盖。裸露泥地须覆盖防尘网或者进行绿化，做到边施工、边覆盖、边绿化；水泥、石膏粉、腻子粉等易起尘物料应采用专用仓库、储藏罐等形式分类存放；砂石建筑土方等细散颗粒物料应采用防尘网进行覆盖。

⑥出入口 100% 安装 TSP 在线监测设备。工地出入口应安装 TSP 在线自动监测设施和视频监控系统。

（5）督促施工单位加强施工现场扬尘、排水及余泥渣土排放等管理，按照《建筑工程施工现场环境与卫生标准》JGJ 146—2013 和合同专用条款，全面落实施工单位主体责任，认真履行文明施工管理职责，尽可能把环境影响降到最低。

（6）督促施工单位强化防治工程建设扬尘污染，所有工地按照建设单位的要求，全面落实扬尘污染防治措施。竖井应采用厂棚化封闭施工，车站推荐使用厂棚化封闭施工。

（7）督促施工单位扎实推进企业环境信息公开工作，主动处理好企业与群众关系，积极开展环保自查。

（8）督促施工单位开展常态化环境保护督查，各单位成立环境督查队，按月公布检查情况及整改情况。

（9）鼓励施工单位加强企业生态文化建设，建立企业环保意识提升培训和低碳节能宣传机制，积极传播低碳环保出行等生态文明理念。

（10）施工单位必须使用符合相关规范要求的非道路移动机械。

（11）鼓励施工单位以治污保洁工程优秀项目标准对标所有在建工程和其他治污保洁工作，通过导入标准、加强巡查、开展专家咨询和预评审等方式，积极推进治污保洁工程"创优"工作。各施工单位应按照建设单位年度计划积极开展治污保洁优秀项目培育和推荐工作。

6. 临建设施管理相关规定

（1）临建应采用结构可靠、可重复使用的多层轻钢活动板房等，建筑构件的燃烧性能等级应为 A 级，当采用金属夹芯板材时，其芯材的燃烧性能等级应为 A 级。

（2）临建必须严格落实防洪、防雷电、防风等安全技术要求，设置可靠的防洪、防雷电和防风设施。

（3）工地食堂必须申领卫生许可证，工地厨房应设置隔油池，并应定期清理。

（4）施工场地硬化应优先采用预制混凝土板材或其他可重复利用的节能环保材料，确保地面平整坚实，主要道路及出入口必须进行硬化处理。对可能积水的作业区域内，应采用混凝土地面和采取良好的排水措施。

（5）施工现场材料物资堆放应整齐有序，加工作业区应独立设置，符合下列要求：

①工具、构件、材料的堆放必须按照总平面图规定的位置放置，分品种、规格堆放整齐，并设置明显标志。

②施工现场不得存放雷管、炸药等危险物品，其他易燃易爆物品要单独划定区域保管，要设置专用氧气棚、乙炔棚和其他易燃易爆有毒物品仓库，各区域之间必须保持必要的安全距离。

③施工现场加工作业区应独立设置，严格落实用电、消防等各项安全技术要求。

7. 图牌和标识悬挂要求

（1）施工区域应当悬挂"七牌一图"。

①工程概况牌。

②消防保卫牌。

③安全生产牌。

④文明施工牌。

⑤施工安全隐患督办重点项目牌。

⑥项目经理、总监理工程师、建设单位工程师名单及联系电话公示牌。

⑦重大危险源公示牌。

⑧施工现场总平面布置图。另外，根据工程实际情况，需要增加主要管线设施权属单位公示牌、建筑工地扬尘污染防治公示牌、现场领导带班公示牌、建筑施工现场劳务工维权告示牌等。

(2)办公区域应悬挂以下图牌。

①工程施工形象进度图。

②文明施工管理架构图。

③安全生产管理架构牌。

④质量管理架构图。

(3)对临近商业繁华区、居民区、学校等文明施工敏感区域,每个作业区间应当至少设置一块"温馨提示牌",悬挂在围挡外侧醒目位置。"温馨提示牌"具体内容包括:对周边造成影响的施工工法、影响因素及影响时间,施工单位、监理单位、建设单位项目负责人及联系电话。

8. 安保管理规定

(1)施工现场应建立门卫、安保制度,按合同约定聘请专业保安进行安保管理,并落实管理责任人。来访人员需登记,禁止闲杂人员进入施工场地。

(2)施工现场要设置门禁、打卡系统,工人进出工地应通过人脸识别功能进行辨别,禁止翻越门禁系统进入施工现场。施工现场要设置视频监控系统,实现全面信息化管理。

(3)施工单位要结合工程实际建立机械、设备、材料进出场管理制度,做好相关登记工作。

(4)施工现场要采取有效措施,全面落实防盗管理,严防偷盗事件发生。

9. 特殊气候施工安全管理规定

(1)督促施工单位成立特殊天气施工安全管理机构,明确责任,制定相关应急预案,做好应急值守安排,结合实际配备相应的应急备品。

(2)督促施工单位根据发布三防相关信息,启动应急响应,做好特殊天气灾害的联动防御和重大险情应急处置工作。

(3)督促施工单位应急响应状态取消后,必须逐个环节、逐个部位对施工现场进行全面细致检查确认,确保复工安全。

6.4.2 文明施工管理措施

(1)检查承包商编制的实施性施工组织设计是否包含文明施工方案和策划。

(2)督促承包商成立以项目经理为组长的施工现场领导小组,负责本项目施工现场的管理工作,并结合实际情况制定文明施工管理细则。

(3)督促承包商每周自检,组织每月检查,参加月综合检查,总结经验,针对薄弱环节抓整改,使文明施工不断优化和提高,以实现预期的目标。

6.4.3 施工准备阶段文明施工监理

(1)现场调查。督促承包商对现场周围环境进行调查,了解工程涉及范围内各方面情况，制定有针对性的便民、利民措施，组织施工。

（2）审查施工组织设计中有关文明施工的内容，要求制定针对性的措施、文明施工的组织网络和职责，积极运用现代管理方法，科学组织施工。

（3）检查、督促施工单位办理施工许可证、污泥排放证等有关手续。

（4）检查、督促项目负责人按施工组织设计及有关规定内容，向全体施工人员进行文明施工交底。

6.4.4 施工阶段文明施工监理

（1）挂牌施工，接受社会监督。检查工地现场是否设置施工铭牌，铭牌的内容包括：工程名称、施工范围、建设单位、设计单位、监理单位、施工单位、开竣工日期、工程项目经理及监督电话。

（2）检查施工现场是否按照规定悬挂"七牌一图"。

（3）检查施工现场是否采取封闭管理，采用的长期围挡是否符合有关规定。围挡材料应坚固、稳定、整洁、美观，沿工地四周连续设置。

（4）检查排水设施的有效性。

（5）检查施工现场环境保护措施。

1）检查各类材料堆放和机具车辆停放位置是否与施工总平面图相符，做到整齐有序，不占用车道及人行道；材料堆放应分类、分规格、相对固定并挂名称、品种、规格等标牌。钢筋、木材最好设库或做到下垫上盖，水泥库满足通风防潮要求，并按品种、日期分别堆放；易燃易爆物品必须分类存放于安全位置。

2）检查竖井及矿山法隧道的风管、水管、临电、照明线路是否编制布置图，现场按图布设是否科学合理。

3）防止噪声污染，合理安排施工作业时间以控制噪声，防止施工噪声影响居民生活。

4）检查工地生活区是否明显分隔，基本生活设施是否齐全；区内是否设置环境宣传牌，排水是否畅通，道路状态是否良好；划分卫生责任区，垃圾入箱，潲水入桶，及时清运；检查消毒灭害措施落实情况，卫生管理制度是否齐全，是否有专人负责日常卫生清洁工作；是否按规定配齐消防器材。

5）检查工地环境卫生措施。

①食堂应有卫生许可证，工作人员应持有健康合格证。食堂应配备冰箱、消毒柜，生熟分开，备有防蝇罩，采取防蝇、防鼠、定期消毒措施。

②饮用水应符合卫生要求，若从当地取水，应取水化验，符合饮用标准方可食用。

③宿舍门窗应完好，宿舍通风明亮，无异味，室内整洁，生活用具放置整齐有序。

④浴室排水应畅通，应设有防水照明灯，有专人管理、清扫。

⑤厕所内应有水源和冲洗设备，并设有盖化粪池或集粪池，定期喷药。

6）工程竣工后，督促承包商在工程交付使用前半个月拆除工地围护等所有临时设施，并将工地周围环境清理整洁，做到工完料尽、场地清。

7）督促承包商做好文明施工各项记录，要求资料齐全、整洁、数据可靠。

8）监理工程师采用巡视、旁站和定期检查等形式对文明施工进行监理；必要时对主要工序进行旁站监理；日常监理工作应随施工进展情况进行巡视和跟踪监督，现场检查验证施工是否符合文明施工要求，在检查中发现不符合文明施工要求的，应发监理整改通知书；监理部每月对文明施工进行一次全面检查，检查结果在监理月报中向建设单位汇报。

6.5 轨道交通矿山法工程主要安全监理信息资料用表

（1）特种作业人员安全资质审查登记表，见表6-3。

特种作业人员安全资质审查登记表　　　　表6-3

工程名称：　　　　　　　　　　　　　　　　施工单位：

序号	姓名	性别	出生年月	工种	证件编号	发证机关	发证日期	有效期至　年　月

填表人：　　　　　　　　　　　　　　　　填表日期：　年　月　日
审查监理：　　　　　　　　　　　　　　　审查日期：　年　月　日

（2）矿山法隧道现场每日安全巡查记录表（样表），见表 6-4。

矿山法隧道现场每日安全巡查记录表（样表） 表 6-4

一、现场人员			
检查内容		检查方法	检查结果
1. 项目各班组专（兼）职安全员是否在现场履行职责？是否戴红袖标？		现场核对	
2. 现场人员是否按照要求佩戴安全帽？		现场抽查	
3. 特殊工种人员（电工、电焊工、起重工等）是否持证上岗？是否人证相符？		现场抽查	
4. 现场人员是否正确使用安全防护用品（安全帽、安全带、焊工防护手套绝缘鞋等）？		现场抽查	
二、高风险源起重吊装作业检查			
检查内容		检查方法	检查结果
1. 现场是否有吊装作业？抽查现场作业起重司机（信号）及司索工持证情况。		查看证件	
2. 现场吊装作业（材料、设备、钢筋笼吊装）时项目部安全员是否到位？		核查人员	
3. 起吊时吊机的支腿是否稳固？支腿下是否按照规定放置垫块？龙门吊行走轨道挡车器是否牢固，起升限位器是否正常？		现场查看	
4. 起重过程有无异常？吊机起重臂下是否有人？检查吊机钢丝绳有无破损？断丝数、防脱器是否符合相关规定？		现场旁站	
三、施工设备与设施（按照现场实际情况填写）			
设备名称	数量	设备状况	存在问题	设备名称	数量	设备状况	存在问题
起重机							
空气压缩机							
氧气、乙炔瓶							
电焊机							
四、现场临时用电检查			
检查内容			检查结果
1. 作业区内部架空电线有无危险？是否采取有效防护？			
2. 配电箱是否配备隔离开关和分路隔离开关？总配电箱和开关箱是否选取符合容量要求和质量合格的漏电保护器？接地及接地线连接是否符合要求？			
3. 开关箱是否做到"一机一闸一漏一箱"？漏电保护器参数是否符合规定要求？接地线连接是否正确（龙门吊、小型设备等）？			
4. 现场电力线路是否采用五芯、三芯（照明）电缆？有无破损、拖地、浸水、挂物现象？过路及地下 0.2m 至地上 2m 是否采用穿管保护？			
5. 照明回路是否为三芯电缆？漏电保护装置是否符合要求？灯具金属外壳是否作接零保护？隧道内是否按规定使用安全电压？			
五、矿山法隧道施工安全检查			
检查内容			检查结果
1. 火工品储存、出入库使用、记录台账保管、安全员、签字是否齐全一致，是否符合火工品管理规定？			
2. 防护栏杆的材质、间距、高度是否符合有关要求？是否在栏杆和楼梯下部设置18cm的踢脚板并挂密目安全网？上下施工竖井楼梯是否有防滑措施？			

续表

检查内容	
3. 开挖后是否及时进行支护？支护是否达到设计要求？是否按规定进行喷射混凝土、锚杆施工？是否有专人负责监督？	
4. 是否设置通风设备？通风量是否满足实际要求？工人作业时是否进行通风？是否有防粉尘措施？	
5. 施工机械及电气设备是否有防爆或隔爆性能？洞内是否使用汽油机械？柴油机械是否设净化装置或掺入柴油净化添加剂？	
6. 隧道开挖是否按照经审批的施工方案施工？有无超挖情况？爆破施工安全员控制情况。隧道暗挖防坍塌措施、管线监测是否到位？	
7. 出渣车在视线不良弯道和通过道岔或错车时，行车速度不应大于 5km/h；在其他地段不应大于 15km/h，是否符合要求？	
8. 提升架必须经过计算，使用中应经常检查、维修和保养；提升设备不得超负荷作业，运输速度应符合设备技术要求；竖井上下是否设联络信号？	
六、安全文明施工检查	
检查内容	检查结果
1. 现场围蔽及大门是否齐全、牢固、美观？周边保卫措施是否到位？	
2. 场地、洞内有无渣土、泥浆、积水？是否及时彻底清除？排水是否顺畅？	
3. 进出场地的泥头车是否严格执行驶出施工区时车身清洗、渣土覆盖的规定？	
4. 现场的材料、构件、料具是否按总平面布局堆放？料堆是否堆放整齐并挂标识牌？	
5. 现场的氧气瓶、乙炔瓶、储油罐等易燃易爆物品是否分类存放于安全位置？有无隔离防护与防火措施？应急物资是否满足施工要求？	
6. 现场消防设备是否配备齐全？灭火器是否有效？布置是否合理？	
7. 现场的安全标语、安全警示等是否配备齐全？危险点处是否悬挂安全警示标志？	
8. 工人宿舍、食堂消防设施、临时用电、灶具、煤气储存罐使用间距和压力，食品存放、卫生是否符合要求？厕所是否及时清扫？室内外是否使用违规电器？	

第7章
轨道交通矿山法工程施工进度监理要点

本章执笔：邹　超　陶芳良　谢小兵　王　珂

7.1 施工准备阶段进度控制

7.1.1 施工计划进度编制与审核

（1）要求编制施工总进度计划表，明确管理人员各自分管的分项工程施工时间要求。

（2）以施工总进度计划为依据，要求编制各施工期间的年度、季度、月度生产计划。各期计划必须逐级保证，即月度计划保证季度计划的实现，季度计划保证年度计划的实现，年度计划确保各单位工程施工总进度计划的实现。

（3）依据总进度计划编制各时期的详细实施作业计划，并向班组下达任务。

（4）依据施工总进度计划和实施作业计划，编制各个时期的各种资源供应量计划，对于需预定加工的构配件、市场紧销的材料和配件，应估计订货、采购、加工、运输和进场时间，须超前编制和落实各类资源供应计划。

（5）重点检查各个时期的后勤供应情况，定期召开计划会议和调度会议，协调后勤供应。

（6）向班组布置任务或签订承包合同时，要对完成该任务提出时间要求，该时间要求取决于实施作业计划。

（7）施工总进度计划中，包括单位承建的分项工程和主要工序，各单位在各时期编制实施作业计划方案，经总承包单位或建设单位进行综合平衡确认。在施工过程中定期检查和协调各单位间的配合关系。

（8）经常和定期检查计划实施情况，包括工程形象进度、资源供应管理工作进展，在实施过程中如偏离计划，应分析原因，果断进行调度，确保关键工序按计划执行。

7.1.2 开挖方式选择与进度控制

（1）依据周边环境、地质条件、断面大小确定开挖方式。全断面法工期最短，正台阶法、环形开挖预留核心土法工期次之，单侧壁导洞法、中隔壁法工期最长。在地质条件较差、周边环境复杂的情况下采取相关加固措施后，选择工期最优、安全系数最高的施工工法。

（2）硬岩地段矿山法隧道各开挖方式中以爆破效果最佳，一般机械贯入度较小，施工作业面较小，开挖难度相对较大，尽量选择爆破施工。

（3）在岩层断面较好，岩层节理不发育的情况下，选择断面较完整、残痕率较高的爆破形式，如光面爆破等。

7.1.3 机械配备与进度控制

（1）提高台车使用率和使用部位，全断面法开挖打孔过程中采用台阶，一般情况采用7台风动凿岩机，顶部布置3台，两侧各布置2台，底部布置2台。

（2）相同台车内，使用喷浆台车的喷浆量是人工喷浆的两倍，大大缩短了喷浆时间。

（3）核算每循环土方量、渣坑容量，合理配备起重机械、渣斗，以满足现场需要。

7.1.4 增加作业面与进度控制

（1）矿山法隧道机械使用率较低，作业面较小，可以通过增加竖井、斜井等方法增加作业面。

（2）台阶法施工过程中建议上下台阶距离控制在12~14m，可以提高挖机出渣效率和减少渣土周转次数。

7.2 隧道进洞段施工与进度控制

（1）洞门爆破至初支形成封闭这一过程中，时间上的配合尤其重要。洞门爆破后，不能让洞门外侧土体裸露时间过长，否则容易出现洞门渗水甚至塌方等安全事故。洞门爆破后破除施工时间应当根据竖井完成情况、门吊安装进度来确定，充分保证各工序施工时间上的连续性。

（2）材料准备、设备（空压机、搅拌平台、运输设备、龙门吊、喷浆机等）、拱架加工等资源配置要充分满足初支封闭的要求。

（3）在马头门施工阶段，设备、人员都处于磨合期，因此进度控制的关键是质量控制，保证顺利安全进洞。

（4）洞门封闭成环后，需对初支背后进行回填注浆，以确保初支封闭和密实。回填注浆时，预先准备好材料、设备，人员配置要充足，水泥浆现场配置时要严格按照要求进行。注浆过程中密切注意拱顶水平位移和垂直位移，根据注浆压力调整注浆量。注浆完毕后必须进行管道清洗，防止浆液堵塞管道。

7.3 初支正常施工进度控制

7.3.1 进度计划制定

应根据不同地质制定每月、每周进度计划,以确保季度计划、年度计划的完成。单个掌子面每月进度计划示例如表 7-1 所示。单个掌子面每周进度计划示例如表 7-2 所示。

单个掌子面每月进度计划　　　　　表 7-1

围岩等级	设计进尺	计划长度	备注
Ⅵ	0.5m	15m	需进行超前加固
Ⅴ	0.75m	25m	需进行超前加固
Ⅳ	1m	40m	
Ⅲ	2m	60m	
Ⅱ	2m	60m	

单个掌子面每周进度计划　　　　　表 7-2

围岩等级	设计进尺	计划长度	备注
Ⅵ	0.5m	5m	需进行超前加固
Ⅴ	0.75m	8m	需进行超前加固
Ⅳ	1m	10m	
Ⅲ	2m	16m	
Ⅱ	2m	16m	

7.3.2 渣土运输

（1）初支施工进度过程中渣土外运时间占比较大,主要分为从掌子面至竖井渣斗、竖井渣斗至地面渣坑、地面渣坑外运三个时间段,进度控制需在确保安全的情况下压缩三个时间段的时间。

（2）平行隧道施工时需规划运输路线,做到两条隧道独立中存在联系,降低设备闲置时间,提高施工效率,从而加快施工进度。

（3）地面渣坑存在一定容积量时,需加强对外联系,防止出现有渣不能出的现象。

7.3.3 充分利用联络通道

（1）长距离矿山法隧道施工时需充分利用联络通道,作为渣土运输车或材料运输掉头场地,缩短运输时间。

（2）联络通道之间距离较长时,需设置临时联络通道,以避免车辆长距离倒车问题。

7.3.4 加强组织协调

（1）矿山法施工"不怕慢，就怕站"，必须坚持施工无缝衔接，上一道工序完成前，下一道工序施工人员必须进行施工准备。

（2）施工人员需实施三班制度，掌子面进行24h施工。

（3）施工期间充分利用间隙时间用于材料倒运工作。

（4）台阶法施工，需对拱架加工进行控制，每个掌子面每天最少需配备2榀上台阶和4榀下台阶，以满足现场需求，全断面法施工需配备3榀全环拱架。

（5）设立进度奖惩制度，以增加施工过程中作业人员的积极性，从而提高施工效率、施工质量等。

7.4 较差地质提前注浆以加快施工进度

（1）提前注浆是最优选择，地面条件允许时，可以采用地面注浆方法提前对地质较差地段（V级围岩）进行加固，以加快施工进度。

（2）地面条件不允许时，可以采用洞内后退式注浆，注浆长度控制在30m内，注浆效果较好。

（3）注浆宜从顶部开始，采用两台注浆机同时对周边进行封堵及加固，以起到隔水效果；中间孔采用一台注浆机，以确保掌子面稳定，掌子面封堵前留足2～4m作为止浆墙，以免出现窜浆。

7.5 台车拼装阶段进度控制

（1）依据模板台车结构及系统形式进行分块安装，主要分为骨架块、面板块、驱动系统、振动系统、调试进行安装。

（2）模板台车出厂前安排人员依据图纸，对相关配件进行标识、编号。

（3）面板块可以提前对模板面板进行打磨，以减少整体安装时间。

（4）模板台车安装进度控制关键是模板台车的圆弧度，所以需在安装过程中对模板台车进行实时量测，安装过程中应加强安全管理。

7.6 二衬施工阶段进度控制

（1）应根据不同地层条件制定每月、每周进度计划，以确保季度计划、年度计划的完成。表7-3所示为依据地铁施工计划进行倒排的单台模板台车进度计划表示例。

单台模板台车进度计划表 表7-3

计划周期	$D \leq 18$	$D > 18$	备注
月度	150m	120m	
每周	40m	30m	

注：D为隧道直径。

（2）施工过程中施工质量、施工安全对施工进度起到较大影响，所以施工过程中应重视质量和安全管理工作。

（3）依据施工长度合理安排模板台车数量，前后台车距离建议为3模，距离过长会使混凝土浇筑泵管过长造成堵管现象，距离过短会造成作业面交叉施工现象。

（4）台车分开设置，钢筋制安台车、模板台车、防水台车及注浆（基面处理）台车需单独设置，钢筋台车长度需满足一模长度钢筋制安，建议长度为7~9m。

（5）防水先行，基面处理完成后应及时进行防水安装。

（6）核算单模迎土面钢筋总重量、定位筋承载力，做到迎土面钢筋优先施工并与混凝土浇筑面保持一定距离，建议存在1~2模的富余距离。

（7）基面凿毛先行，仰拱施工完成后需及时对基面凿毛进行处理。

（8）现场配备混凝土运输车辆时，需适应台车高度，以能顺利穿过台车为宜，减少仰拱浇筑困扰。

（9）充分利用永久和临时联络通道，作为材料周转、施工调配等的联通空间。

（10）提前启动二衬背后注浆及相关堵漏工作。

7.7 典型案例：厦门本岛至翔安过海通道工程海底长大矿山法隧道工程进度控制

7.7.1 工程概况

1. 项目简介

厦门地铁3号线本岛至翔安过海通道工程位于湖里区，工程范围为五缘湾站（不含）至海底矿山法与泥水盾构法工法交接处，线路全长3488.809m，其中含870m陆域土压盾构段、42.7m深施工风井一座、532.577m长施工斜井一座（180m明挖、352.577m暗挖、1座废水泵房）、584.732m长施工副联一座、10座联络通道、海域2座废水泵房、1座横向风道及2598.53m矿山法暗挖段（图7-1）。

2. 设计概况

厦门本岛至翔安过海通道工程主要设计参数如表7-4所示。

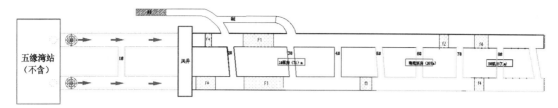

图 7-1 工程范围示意

主要设计参数表　　　　表 7-4

内容		平纵断面	建设规模	线间距	隧顶覆土厚度	结构形式	施工方法	附属结构
五缘湾站至刘五店站	左线	线路成 V 型坡，最大坡度 28‰，最小曲线半径 700m	3488.789m	12～25m	11.5～40m	矿山法采用马蹄形结构	土压平衡盾构法施工距离长 870m，矿山法长 2592m。	共设 10 座联络通道，其中 1 座兼作泵房，岛内侧岸边设置 1 座风井和 1 座斜井，新增副联通道 1 座
	右线	线路成 V 型坡，最大坡度 28.233‰，最小曲线半径 800m	3488.789m	12～25m	11.5～40m	矿山法采用马蹄形结构	土压平衡盾构法施工距离长 870m，矿山法长 2586m。	

3. 工程地质

厦门本岛至翔安过海通道工程（五缘湾站至刘五店站段）属滨海堆积区，两侧陆域原为潮间带，后经人工填筑，岛内侧已开发为道路、住宅区及商场等，现状地面标高 5.0～8.0m，靠近厦门岛内侧存在小石虎礁，礁石最高点标高 0.83m。

场区覆盖层主要为近代人工填筑土层（Qs）、第四系全新统海积层（Q4m）、上更新统冲洪积层（Q3al+pl）及残积层（Qel）等。厚度及性能变化较大；基岩以燕山晚期第二次侵入的花岗闪长岩为主，局部内穿插辉绿岩（玢岩）岩脉。

4. 水文地质

（1）场区地表水主要为海水，海域段一般水深 20m，最深处 25m 左右。

（2）地下水主要为海域地下水，据其赋存形式分为松散岩类孔隙水、风化残积孔隙裂隙水及基岩裂隙水三种，其中松散岩类孔隙水赋存于第四系全新统海积层中，风化残积孔隙裂隙水赋存于基岩全风化、强风化层中，基岩裂隙水赋存于碎裂状强风化带以下基岩风化裂隙及构造裂隙中。海域地层中除砂层及可能存在的富水性较好的基岩破碎带外，其他地层渗透性较差。海域段地下水大部分为潜水，在靠近翔安陆域段中砂、粗砂、砾砂和圆砾地层中存在承压水，承压水位标高在 -2.5m 左右。

（3）陆域地下水与海域地下水之间存在一条过渡带，受潮汐影响，当海水处于高潮时，海水向陆域径流，补给陆域地下水，反之陆域地下水向海域排泄，过渡带的宽窄因地而异，厦门岛内较窄，翔安侧较宽。

5. 不良地质

矿山法隧道海域左右线共 9 次穿越风化深槽，长度 28~253m 不等，总长 1200m，风化深槽与线位大角度相交，遇水强度急剧降低，节理和裂隙密集发育，透水性相对较好，且与海水存在水力联系，最大水土压力达 0.8MPa，施工中易产生透水、坍塌，甚至发生冒顶导致海水倒灌淹没隧道风险，施工风险极高（图 7-2，图 7-3）。斜井段地质条件差，主要穿越地层由淤泥、砂质黏土、全风化和强风化花岗石等地层，邻近或穿越 7.2m×2.8m 排洪渠等多条重要管线，直接受海水补给，施工风险极大。

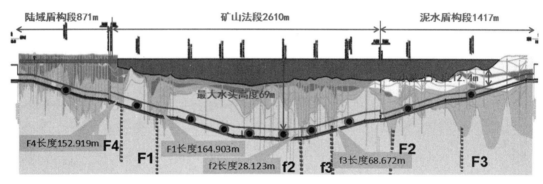

图 7-2 左线地质纵断面

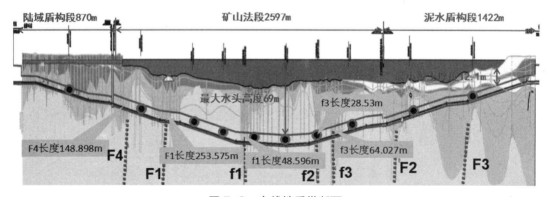

图 7-3 右线地质纵断面

7.7.2 海底长大矿山法隧道施工进度控制关键措施

1. 优化工筹措施

本工程早期筹划的开挖顺序是由斜井在海底进入正洞左右线后，再分头向两端的风井和工法对接点开挖，最多只有 4 个开挖面，其中往工法对接点方向开挖是工期控制的关键线路，是厦门地铁 3 号线全线掐脖子的关键位置。采取措施后，最多达到 12 个工作面，并争取了 37 个月以上的工期。

（1）利用盾构隧道作为矿山法施工通道，从工法对接点一端建立开挖面。

本隧道的矿山法与另一端盾构法施工的对接方式，是盾构施工先到达对接点，首次实施盾构机海底洞内弃壳解体退回吊出，利用盾构井作为竖井，盾构隧道段道床先浇到一定标高作为无轨运输通道，从对接点一端左右线建立开挖面，朝风井方向开挖（图7-4）。

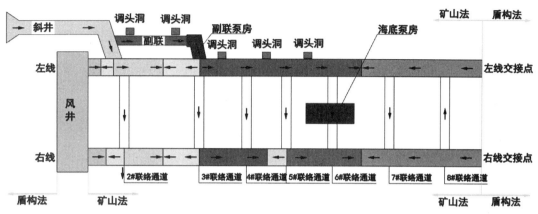

图7-4　隧道开挖顺序及调头洞位置示意

（2）延长斜井，下穿风化槽，快速到达前方二次进入正洞回挖，同时实现接力开挖，大大缩短工期。

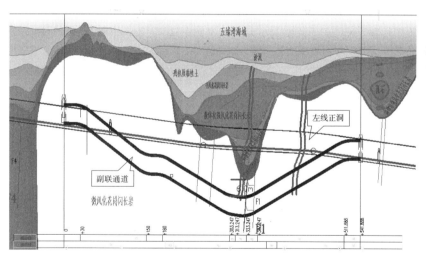

图7-5　副联通道地质剖面

本工程斜井进入正洞后，往工法对接点方向要穿过F1风化槽，进度将十分缓慢。后经研究地质资料，利用斜井坡度设置灵活的特点，延长斜井，增设副联通道作为辅洞，以"V"形纵坡，沿着F1风化槽下方风化程度低的围岩，下穿绕过F1风化槽，快速到达前方，再次进入正洞左右线回挖，与斜井进正洞方向对挖（图7-4，图7-5），同时，副联通道进正洞后,往工法对接点方向继续进行接力开挖。副联进正洞9个月后,与斜井进正洞开挖面贯通,加上其向工法对接点接力开挖也是9个月,设置副联通道作为辅洞,工期缩短了18月。

(3)利用左线地质较好的条件,集中资源,使其开挖面走在右线的前面,再通过各横通道进入右线隧道开辟新工作面。

副联通道进入正洞后,左线向工法对接点方面围岩大部风化程度都很低,开挖进度比右线快,施工过程集中资源开挖左线,让左线开挖面独头突进,右线虽然暂时落后,但当左线穿过3、4、5、6号横通道后,进入右线进行回挖和接力开挖,使右线正洞分成多段同时开挖,右线的进度很快就赶上左线了(图7-4)。

通过上述方法,隧道最大限度拓宽开挖面,在工程施工最高峰期有13个工作面同时开挖,工期缩短37个月以上。

2. 改进洞内运输通道措施

(1)设置错车道,满足洞内会车条件。

根据现场情况,斜井和副联通道各设两处错车道,洞内交通可以在此处会车。进入正洞后,以正洞之间的横通道作为会车用途。

(2)设置调头洞,使车辆在掌子面附近调头,减少倒车上掌子面距离,促进施工进度。

副联通道上下坡段中间各设一调头洞,副联进正洞后,左线在3号和4号、4号和5号、5号和6号横通道之间各设一调头洞。调头洞尺寸为6m×4.5m×4m(宽×高×深),供渣土车、混凝土车、铲车等调头用,减少车辆倒车去前方作业的距离,这样既保证了安全,也促进了施工进度。开挖面过了下一个横通道后,车辆在横通道处调头,上一调头洞用来放置变压器。右线因为是由各横通道向中间对挖,倒车距离小,未设调头洞(图7-4,图7-6)。

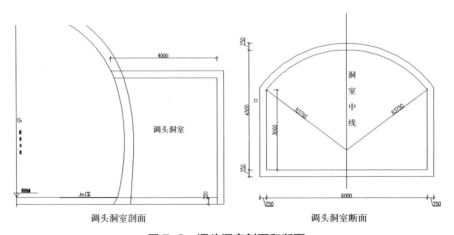

图7-6 调头洞室剖面和断面

（3）拓宽横通道宽度，使其满足大型设备通行。

为满足渣土车、装载机、三臂钻岩台车等大型设备会车并通过，本项目横通道断面由宽×高为 3.5m×4.0m，增加到 7m×6.2m。

3. 优化资源配置措施

（1）提高机械化施工水平

本项目推广使用了一些大型设备，使施工既安全，效率又高，有利于快速施工。具体情况如下：

1）三臂钻岩台车。用于Ⅱ、Ⅲ级围岩打爆破孔、超前探孔、注浆孔、加固效果验证孔等，还用于给爆破孔装药，除了安全、高效外，还能提高光面爆破效果。

2）多功能钻注一体机。用于Ⅳ级以上围岩的超前探孔、注浆孔、加固效果验证孔、管棚引孔等。功率强大，打孔快，可以打深孔。

3）喷射混凝土喷浆作业使用机械手。适用各种高度的喷浆作业，连续作业时间长，可控性强，还可避免工人在高尘的恶劣环境下作业。

4）制冰机一套。隧道内环境湿热，工人连续作业时间短。地面配置制冰设备后，可以向洞内供应冰块。作业区放置冰块后，大大改善了作业环境，工人工作舒适感强，工作效率也得到提高。

（2）配置适应本工程的设备

如所选用的渣土车、装载车、机械手、打孔设备等要能在隧道内通行，作业台架、模板台车内净空要足够大，能够允许这些设备通行。本项目的模板台车及台架内净空在 3.5m×4m（宽×高），单个大型设备可以通行。装载车要能把土装到所配置的渣土车去。

（3）大型设备配置充足且有备用

海底隧道地下水与海水连通，含盐量大，机械设备在这种环境作业锈蚀快，故障率高。除了加强机械设备的保养和维修工作，减少机械设备故障外，一些制约进度的、市场上不容易找到的设备要有备用，如三臂钻岩台车、多功能钻注一体机、车载混凝土泵机等都要有一台备用，以便有设备发生故障时，可以立即使用备用设备。

7.7.3 进度控制成果

1. 各项进度指标实现。施工阶段周密布置，合理安排，精细管理，保障各项进度指标实现。

隧道正洞开挖月度实际进度指标　　　　　　　　表 7-5

围岩级别	左线（m）	右线（m）
Ⅱ级	148	108
Ⅲ级	140	103
Ⅳ级	63	63
风化槽过渡段	17	17
风化槽	13	13

2. 里程碑工期目标实现。厦门本岛至翔安过海通道矿山法工程自 2016 年 3 月 12 日斜井围护结构开工以来，实行技术先行，合理优化资源配置，不断优化施工工艺。通过变更增设副联通道绕过最长 F1 风化深槽增开 4 个工作面、泥水盾构解体后增加 2 个矿山法工作面从岛外接应施工、优化泵房结构等，实现了高峰期作业面达 13 个，投入大型设备达 100 余台，作业人员高达 1300 余人。施工单位成立局、处两级工作组及专家组常驻现场，全面协调资源，对关键工序的技术措施、技术手段、工艺进行指导，监理单位、建设单位全面参与工期筹划、方案策划、设计优化，以及进度专题会的评审、协调、督办，在参建各方的通力合作及努力下，终于确保了 2020 年 9 月 22 日矿山法隧道的顺利贯通，圆满实现了里程碑工期目标。

第 8 章
特殊情况下的轨道交通矿山法工程施工监理要点

本章执笔：谢小兵　邹冠尧　方华永　唐文平

　　城市轨道交通工程的修建受各方面条件限制，难以避免要穿越城市里的交通干道、建（构）筑物、地下管线等复杂环境和软弱地层、断层破碎带等不良地质，同时为了满足矿山法相关专业要求或避开桩基、不良地质因素等，需要进行小曲线、大断面、变断面、大坡度等特殊线路设计，而矿山法隧道施工相比其他工法具有广泛的适应性，本章将重点阐述轨道交通矿山法工程在各种不良地质情况、复杂环境以及特殊设计条件下的监理控制要点。

8.1　不良地质条件下轨道交通矿山法工程施工监理控制要点

8.1.1　不良地质条件的基本概念

　　不良地质主要有岩石风化、断层破碎带、岩溶、软弱地层、富水砂层等，这些地质会对矿山法隧道施工造成较大困难，对施工阶段的安全造成不同程度的不良影响甚至危害，一般将这些地质现象称为不良地质条件。矿山法隧道工程在经历不良地质条件时，重点要做好地质详勘、补勘措施，做实超前地质预探，准确摸清工程地质和水文地质情况，完善隧道设计方案，制定有针对性的施工措施，强化不良地质地段的风险管控，最终实现平稳通过。

8.1.2　不良地质条件特性及施工重难点

1. 断层破碎带特征及施工重难点

　　断层破碎带特征及工法选择难点在于断层破碎带是岩层受各种地应力作用后发生断裂的结果，断层破碎带的宽度有大有小，与断层的规模和力学性质有关。按形成时的受力状况可分为压性、扭性和张性等断层破碎带。其主要特征为破碎性和波动性，部分断层破碎带内的裂隙由矿物充填，呈网状脉络，规模大致相当于断裂带范围；部分断层破碎带内充填有由断层壁撕裂下来的岩石碎块、碎石和断层作用而成的黏土物质，有的被重新胶结起来形成碎裂岩、角砾岩等。断层破碎带往往具备物质成分复杂、地下水丰富、力学性质突变等特征。矿山法施工穿越断层破碎带的过程中要面临涌水涌砂、地层坍塌、冒顶等风险。

2. 富水砂层特征及施工重难点

地下水流动对土体产生渗透力。渗透力 $J=r_w i$，其中 r_w 为水的重度，i 为水力坡度。当向上的渗透力克服向下的重力、粒间的有效应力为零时，颗粒群发生悬浮、移动的现象称为流砂现象。富水地层含水量高，含水量的增高会使土的抗剪强度降低，降低摩阻力和粘聚力。

富水砂层矿山法隧道施工风险高，尤其对于城市轨道交通工程，周边环境复杂，地面沉降控制要求高，更应引起重视。实际施工中，若重视不够、措施不到位，就容易引发涌水、涌砂、掌子面坍塌、地面塌陷等事故。

3. 软弱地层特征及施工重难点

轨道交通矿山法隧道主要呈现为扁平的拱形结构，隧道开挖初支阶段会引起一系列的周边围岩应力重组，这些围岩应力在重新分布过程中会对初支结构产生一定的荷载，当围岩越软弱，其自稳性越差，应力重组引起围岩的变形就越大，对于隧道初支结构施加的附加荷载也就越大。除此之外，软弱地层的地基承载力也相对较差。在两种不利因素的叠加作用下，矿山法隧道初支的沉降变形、收敛变形会更大，当初支变形积累到一定量时，会产生初支侵限、初支开裂乃至初支掉拱、坍塌等情况。

4. 高应力地质特征及施工重难点

当岩石内部积聚了很大的弹性应变能，一旦遇到扰动，就会突然释放出来，形成岩爆现象。其围岩常常比较坚硬完整，因为这是岩石能够积聚很大弹性应变能的重要条件。而在软弱的岩石中，当弹性应变还不太大时便会产生流动，因而不能形成发生岩爆所需的高弹性应变能，所以在软弱岩石中不大可能产生岩爆现象。

高应力地质施工过程中极易发生岩爆、围岩破裂及围岩松弛等现象，有的仅发生膨胀和剥离现象，有的会出现大块岩片坠落，有的则表现为岩片弹射出去，容易引发坍塌、伤人等安全事故。

8.1.3 不良地质条件轨道交通矿山法施工监理控制要点

1. 断层破碎带施工监理控制要点

（1）加强施工前的地质调查，掌握断层破碎带的宽度、深度、起终里程、矿物质情况、富水情况以及邻近水源情况、水力联系情况、地面的建（构）筑物及管线情况等。

（2）在断层破碎带地段及两端沿隧道纵向延伸至少一倍洞径的范围提升隧道初支、二衬设计等级，从设计入手做到"管超前、严注浆、强支护、强结构"。

（3）根据工程地质、水文地质调查结构，加强施工措施。开挖前一般采取全断面深层注浆加固地层，并封堵水源，降低破碎带的空隙率，要策划好适合的注浆方案，重点抓好注浆效果的检测、验收,在注浆体达到设计及开挖条件时,方可进行断层破碎带地层的开挖初支施工。

(4)开挖过程中要严格遵守"快封闭、短进尺、弱爆破、勤量测、畅通信"的原则,加强仰拱距掌子面、二衬距掌子面的步距控制,及时施作仰拱和二衬施工,合理安排二次衬砌并尽快封闭成环,以确保现场施工安全。

(5)在断层破碎带范围内,考虑到岩体十分破碎,地下水丰富,开挖前应进行完整的排水系统设计,合理布置隧道内的积水坑和排水管道,及时排出涌出的构造裂隙水,防止拱脚长期受到浸泡而被腐蚀。

(6)为了安全快速通过富水断层(裂)破碎带,必须有一套行之有效的施工配套技术和管理措施,确保在通过地质复杂地段时的施工安全,做到超前地质预报精准、预注浆方案合理、开挖方法安全、机械设备配套合理、工序衔接紧凑等。

(7)如果邻近地表或地下存在较大水体并与断裂带水力相通,则必须制定专项方案,对相邻水体采取临时排干或有效隔离等措施,严防水体水力击穿开挖掌子面,造成隧道被淹、人员伤亡的危险性事件、事故。

(8)对于隧道开挖施工影响区存在地下管线、建(构)筑物的情况,应制定专项保护方案,对其进行预加固、预支顶、跟踪注浆等措施,要制定应急预案,组织隧道防坍塌、防淹应急演练,保证洞内作业人员安全及地面安全。尤其当隧道开挖方向为下坡时,在隧道开挖掘进穿越断裂带阶段,应考虑在掌子面附近安排用于快速撤离的车辆。对于存在左、右线隧道且有联络通道连接的情况,必须确保两条隧道掌子面均应安排应急逃生车辆,并确保通信畅通。

2. 富水砂层施工监理控制要点

(1)督促施工单位强化富水砂层工程地质、水文地质条件勘查,掌握砂层分布情况、粗细情况、水力承压情况、与周边水体水力联系情况等,调查地面、地下设施及管线,准确评价隧道施工的风险源,分析安全施工管理的重点与难点,这些对于隧道安全施工总体方案的确定极其重要。如果条件允许,则应在初步设计或施工图设计阶段调整线路设计,规避隧道通过富水砂层地段。

(2)对辅助施工措施的应用应结合工程实际综合选用,针对富水砂层的工程特性及高水头动态补给的特点,综合采用地表降水、旋喷桩止水帷幕及深层袖阀管注浆、WSS注浆、TSS注浆等措施,监理单位要重点检查、验收上述措施是否满足设计要求及开挖条件,如验收未通过则应调整或完善辅助措施直至满足为止。

(3)如果地面不具备对富水砂层预处理的条件,必须在洞内采取措施时,则可考虑管棚施工、全(半)断面深层注浆施工、水平旋喷桩加固施工等辅助措施,必须做好钻孔作业阶段发生涌水、涌砂风险的评估及防范措施。

(4)勘察及设计单位全程跟踪配合,如现场地层有变,应及时做出设计变更或设计处理意见,确保施工措施得当。对重大风险源、重大方案论证应按程序组织专家论证,富水砂层地段开挖初支前应设置关键工序开挖初支条件验收管理程序。

(5)富水砂层的隧道开挖初支具有影响区域宽、范围大的特点,隧道开挖初支前要对其影响区域的地面建(构)筑物、地下管线进行详细调查并制定专项保护措施。

(6)要精心组织施工,保障工序衔接紧密,开挖初支快速通过富水砂层地段。

(7)采取信息化施工,加强监控量测,信息及时反馈,用于指导施工。

(8)制定富水砂层专项应急预案,在通过前洞内掌子面附近、地面存放应急物资及机具设备,以应对突发的涌水、涌砂情况,应急抢险应立足险情初始阶段,早发现,早处治;当发展到一定阶段及状态时,考虑到富水砂层涌水、涌砂的高流动、高能量、快速性及大范围的特点,应急处置应以洞内快速撤人、地面安全隔离、保障管线安全为第一要务。

3. 软弱地层施工监理控制要点

(1)完善超前地质预报工作

通过超前地质预报,提前掌握软弱地层的工程地质、水文地质情况,尤其摸清软硬地层交界位置、风化槽的位置,在设计及施工措施、监理措施等方面均应予以加强,因为在这些地质条件下围岩应力分布复杂,自稳性差,往往伴有丰富的裂隙水或渗水通道,降低开挖工效及地基承载力,容易发生初支变形、掌子面坍塌等险情、事故。

(2)合理选择开挖工法

对于软弱围岩而言,应根据不同的围岩等级,采用不同的开挖工法,如针对Ⅰ级围岩采用微台阶法开挖,上台阶增加临时支撑;Ⅱ级围岩采用短台阶法开挖;Ⅲ级围岩采用中台阶法开挖;当隧道断面较大时,可采用CD法、CRD法、双侧壁导坑法等分部开挖方法,化整为零,减少一次开挖断面的大小并保证每一个分部及时封闭成环。

(3)预先加固地层

通过深层注浆或水平旋喷桩等方式预先加固地层,改良围岩特性,增强围岩自稳能力及地基承载力,降低地层孔隙率,尽可能做到洞内开挖初支阶段无水作业或少水作业,如果地层预加固后仍有渗水,要么补充注浆加固,要么有组织引排水,杜绝积水长时间浸泡开挖面及拱脚导致初支失稳。

(4)短进尺,快封闭

软弱围岩隧道由于围岩自身的稳定性更差,更容易发生坍塌冒顶事故,因此,在软岩隧道开挖过程中,要经常采取缩短开挖进尺、增加台阶数量的开挖方法,要保证各道工序衔接紧凑,在方案既定时间内完成初支的完全封闭。为防止初支变形侵入二衬净空,在软弱地层开挖时,隧道开挖轮廓线要较设计外放5~10cm。

(5)加强软弱地层矿山法隧道的监控量测,做到信息化施工

软弱地层在隧道开挖初支过程变形相对较大,所以尤其要加强初支变形监测,主

要有拱顶沉降位移监测和水平收敛监测。对于发现异常的情况，一是要加密监测频率及加强报表分析，勤量测，速反馈；二是增强初支支护措施，如增加临时支撑、增打锚杆等；三是要对初支背后软弱围岩进行径向注浆加固；四是及时对初支背后回填注浆；五是及时跟进二衬作业，完成永久支护。

4. 高应力地层施工监理控制要点

（1）高应力硬岩施工处理措施

高应力硬岩的防治基本原则是要尽可能防止岩石中的启裂和裂纹的继续扩展。做到这一点的最有效工作措施，就是进行喷锚支护，特别是锚杆加固。具体做法是：

1）在中等和强烈岩爆活动区，尽快完成清渣、运输、撬渣等作业之后，必须立即安装锚杆；

2）在轻微和中等岩爆区，及时实施喷层也是有效的，但在岩爆活动剧烈的地方，必须配合使用钢纤维混凝土和锚杆；

3）锚杆的安装应尽可能垂直隧洞壁面，这是因为岩爆启裂的裂纹带有定向性，一般是与临空面平行的缘故；

4）锚杆的布置要短而密。因为有观察表明，离隧道壁面大约1m远的地方没有裂纹发育，因此长1.5~2m的短锚杆可普遍使用。这样做还可以加快锚杆安装速度，这对于防止岩爆是很重要的。

（2）高应力软岩施工处理措施

1）应采用主动、及时的支护方式，提高围岩强度，降低扩容、蠕变等对岩层强度的衰减程度。

2）由于软岩开挖引起的不同围岩变形破坏圈的力学、变形特性，应针对各圈的作用范围、变形特性、强度衰减特性采用"刚柔互补、长短结合"的支护材料。即通过在适当时间进行锚注加固破碎围岩，减小围岩破碎范围，提高围岩自身强度，实现锚注加固体与钢架整体耦合支护的方式，保证钢架荷载不超过其支撑强度，确保初支服务期内整体稳定。

8.2 复杂环境下轨道交通矿山法工程施工监理控制要点

8.2.1 穿越建（构）筑物的矿山法施工监理控制要点

1. 建（构）筑物调查保护原则

对在施工影响范围内（隧道中线两侧各30m）的所有建（构）筑物进行调查，调查的重点是四层以上（含四层）的建筑物，尤其是位于隧道上方中线15m范围内的业主未提供详细资料的重要建筑物更要详细调查清楚，对已有资料的建筑物要进一步核实，未有资料的建筑物要全面调查。

2. 建（构）筑物的调查

（1）地面建筑物基本情况调查

隧道施工影响范围内的地面建筑物的名称、位置、所属业主、用途、楼层数、修建年代、结构形式、新旧程度以及建筑物平面尺寸、定位坐标、基础形式等相关资料。若存在桩基，则应对桩基的类型、桩径、桩长、桩位布置、桩基承载力、桩顶承台构造及其与隧道的相对位置关系资料进行调查（以竣工图为准）。另外，对四层及四层以上建筑物应进行垂直度测量。

（2）地面建筑物使用现状调查

通过目检、摄影、录像、量测等手段对建筑物的主要结构裂缝、开裂以及磨损的混凝土、外露或锈蚀的钢筋等使用现状进行观测并记录。用光学裂缝仪量测建筑物外观、屋内的裂缝情况，并对其进行详细记录（包括裂缝的宽度、长度、深度及其走向等），重要照片应加草图说明以显示相应拍摄物的位置，并应编号及建立台账，必要时请专业房屋鉴定机构对房屋进行评估、鉴定。此项调查在开挖施工前进行，并持续跟踪测量其变化至施工结束为止。

3. 建（构）筑物调查方案审查监理要点

（1）审查调查的范围和内容是否满足规范要求；

（2）审查调查方法是否满足工程要求；

（3）审查调查人员组织架构能否满足工程调查要求；

（4）审查调查的技术指标能否满足工程要求。

4. 矿山法隧道穿越建（构）筑物控制要点

（1）矿山法隧道穿越前的措施

1）针对隧道影响区域的建（构）筑物调查报告，监理单位应督促施工单位制定专项保护方案，除监理单位组织审查外，还应组织专家评审，可与矿山法隧道开挖支护方案一并评审，也可单独评审；

2）对影响较大或重要的建（构）筑物要增加地质补勘，进一步探明其地质情况；

3）必要时，对建（构）筑物的地基基础和其本身进行加固，增强地基承载力和建（构）筑物自身强度、刚度及整体抗倾斜能力；但如果结构基础较弱，或采用摩擦桩、管桩、松木基础，则必须考虑地基加固过程中对地基基础的扰动及破坏；

4）根据水文地质勘察情况，设计或施工措施应考虑在隧道与建（构）筑物之间设置止水帷幕，或者增加回灌井措施；

5）提前对影响区域的建（构）筑物进行监测布点，包括建（构）筑物沉降监测、倾斜监测、裂缝观测、周边水位监测、地表沉降监测、深层土体位移监测等，设计单位和监理单位应审查施工单位的监测方案，监理单位应做好监测布点验收及初始值读取见证。施工单位应在隧道开挖通过前至少1个月前开始正常监测工作；

6）必要时，在通过风险较大或重要的建（构）筑物前，设置试验段，先试先行，优化调整各项技术措施及施工管理措施，保证后续平稳、快速通过。

（2）隧道开挖掘进控制

1）穿越建筑物区段施工本着"人工配合机械开挖优先"的原则，如必须爆破开挖，应采用控制爆破技术，爆破振动不得超过安全允许值；

2）根据矿山法试验段施工情况，优化调整穿越建（构）筑物区段的施工方法及支护参数，保证隧道施工安全；

3）严格遵守矿山法施工"管超前、严注浆、短进尺、弱爆破、强支护、快封闭、勤量测、畅通信"二十四字方针，初支快速封闭，二衬要及时跟进；

4）开挖初支过程要严控洞内失水，如地下水发育要提前注浆止水，针对初支及二衬渗漏水情况，要及时进行回填注浆和堵漏止水，不能放任自流；

5）软弱地层开挖初支时，要严格控制初支变形，严防因初支变形引发上方地层变形传递至地表及建（构）筑变形。

6）隧道爆破施工时，采取如下措施：

①隧道爆破施工应该采用控制爆破技术，根据洞内围岩揭露情况，及时调整炮孔间距、钻孔的深度、药量、装药方式等爆破参数；

②选择威力小的炸药，控制爆破振速，特别是后续施工的隧道，其爆破振速应控制在 2.0cm/s 以内；

③爆破施工尽量安排在白天，爆破之前应设立警戒线，警戒线内严禁行人、行车，并进行必要的人员疏散；

④根据《爆破安全规程》相关规定，严禁两个工作面同时起爆，一个工作面准备爆破施工时应通知邻近工作面的人员撤离；

⑤建立完善监测网，穿越建（构）筑物区段开挖过程中应进行全过程监测，在建筑密集段应予以加强；

8.2.2 穿越地下管线的矿山法施工监理控制要点

1. 地下管线调查保护的原则

（1）保护前必须摸清地下管线的具体情况，做好详细记录；

（2）距离隧道较近、变形反应敏感的管线应为保护重点，进行相应的保护措施。其他管线以监测为指导，及时采取跟踪保护措施；

（3）每条地下管线的保护均与施工期间的交通疏解紧密结合，以使管线保护工作对地面交通和居民生活影响减到最小程度；

（4）设专人管理管线保护施工，与业主、监理和管线产权单位联系，积极开展工作。

2. 地下管线的调查方法

（1）施工前组织专门的管线调查小组，配备管线探测仪进行地下管线调查工作；

（2）收集沿线的管线图纸及相关资料，结合地质情况、周围环境及管道的试验结果，分析、确定现有管线的种类、施工年代、位置、形状、现状、尺寸、材料、入孔位置、接口状况等情况，有压管要掌握其压力大小，无压水管要掌握其流向及流量；并将调查分析情况、结论递交有关部门确认；

（3）对市政雨水管、污水管、给水管、燃气管要调查掌握其检查井或阀门位置；

（4）必要时采用人工挖孔探测；

（5）将业主提供的隧道沿线管线图纸及相关资料与收集得到的资料进行对比、核实；

（6）查清各类管线的允许变形量，并与有关单位协调确定；

（7）对收集到的图纸及相关资料与现场查勘资料进行详细对比分析，对不一致的管线进一步向管理部门进行核实，确保管线位置准确无误。

3. 管线保护方案审查监理要点

对于隧道施工范围内需要保护的地下管线应有科学、合理的保护措施，在审查承包商编写的地下管线保护方案时，主要审查采取的保护措施是否安全可靠，能否在隧道开挖过程中保护地下管线的安全。

（1）审查承包商上报的地下管线保护对象是否齐全，有无遗漏；

（2）审查地下管线保护措施是否满足要求；

（3）审查拟采取的技术保护措施能否满足要求；

（4）审查承包商是否按合同要求进行管线保护。

4. 矿山法隧道穿越地下管线控制要点

（1）穿越重要管线或高敏感性管线区段施工本着"人工配合机械开挖优先"的原则，如必须爆破开挖，应采用控制爆破技术，严格履行报批手续；

（2）根据矿山法试验段施工模拟情况，调整穿越地下管线区段的施工方法及支护参数，保证隧道施工及地下管线安全；

（3）当管线变形、沉降及地面沉降等超警戒值或速率过大时，应采取如下措施：

1）及时通报管线产权单位，并配合管线产权单位采取相应措施，必要时可提请产权单位采取应急措施；

2）正确判断引起沉降的原因，如遇断层土质过软、水量较大，则停止开挖、加急对开挖面注浆加固，避免沉降的进一步恶化；

3）如地层情况良好，沉降可能由围岩应力释放变形引起，则加强对初支背后的注浆填充；

4）加大注浆力度，提高浆液注入量弥补岩体损失，以减缓继续下沉的速率，控制开挖面进一步沉降；

5）增加沉降区域施工监测频率与观测期，及时反馈沉降速率与沉降值，建立沉降时程曲线以便对比分析。

（4）穿越特殊地层时，对于沿线管线的保护措施主要有：

1）控制爆破振速，采用预裂控制爆破措施；做好超前支护措施，改良管线与拱顶之间的土体，提高其抵抗不均匀沉降和倾斜的能力；

2）必要时，增加管线支承基础，或者将管线与地层架空处理，如仍判断难以保证管线安全，则应提前将管线迁改至隧道施工影响区域之外。

8.2.3 矿山法隧道下穿水体施工监理控制要点

1. 超前地质预报

首先，在地质勘探调查的基础上，应用TSP预测预报系统进行长距离探测，实现长期超前地质预报；其后，根据TSP系统的预报结果，用超前深孔地质钻探进行前方围岩、地下水变化情况的中距离探测和验证，实现中期超前地质预报；然后，在中长期超前地质预报的基础上，应用地质雷达和红外线探测仪，进行短距离地质探测，实现短期地质预报；最后，利用炮眼、超前支护中导管以及周边注浆导管，实现邻近地质预报。四位一体，可以弥补单一探测方式存在的盲区，提高超前预测预报的精确度。

2. 超前钻孔探水

如果隧道围岩与水体存在水力联系，在隧道开挖过程中易发生涌水，因此超前钻孔探水是必要的。根据超前探孔的水量可采取注浆堵水等必要措施。若前方探测有溶洞溶腔，则能提前做好施工预案，对其进行预处理，另外可以根据钻孔的出水量来优化断面注浆参数，进行动态设计。

3. 洞内超前围岩注浆预加固

为避免突水，可采用洞内围幕注浆、超前支护注浆等方式，对前方围岩体进行注浆预加固，以减少围岩透水性和及时封堵水流路径，避免洞内突水风险。可以防止隧道开挖引起突水、突泥及塌方，堵塞河流下渗的通道，达到止水防渗的效果。

4. 开挖支护措施

根据地质情况，可综合考虑采用台阶法等分部开挖方法，加辅以大管棚或者双层小导管、型钢拱架等综合支护方式。支护紧跟开挖，采用加强型支护结构。采取控制爆破，严格控制开挖进尺，减少一次起爆药量。

5. 结构防水措施

为防止区间隧道运营期间渗漏水，采取以下综合防水措施：应遵循"以防为主、刚柔结合、多道防线、因地制宜、综合治理"的原则进行设计。确立钢筋混凝土结构自防水体系，即以结构自防水为根本，以施工缝（包括后浇带）、变形缝、穿墙管、桩头等细部构造的防水为重点，并在结构迎水面设置柔性防水层加强防水。

6. 其他措施

（1）施工期间，应加强与河道管理部门的协调，通过开启下游翻板坝、控制上游来水量，降低河水位。过河段施工应尽量安排在枯水季节；

（2）进行导流施工，保证开挖工作面顶部河道一定范围内无水；

（3）对隧道通过区段河底进行临时铺底，防止河水下渗；

（4）施工中应建立洞内外报警联系通讯设备，制定隧道防淹应急预案，并组织应急演练。

8.3 特殊线路设计下轨道交通矿山法工程施工监理控制要点

8.3.1 大断面矿山法隧道监理控制要点

1. 大断面矿山法隧道特点

大断面矿山法隧道的安全、快速施工是矿山法工程中常见的技术难题，对其施工风险与技术措施的研究，有着重要的工程意义。大断面地铁隧道施工中，由于隧道临空面的增加，其围岩应力释放的范围增加，结构稳定性降低；施工过程中拱顶及地表变形较大，施工风险增加。另外，城市环境复杂，设计及施工中必须考虑地面既有建（构）筑物对隧道产生的附加作用力，同时考虑对周边建（构）筑物、地下管线的影响，保证其安全性。为了减少施工中对围岩的扰动，降低对既有建筑的影响，保证施工安全，工程上通常将大断面隧道进行分步开挖，并在施工过程中采取加强支护、严格监测等措施。

2. 大断面矿山法隧道施工工法选择

对于大断面隧道，特别是在围岩条件较差的情况下修建大断面隧道，选择一种合理的施工方法对工程顺利修建和保证施工安全具有十分重要的意义。随着隧道工程建设的发展，以及施工技术研究的深入和机械设备的不断更新，大断面隧道施工方法有了长足的进步。传统的挖掘方法已经基本淘汰，取而代之的是更快速、更安全、更有效、更有利于围岩及掌子面稳定的大断面开挖掘进的多种施工新技术，如台阶法、CD法、CRD法、双侧壁导坑法、双联拱法、洞桩法、洞柱法、侧洞法等，应根据围岩等级、覆土厚度、断面设计、工期计划、施工环境甚至施工单位的施工经验等综合考虑来选择最合适的工法。

3. 大断面隧道施工监理控制要点

（1）大断面隧道应加强超前支护，当围岩级别较低或周边环境对沉降要求非常敏感时，必须考虑设计大管棚超前支护、加密初支拱架、采用高承载力锚杆等；

（2）为严格控制沉降，每个分部初支均应形成闭环，各分部初支环环相扣，联结成一个整体，各分部初支就位时要预留一定的变形量，确保与下个分部无缝联结，以

提高各分部初支联结质量和整体受力性能;

(3) 采取双侧交错形式的落底施工方法进行开挖与落底施工,避免两侧拱脚同时悬空;

(4) 大断面隧道开挖初支一般分部较多,要严格控制好各分部的施工顺序、施工步距、施工运输、交叉作业安全、沉降叠加影响等;

(5) 进行实时监控量测工作,观察拱顶、拱脚和边墙中部的最大水平和竖直位移值,并且进行记录。当通过监测发现变形速率增大时,应增加初支措施,并尽快组织二次衬砌的浇筑;

(6) 大断面隧道初支拆撑风险极大,必须要求施工单位制定专项方案并组织专家评审,拆撑一般采取短距离、小范围试拆,严格结合隧道变形及受力变化监测情况来组织拆撑,并且初支拱架拆除一段,二衬立即跟进一段;

(7) 大断面隧道二衬施工质量控制难度大,首先要控制超欠挖情况,以及初支平整度满足设计和规范要求,并应保证施作防水施工前初支面保持干燥;二是必须保证模板台车或模板支撑体系的刚度满足大要求,脱模剂选用正确,涂抹均匀;三是混凝土浇筑时左右侧均衡进行,连续快速浇筑,振捣窗口设计合理,保证振捣质量,杜绝施工冷缝及二衬表观缺陷;四是及时对二衬背后进行回填注浆。

8.3.2 大坡度矿山法隧道施工监理控制要点

1. 洞外截水措施

在隧道施工竖井井口周边设置排水沟及挡水坎,防止雨水或地面其他水源流入隧道;在隧道进口设置截水挡墙及可移动挡板,预留沙袋,应急时在竖井与隧道之前增加一道防水挡墙。

2. 洞内排水措施

对于大坡度隧道,应根据坡度设计、开挖纵深、水文地质情况、应急抢险需要,在隧道开挖前进行洞内排水专项设计。隧道开挖方向如果为上坡,则可设置排水沟顺坡排水;如果为下坡,则应在隧道内挖设临时排水沟及坡度为 0.5% 的横坡,每隔一段距离设置集水井,使洞内积水汇集到集水井后,用抽水机抽排出隧道,保持隧道内无积水。

3. 隧道水平运输措施

矿山法隧道施工洞内水平运输一般采用轨道运输或无轨运输,大坡度隧道无论采用哪一种运输方式,均会因为坡度大导致电瓶车或机动车辆制动失稳,所以必须加强对电瓶车、机动车辆、轨道、运输道路的管理,监理单位应督促施工单位制定大坡度隧道水平运输专项方案,监理要将水平运输各项措施的落实及设备的状况检查列为安全工作的重点,严防因溜车、机车侧翻发生人员伤亡事故。

4. 隧道防水措施

对于大坡度隧道，地下水往往沿已成形初支下坡方向汇集，初支施工常处于富水状态，导致初支质量难以保证，初支防水质量差。由于城市轨道交通隧道的防水设计一般为全包防水，不允许排水，隧道开挖后若前方出现异常情况（如围岩破碎、裂隙发育、钻孔流水量大等）时，应立即停止开挖，采取注浆堵水等措施，减少围岩渗漏水及后方来水，保证初支喷混凝土时无水作业，如仍有少量渗漏水，应集中引排，在初支达到设计强度后再注浆封堵；二衬应设计为分区防水，避免地下水窜流导致防水施工难度大，后期防水缺陷处理难度大；对于大坡度隧道，更应该严格控制超挖情况及加强初支、二衬背后回填注浆，避免超挖部位成为后期的蓄水池，引发列车运营安全风险。

5. 隧道防淹应急措施

对于大坡度矿山法隧道来说，尽管采取了一系列井口挡水、洞口截水、洞内排水、结构防水等措施，但由于地下工程水文地质的复杂性及矿山法开挖直面掌子面的特点，仍存在突泥涌水的重大风险，如顺坡开挖，大坡度矿山法隧道很容易被淹，引发洞内人员溺亡、触电身亡等风险，所以监理单位必须督促施工单位编制防淹应急预案，组织应急演练，在突泥涌水高风险段施工时，作业面配置人员快速疏散交通工具，如果洞内发生突泥涌水险情，快速切断电源，第一时间组织洞内所有人员快速逃生。

8.3.3 变断面暗挖隧道监理控制要点

1. 变断面暗挖隧道形式及方法

变断面暗挖隧道，简而言之就是隧道断面不断变化，故称为变断面。分为断面由大变小和由小变大两种。针对断面变化的不同形式，采用大断面向小断面过渡或小断面向大断面过渡的方法。大断面向小断面变化比较容易实现，直接变化即可。若小断面向大断面变化的幅度不大，可采用提前渐变即可实现；若变化幅度过大，则要采用增加横通道、转换施工顺序变成由大到小施工等措施进行处理。

2. 变断面矿山法隧道监理控制要点

（1）考虑到风险因素，施工组织时尽可能从大断面往小断面方向开挖；

（2）断面变化段会引发地层应力重组织，过渡段或突变段应加强初支措施，调整施工参数，优化施工组织，强化施工管理；

（3）小断面变大断面时，视断面变化大小可采用增加横通道方式，或先小断面通过再往回反掏方式增加开挖断面；

（4）变断面位置设计尽可能布置在环境相对简单、地质相对均一的位置，如无法满足，则应提前考虑对地层进行预加固处理；

（5）变断面施工，施工及监理单位应加强技术交底及过程监管；

(6）应对变断面位置应增设地层应力监测及土体位移监测，加强对初支结构变形的监测及数据分析，根据监测情况及时调整支护及施工措施。

8.3.4 小间距矿山法隧道施工监理要点

1. 小间距隧道定义

小间距隧道是指并行双洞隧道净间距一般小于1.5倍隧道开挖断面宽度的一种特殊隧道结构形式。

2. 小间距隧道施工监理控制要点

（1）一般应采用人工或机械开挖，必须爆破时应采用微震爆破，严格控制爆破振动速率，必要时应采用静态爆破措施，以减少对围岩及先行隧道结构的破坏；

（2）根据地质情况，一般来说小间距隧道开挖掌子面的距离应保持不少于3倍开挖洞径，以减少后行隧道施工对先行隧道已成形结构的影响；

（3）必要时，在地表或先行隧道一侧对两隧道之间的土体或后行隧道地层进行必要的加固或隔水处理；

（4）小间距先行隧道可作为后行隧道的地质超前导坑及先行试验段，后行隧道要根据先行隧道的施工情况及时调整优化设计、施工方案，将对先行隧道的影响降至最低；

（5）后行隧道开挖初支阶段要严格控制地层变形及失水；

（6）小间距隧道因为距离过近，对地层及地表的沉降、地下水位影响存在交叉重叠效应，制定施工沉降、水位控制措施时要充分考虑；

（7）具备条件及必要时，先行隧道宜及时跟进二衬结构施工。

8.3.5 矿山法重叠隧道施工监理控制要点

由于地面及地下空间的限制，城市轨道交通的区间隧道、出入段线隧道、车站通道需要存在部分平面交叉、立面重叠的情况，相比小间距隧道施工组织难度更大，风险更高，其主要控制要点有：

（1）重叠隧道开挖初支施工一般本着"先下后上"的原则，下方隧道先开挖初支，封闭成环且监测稳定后，再施工上方隧道，如果地质、环境复杂，应完成下方二衬后再进行上方隧道开挖初支施工；

（2）重叠隧道之间的土体可在地面注浆或下方先行隧道径向注浆预加固，提高土体自承力，减少土体变形、地下水流失及后续沉降；

（3）加强重叠隧道的初支及二衬结构设计措施，上方隧道开挖初支及永久结构对下方隧道洞身均有不同程度的侧压力，设计时应予以充分考虑；为确保施工安全，上方隧道施工也应采用更稳妥的方法开挖，如CD法、CRD法等；

（4）重叠隧道施工，上方建（构）筑物、道路、管线保护措施应充分考虑开挖失水、地层变形引起的位移变形的叠加效应；

（5）要加强监测，包括重叠隧道洞内变形监测，以及地面监测等，通过监测及时反馈信息，做好报表分析，采取相应控制措施。

8.3.6 矿山法长大隧道施工监理控制要点

矿山法长大隧道并无准确的定义，近 30 年来，随着我国高速铁路、高速公路的大发展，山岭隧道单线长度大于 10km 以上已不少见，如武广高铁新大瑶山隧道、西康高速秦岭隧道、大瑞铁路高黎贡隧道等。城市矿山法隧道受限于区间长度、建设工期以及近年来盾构工法的推广发展，一般来说不会超过 3km，本文所定义的城市矿山法长大隧道单洞单线长大于 1.5km，独头开挖长度大于 1km。

1. 长大隧道测量控制要点

（1）隧道测量应该按照《城市轨道交通工程测量规范》GB/T 50308—2017 有关要求进行设计、作业和检测，埋设的各类桩点应有利于保护与使用，严禁一个桩上多个点位；监理单位要复测业主移交的控制点及施工单位布设的施工加密控制点，督促施工单位做好合同标段内各种控制点的保护工作，确保控制点成果的准确性、完整性；

（2）长大隧道设置的精密导线网，应定期对其基准点进行校核；对于隧道洞外的水准点、中线点，应根据隧道平纵面、隧道长度等定期进行复核；

（3）水准仪及标尺、光电测距仪、全站仪、GPS 全球定位系统都应按规定周期进行检测和校正，各类测量仪器设备在使用过程中应按规定定期送检标定，监理单位要做好检查；

（4）监理单位要审核施工单位上报的施工测量方案，并报业主终审，完成施工导线、水准测量的检测，以及施工放样及各道工序的检测，并按分工要求报业主复核，按规定完成业主要求的检测及相关的测量资料抽检；

（5）洞内平面控制网采用导线形式，并以洞口联系测量成果为起算依据；

隧道内每掘进 50～100m 应重新标定中线及高程控制点，洞内施工放样前必须对控制点进行校核，并对放样结构几何尺寸进行复核；洞内运输渣土时，应对洞内埋设的测量控制点做好保护，其点号标识须清晰；

（6）隧道开挖掘进中必须进行控制测量及贯通误差的测定和调整；贯通误差测量应包括隧道的纵向、横向和高程贯通误差测量。

2. 长大隧道通风控制要点

我国《矿山安全规程》及《铁路隧道施工技术规范》规定：凡有人工作的地点，洞内空气成分（按体积计）中氧气的含量不得低于 20%，二氧化碳的含量不得大于 0.5%。洞内风量要求：每人每分钟供应新鲜空气不应少于 3m3。长大隧道因为送风距离长，损耗大，废气往洞口回流困难，导致隧道内通风效果较差，空气环境恶劣，视线差，为满足通风要求，长大隧道必须采取下述措施：

（1）在长大隧道项目策划阶段，必须进行专项通风设计，包括通风方式、通风设备、管道布设等，确保洞内作业环境满足职业健康要求；监理单位要认真审查通风设计方案，审核理论计算结论及实地调查考察；

（2）土质隧道因为主要依靠机械配合人工开挖，排放废气相对较少，石质隧道主要依靠钻爆法开挖，废气量较大，尤其随着开挖里程不断增加，通风效果会越来越差，必须保证风机的数量及功率满足通风的时间和功效要求，保证通风管道的直径与风机相匹配；风机布设位置要与废气的排放口有效隔离，为降低风机噪声的扰民影响，要为风机安装消音降噪设施；

（3）加强对通风设施的安装验收及日常管理，包括风管的连接要严密，转弯要平顺，转弯半径不少于风管直径的3倍，漏风点要及时修补，通过二衬台车采用刚式风管并与台车固定牢靠，在隧道内局部通风困难段，增设移动式轴流风机；通风管距掌子面不大于15m，要加大爆破时对风管的保护及修复等；

（4）长大隧道要加强对隧道内空气质量的监测，根据监测结果及时调整风量，为确保洞内人员职业健康安全创造有利条件。

3. 长大隧道施工组织控制要点

城市轨道交通矿山法长大隧道施工往往处于标段项目乃至整条线路的关键线路上，直接影响轨道交通工程的开通运营，所以施工组织设计及实施非常重要，相对难度也较大，必须做到谋定后动，快速进场，多管齐下，齐头并进，主要采取以下措施：

（1）施工组织策划时，要根据隧道地质情况、周边环境情况，将矿山法长大隧道组段划分，通过推演制定最佳开挖初支时序，逐段设计最优的开挖支护方案，并制定相应资源的投入计划；

（2）加快关键线路的施工组织，实现快速进场，尤其是前期的征地拆迁、管线迁改、竖井施工、横通道施工等；

（3）如现场具备场地条件，优先考虑斜井进洞，其运输条件、通风条件、快速施工组织、安全管理、应急管理、成本控制等均优于竖井进洞；如采用竖井，则井口的吊装运输能力设计必须要与隧道开挖初支、二衬交叉作业的最大需求相匹配；

（4）要提高机械化施工水平，引进先进的凿岩、注浆、喷浆设备；要提高爆破设计及施工水平，尽可能做到光面爆破；

（5）根据地质和环境条件及隧道总体工期要求，合理增设施工横通道及增开工作面，形成多点开花局面；对于断裂带、风化槽、软弱地层等开挖功效低的地段，可前洞先过，通过施工横通道迂回作战，避免不良地质特殊地段开挖初支成为关键线路；

（6）开挖初支到一定距离且初支变形已基本稳定后，后续的基面处理、防水作业、钢筋作业、二衬混凝土浇筑作业要形成施工流水，齐头并进，通过增设施工横通道、施工栈桥，增加二衬模板台车及施工班组投入等措施，增开二衬结构工作面；

（7）长大隧道的防水工作是重难点，初支及二衬背后的回填注浆要提早组织，分区防水，分段进行结构渗漏水封堵，渗漏治理常常是一个较为反复的过程，往往直接影响工程的交验，必须组织防水堵漏专业队伍尽早开始。

4. 长大隧道施工其他控制要点

（1）要加强对交通运输的管理。一是要修好路，车行道与人行道分设，人车分离，路随隧道开挖延伸，设计好隧道内纵向、横向排水，尽可能保持路面干燥少水；二是监理要抓好对车辆和司机的管理，必须使用正规车辆，司机应证照齐全，还要做好进场验收、查验及日常维修保养检查；三是督促施工单位安排专人进行洞内交通的组织和管理，避免洞内交通拥堵、车辆碰撞乃至发生人员伤亡事故；

（2）要做好洞内照明的管理。除了正常的安全防爆照明外，必须设置好应急照明；

（3）要做好长大隧道洞内爆破的安全管理。由于洞内工作面较多，爆破警戒通知一定要覆盖到每个工作面，保证足够的安全距离；

（4）要加强混凝土管理，长大隧道混凝土浇筑一般要二次转运，必须控制好混凝土塌落度及转运方式、进场时间，避免离析及减少塌落度损失；

（5）要加强应急管理，根据隧道开挖进度设置应急物资存放点，要制定可靠措施、保证洞内每一个角落通信畅通，准备洞内应急车辆，确保险情、事故发生时洞内人员能第一时间逃至安全位置，必须组织防坍塌、防涌水突泥等应急演练。

第9章
轨道交通矿山法工程重大安全风险及典型案例

本章执笔：谢小兵　任仕超　吕荣海

9.1 轨道交通矿山法工程重大安全风险及防控措施

9.1.1 隧道初支失稳

1. 风险描述

隧道初支失稳往往发生在隧道开挖完成后、二次衬砌施工前，易发生在软弱地层、花岗岩残积地层或其他遇水易软化地层，出现初支失稳前会出现初支沉降或收敛速率过大的现象，同时可能伴随初支混凝土开裂现象。隧道出现初支失稳后会导致初支结构破坏、侵限，严重时会产生地下管线损毁、建（构）筑物变形过大、道路坍塌等严重后果。隧道初支失稳产生的原因可能包括：

（1）地质条件差，上台阶与下台阶间距过大，初支长时间未封闭，初支拱架基础地层长时间被浸泡软化；

（2）初支拱架的间距偏大或刚度、强度不足；

（3）初支拱架架设和连接不及时或不符合要求，未打设锁脚锚管（杆）；

（4）喷射混凝土不及时或强度、厚度不符合要求；

（5）初支上方围岩荷载偏压；

（6）大断面隧道，临时支撑拆除时间、方式、顺序等不符合要求；

（7）需爆破施工的区段，爆破参数控制不当、邻近初支或与初支距离过近造成初支破坏。

2. 风险预控

（1）从超前支护、拱架间距、开挖步序、台阶长度等方面严格按设计文件要求组织施工，对有临时支撑的工法施工时，应严格控制每步的开挖断面尺寸。

（2）保证初支拱架的安装和纵向连接筋焊接质量，特别是初支拱架的连接质量，锁脚锚管要正确打设及注浆。

（3）开挖过程中地下水要注浆封堵或有组织引排，避免长时间浸泡拱脚地基。

（4）加强拱顶沉降、收敛和应力应变的监控量测工作，并加强对监测数据的整理分析，如发现异常立即停止施工，对初支进行加固。

（5）进行背后回填注浆时，随时监测初支的变化情况，严格控制注浆压力。

（6）大断面隧道二次衬砌施工前，严格按设计及施工组织设计要求的方式、时间和顺序拆除临时支撑，拆除支撑应小范围、间隔拆除，要加密对初支的变形监测，发现异常要立即停止拆除支撑并恢复支撑。

（7）需要爆破施工的区段严格按照专业设计单位提供的爆破参数作业，要保证已成形初支与爆破区域的安全距离，保证已成形初支达到设计强度。

（8）对于有围岩荷载偏压的情况，要制定有针对性的地面或洞内设计及施工措施。

3. 应急措施

（1）发现初支大变形或失稳，立即停止施工。

（2）如洞内抢险作业可能危及人员安全，则第一时间撤出洞内人员，并在地面做好警戒及地下管线防护。

（3）如评估抢险能保障安全，应立即启动应急预案，组织应急人员、物资、设备到位；如地面沉降超限应考虑洞内、地面同步进行应急处置。

（4）采用木方或工字钢立即对初支进行加固，加固范围为失稳段两侧各延长1倍洞径。

（5）对于构成隧道永久结构的初支，根据其失稳破坏情况，在专家的指导下，采用锚杆补强、加密钢支撑或增加喷射混凝土厚度等综合处理措施。

（6）支撑加固后，对支撑体及初支进行监控量测，根据监测结果指导加固施工。

（7）监测地面及管线和建筑物的变形情况。

（8）待加固完成并稳定一定时间后，组织复工条件验收，验收通过后方可恢复洞内施工。

4. 应急救援设备、物资配备

（1）应急救援需配备的抢险物资：方木、工字钢、砂袋、水泥、水玻璃等。

（2）需配备的抢险设备：运输设备、电焊设备、注浆设备等。

5. 注意事项

（1）抢险时应密切关注隧道结构、地面和邻近建筑物、管线变形监测情况。

（2）待初支变形稳定后，如初支侵限严重需要换拱，则应要求施工单位制定换拱作业专项方案。

9.1.2 坍塌

1. 风险描述

隧道坍塌一般发生在隧道开挖过程至初支喷射混凝土初凝前。坍塌前一般会有局部或小范围掉块，如不及时采取措施，掉块加大则导致坍塌。拱顶坍塌可能的后果包括：

①人员伤亡，财物损失；②引起拱顶空洞及地面和拱顶沉降过大；③结构破坏；④造成地面坍塌、管线破坏或其他建筑物破坏等。

产生原因：①超前加固效果不好；②开挖步距太大或初支拱架架设不及时，喷射混凝土不及时或厚度、强度不足；③超挖严重导致开挖范围超出超前注浆范围加固区；④各种原因导致的初支拱架封闭不及时或拱脚不实；⑤遇不良工程、水文地质情况，设计、施工措施不当。

2. 风险预控

（1）施工前对隧道通过和影响地段组织全面调查及勘察。

（2）加强超前支护施工质量，保证超前导管或管棚的数量、长度、外插角和搭接长度，严格控制注浆压力和注浆量，并根据岩（土）层特性调整注浆参数及工艺。

（3）台阶法开挖，拱部采用人工开挖、预留核心土：①保证在加固范围内开挖，严禁开挖"神仙土"；②台阶长度根据地质情况来设定，一般不得超过1倍洞径；③上台阶开挖时，拱脚应垫牢垫实；洞内有组织引排水，避免地下水长时间浸泡拱脚；④严格按设计要求打设锁脚锚管，保证锁脚锚管的长度及角度，注浆应饱满；⑤保证纵向连接筋和钢筋网的焊接和搭接质量；⑥下台阶"接腿"和仰拱施工要一次成形，保证一次封闭成环；⑦开挖完成后及时架设初支拱架和喷射混凝土，严禁围岩表面长时间暴露。

（4）及时加强背后回填注浆，对于开挖时有较大超挖的区域要有针对性地加密注浆，保证填充饱满。

（5）开挖过程中如出现小范围的局部坍塌，应立即停止开挖，并封堵开挖面，根据地质情况、坍塌范围和部位，制定可行的防止继续坍塌的措施后方可继续施工。

（6）做实超前地质预探，加强监控量测，根据地质预探情况和监测信息及时调整设计方案、施工工艺和参数。

3. 应急措施

（1）启动应急预案，成立现场应急抢险指挥领导机构。

（2）必须保证洞内和地面通信畅通，发生坍塌险情前第一时间撤离洞内人员，做好地面隔离及人员疏散，将保障人员安全作为第一要务。

（3）如塌方范围内地层存在管线，应通知相关产权单位，并配合对其进行防护和处置。

（4）必要时，会同属地公安交通部门对受影响的周边道路进行封闭，疏导调整事故路段内的交通。

（5）在险情发生早期，如能确认安全，可组织经验丰富的抢险人员采取堆土、砂袋或木支撑、格栅钢架、喷射混凝土等手段封闭掌子面。

（6）如掌子面坍塌导致地面沉降过大乃至冒顶，对坍塌处采取泵送混凝土回填，对沉降过大区域先填充注浆，后压密注浆。

4. 应急救援设备、物资配备

（1）应急救援需配备的抢险物资：方木、砂袋、水泥、轻体加气块、钢拱架及其配套物资。

（2）应急救援需配备的抢险设备：注浆设备、喷浆设备、混凝土拌合及浇筑设备、电焊机、切割机及空压机等。

5. 注意事项

（1）由于坍塌发生的不确定性和后果的多样性，出现坍塌后，在防止和减轻人员伤亡事故的同时，第一时间应先封闭掌子面和坍塌处，防止和减弱其继续坍塌，同时关注地面变化和地面监控措施。

（2）为防止次生灾害，影响区域的地下管线要做好临时防护或关闭。

9.1.3　隧道突泥涌水

1. 风险描述

隧道涌水一般发生在隧道开挖过程中，通常出现在隧道拱部。发生突泥涌水会导致隧道被淹、隧道坍塌，甚至发生作业人员伤亡。

产生原因一般为隧道开挖过程中打通有大量水源补给的地下水体、地表水体、富水砂层、液化土层等，或在开挖过程中围岩突变而相应的超前支护措施没有及时调整，或地下水管爆裂压力水冲刷地层涌入隧道。

2. 风险预控

（1）勘察设计前调查沿线地表或地下水体情况、水力联系情况、承压情况等，线路设计时应尽可能避开大体量水体或隧道下伏至隔水地层。

（2）隧道开工之初，对沿线地下给水排水管进行全面调查，如发现有管线渗漏的情况应立即通知相关单位进行修补和加固，对影响区域的地下给水排水管制定专项保护措施。

（3）开挖施工前详细调查江河湖海水深、补给、河床（湖底）地层分布及岩（土）层的物理力学状况；有潮汐的水体要调查其潮汐情况；条件许可时，在隧道通过该地段前疏干地表水，或对河湖基础进行防渗处理。

（4）详细调查地下水的补给来源、补给量、周边环境，采取多种措施切断其补给，如洞内或地表降水、冻结法冻水、止水帷幕隔水等。

（5）对断裂带、风化槽等不良地质提前采取加固措施；利用水平钻孔对开挖掌子面进行全断面水平注浆，确保注浆范围径向上超出开挖不少于50cm，注浆应超前开挖掌子面1倍洞径，同时应检查注浆后土体强度和渗透系数，只有符合要求后方可开挖作业。

（6）在打设超前小导管时，如发现管内大股流水等异常情况，应立即封闭掌子面，待制定可靠措施后方可继续施工。

(7) 加强超前地质预报工作,一旦发现围岩发生变化,立即动态调整设计和施工方案。

3. 应急措施

(1) 准备好足够的砂袋,一旦发生突发情况,立即用砂袋封堵。

(2) 待封堵稳定后喷射混凝土封闭掌子面,如地面具备条件,宜先在地面对突涌区域进行填充注浆、挤密注浆以加固地层、封堵涌水通道,达到一定强度和效果后,再在洞内全断面深层注浆,恢复开挖前要对注浆效果进行检查,监理单位要组织恢复开挖条件验收。

(3) 突泥后及时加强背后注浆,保证初支背后密实,避免已成形初支结构变形乃至失稳。

(4) 隧道内准备足够的抽水设备及时排除涌水,如可能,第一时间切断水源补给来源,加强注浆堵水。

(5) 当险情出现难以控制的苗头时,应以撤离人员为第一要务,如果为相邻双线隧道,应第一时间通知两条隧道的作业人员同时撤离;对于大坡度长大隧道,隧道作业面附近要配备快速撤离的交通工具。

(6) 必须保证左右线隧道之间、隧道与地面之间的通信畅通,保证洞内与地面应急抢险联动。

4. 注意事项

(1) 隧道内要配备应急照明,当发生涌水突泥情况须切断电源时,保障洞内的应急照明。

(2) 涌水突泥发生时,一般会引起掌子面坍塌、初支结构变形、地面沉降陡增乃至冒顶,在关注洞内抢险的同时部署地面相关应急处置工作,严防发生管线损毁、建(构)物受损、车辆损坏、人员伤亡事故。

9.1.4 邻近建(构)筑物变形、损毁

1. 风险描述

因地基变形引起的建(构)筑物变形伴随着隧道施工的各个阶段,甚至在轨道交通工程完工通车后一段时间内仍持续变形,一般来说,在隧道开挖过程中,特别是仰拱封闭前,是其变形速度较大的阶段。建(构)筑物变形过大可能导致建筑物破坏甚至倒塌、损毁。

建(构)筑物变形产生的主要原因有:①控制沉降的措施不力;②开挖过程中累计失水较多;③开挖过程中发生掌子面或拱顶坍塌情况或初支大变形情况;④初支背后注浆不及时,不密实;⑤建(构)筑物保护措施不力等。

2. 风险预控

（1）开挖施工前,对开挖影响范围内所有建（构）筑物进行详细调查,制定建（构）筑物调查方案,对其结构形式、地基基础、高度、层数及其与隧道的平面、剖面位置关系、建（构）筑物现状情况等方面做到尽可能详细的调查,必要时请第三方出具房屋鉴定报告。

（2）必要时,在施工前请具备资质的第三方单位对建（构）筑物进行安全评估,取得其能承受的沉降和差异沉降的有关数据。

（3）对隧道通过和影响地段进行地质雷达空洞探测,对查出的空洞或松散体采取注浆回填,保证回填密实。

（4）根据调查和评估所取得的相关数据和资料,对建（构）筑物地基基础进行加固处理,建（构）筑物基础地层对失水比较敏感的采取止水帷幕隔离,工后沉降影响较大、持续时间较长的采用袖阀管跟踪注浆;必要时,对建（构）筑物进行预加固处理。

（5）隧道通过建筑物前,从超前加固措施、开挖方法、支护手段、回填注浆等方面制定专门措施,并在施工过程中严格执行。

（6）需要降水施工的区段要采取回灌等措施来稳定周边地下水（存在湿陷性黄土的区段慎用）。

（7）加强对拱顶沉降、收敛、地表沉降等的监控量测工作,加强对建（构）筑物沉降和差异沉降、建（构）筑物倾斜的观测,如发现沉降,或倾斜变形速率、差异值、累计值异常,应立即停止隧道开挖,封闭掌子面,组织专题会分析原因及制定应急处置方案。

（8）为方便施工阶段的目标管理,根据隧道的不同施工阶段对总变形值进行目标分析,分解到不同施工阶段进行控制,同时根据监控量测结果,及时调整施工工艺和参数。

3. 应急措施

（1）建（构）筑物沉降、倾斜异常时,立即停止开挖,必要时,疏散建（构）筑物内及周边人员。

（2）对开挖影响范围内的建筑物周边土体采取洞内和洞外相结合的方式,进行注浆加固,适当加大注浆量和注浆压力,改善注浆材料性能;如果建（构）筑物为摩擦桩基础,则应充分评估注浆对桩周土体的负摩擦作用,不得大面积注浆,且建议采用局部双液浆。

（3）必要时邀请相关专家对建筑物使用性能进行评估,对建筑物进行适当的结构加固和修补。

（4）加强监控频率、强化监测措施和要求,强化现场信息化施工管理,继续优化隧道施工参数和工艺。

4. 注意事项

（1）由于变形的持续性和长期性，抢险完成后继续加强监测，可能时应一直持续到工后，必要时应采取跟踪注浆措施。

（2）应注意合理安排注浆顺序、部位、压力及不同地段的浆液选择和配比，以防止注浆过程中隆起过快或不均匀隆起而导致结构破坏。

（3）在易软化的土层中注浆时要控制注浆压力及范围，范围不宜过大、速度不宜过快，宜采用双液浆，注意根据监测情况及注浆效果调整双液浆凝固时间。

（4）存在湿陷性黄土层的区域不得采用回灌水的办法补充地下水。

9.1.5 邻近地下管线变形过大、损毁

1. 风险描述

在隧道施工的各个阶段，甚至在轨道交通工程完工通车后一段时间内，地下管线仍受影响持续变形，一般来说在隧道开挖过程中特别是仰拱封闭前，是其变形速度较大的阶段。管线变形过大可能引起管线断裂，从而导致一系列灾害事故。

管线变形过大产生的原因主要有：①隧道开挖初支控制沉降的措施不力；②开挖过程中失水较多或二衬防水较差，二衬施工完成后仍有持续大量失水；③开挖过程中发生掌子面或拱顶坍塌情况或初支大变形情况；④初支背后注浆不及时，不密实；⑤管线保护措施不到位等。

2. 风险预控

（1）开挖施工前，制定管线调查方案，对开挖影响范围内所有管线进行一次普查，对管线的性质、材质以及和隧道的平面、剖面位置关系等方面进行调查统计，同时，调查清楚管线的管井、阀门开关控制位置，必要时，开挖暴露出管线进行详查。

（2）通知管线产权单位，对其管线情况进行交底，在施工前组织产权单位、行业专家对管线进行评估，取得其能承受沉降的差异沉降相关数据。

（3）对隧道通过和影响地段进行地质雷达空洞探测，对查出的空洞采取注浆或其他措施回填，保证回填密实。

（4）根据调查所得的管线性质、材质、埋深及和隧道的关系等资料对管线周边土体进行加固处理，在可能和必要时可采取桩墙隔离或架空悬吊保护措施。

（5）隧道通过管线地段，从超前加固措施、开挖方法、支护手段等方面制定专门措施，并在开挖过程中严格执行。

（6）及时加强初支背后回填注浆，控制工后地层累计沉降。

（7）严格控制开挖过程中的地层失水，必要时深层注浆止水，加快初支封闭速度，尽可能减少地下水的流失。

（8）加强拱顶沉降、收敛、地表沉降、管线沉降等监控量测工作。如发生沉降或收敛过大或异常，应立即停止开挖并及时补注浆，并根据监控量测结果调整施工参数。

（9）为方便施工过程中的目标管理，根据隧道的不同地段施工阶段总变形值进行目标分解，分解到不同施工阶段进行控制。

3. 应急措施

（1）在穿越或邻近管线的区段加强洞内注浆加固措施，以主动控制其沉降。

（2）开挖并暴露管线，对其进行悬吊等方式加以保护，必要时可临时改迁。

（3）根据管线变形监测情况及时调整开挖步距、台阶长度、封闭时间等施工参数和工艺。

（4）联系并配合管线产权单位对局部已产生变形，但不影响环境的管线进行修复加强或更换处理。

4. 注意事项

（1）由于管线变形后果的不确定性和严重性，隧道开挖通过后应继续做好管线变形监测，采取洞内注浆加固或止水措施减少工后沉降，尽快实现变形稳定。

（2）如采取地面注浆，一定要保证管线周边安全距离，应注意分段注浆设计，控制注浆压力，邻近管区域宜采用双液浆，要严防注浆过程中隆起过大导致管线损毁造成重大灾害。

9.1.6 既有轨道交通设施变形、损坏

1. 风险描述

矿山法隧道侧穿、穿越既有轨道交通工程时，开挖初支阶段会因地层应力重新分布或失水、超挖等引起周边地层的变形，变形传导致既有轨道交通结构变形、道床下沉、轨道不均匀沉降及设施的损坏等。变形伴随着隧道初支施工、二衬施工的各个阶段，一般来说在隧道开挖过程中特别是仰拱封闭前是其变形较大的阶段，如果矿山法隧道防水效果不佳，即使结构施工完成后仍会因持续的结构渗漏水导致既有轨道交通结构变形，既有线轨道交通设施变形过大将影响行车速度和安全，乃至影响既有轨道交通结构的安全。

既有轨道交通设施变形、损坏的主要原因有（包括但不限于）：

（1）控制沉降的措施不力；

（2）开挖过程发生超挖甚至坍塌情况；

（3）开挖初支过程地下水流失；

（4）初支、二衬背后回填注浆不及时，不密实；

（5）二衬结构防水效果不佳，渗漏水未及时封堵。

2. 风险预控

（1）组织保障

矿山法隧道开挖初支前成立以项目经理为组长，总工程师为领导班子的统一指挥小组。在通过前，领导班子组织相关技术人员对掘进方案进行充分论证，并对现场掘进班组、技术组、监测组、后勤保障组的工作进行交底；在通过过程中对各班组统一指挥，力争做到准备充分、组织有序。

（2）现状调查

1）在施工前，对下穿段范围内既有线结构现状进行详细调查，对其安全性进行论证，并委托有关部门对该段区间进行第三方鉴定，以确定其安全状态，同时制定出变形预测及施工管理标准值。

2）通过调取既有线设计资料以及通过测量确定轨道交通既有线与隧道的关系，并计算出到达既有线前的里程，以便提前采取相应措施。

3）通过地质补勘进一步掌握通过既有线段的工程地质、水文地质情况。

（3）预先加固

1）对受影响地段进行全面整修，轨道扣件拧紧，轨距、水平调正，受影响地段每隔3对短轨枕设置1根绝缘轨距拉杆，受影响地段钢轨内侧安装防脱护轨，受影响地段设置警示标志，采用调高垫板调整轨面标高。

2）在既有线的上方或对既有线与待建线路之间的土体进行预加固，加固方案要充分论证，因为加固作业过程本身会对既有线的安全造成影响。

（4）试验掘进

在穿越既有线前50~80m设置试验掘进段，开展试验工作并进行深度分析，试验的目的主要有：不断完善开挖初支方案；优化人员组织和工序安排，以利于快速平稳通过；可以检验物资储备、材料运输及设备维护是否到位；可以明确穿越施工相关单位的工作职责，为建立快速、高效的信息共享平台和沟通渠道提供检验的平台。

（5）措施保障

1）从超前加固、开挖方法、支护手段、回填注浆、超挖控制、失水控制、严防坍塌等方面制定专门措施，必要时应考虑大管棚支护、全断面深孔注浆等措施。

2）加强拱顶沉降、收敛、地表沉降、既有轨道交通线路的沉降和差异沉降等监控量测工作，如发现沉降、收敛过大差异，应立即停止开挖，分析原因及发展趋势，启动隐患处置措施。

3）根据隧道的不同施工阶段对总变形值进行目标分解，分解到不同施工阶段进行控制。

4）和既有线运营部门保持密切联系，在矿山法隧道侧穿或穿越既有轨道交通工程阶段，采取既有线自动化监测、列车限速、停运天窗期检查、处置等措施，要建立每日关联各方的联系会议机制，反馈当日问题，商议解决办法。

3. 应急措施

（1）立即停止开挖，对开挖影响范围内的既有轨道交通周边土体进行进一步注浆加固，注浆的同时及时对既有轨道交通进行监测，以主动控制其沉降，同时根据其监测情况调整注浆压力、注浆量、注浆工艺、注浆部位等参数。

（2）对既有轨道交通进行结构加固和修补，在此期间由运营单位决定限速通过。

（3）加强监测频率，强化监测措施和要求，成立现场施工指挥领导小组进行现场施工管理。

（4）继续优化隧道施工参数和工艺。

4. 注意事项

（1）由于变形的持续性和长期性，抢险完成变形稳定后继续加强监控，必要时一直坚持到工后，同时应采取跟踪注浆措施。

（2）应注意合理安排注浆顺序、部位、压力及不同时段的浆液选择和配比，以防止注浆过程引起的沉降或隆起导致既有线结构破坏。

9.1.7 道路坍塌

1. 风险描述

道路坍塌一般发生在隧道开挖施工阶段（对施工过程中形成的空洞进行回填处理不及时或回填不密实时，也可能引起后期道路坍塌），隧道出现坍塌时，控制处理不当导致坍塌扩大至地面；坍塌部位回填不及时或回填未达到设计要求都可能引起道路坍塌。道路坍塌影响地面交通安全，影响地面建筑物和管线的安全，同时会影响隧道结构安全。

2. 风险预控

（1）施工前对通过和影响地段进行地质雷达探测或钻孔探测空洞，对查出的空洞或松散体采取注浆或其他措施回填，保证回填密实。

（2）实施可靠的降排水措施，确保开挖不因涌水、涌泥而坍塌。

（3）加强超前支护施工质量，保证超前小导管或管棚的数量、长度、外插角和搭接长度，严格控制注浆量和注浆压力。

（4）拱部开挖采用人工开挖，预留核心土，保证在加固范围内开挖，严禁挖"神仙土"。

（5）开挖完成后及时架设钢支撑和喷射混凝土。

（6）开挖过程中如果出现小范围的局部坍塌，应立即停止开挖，并封闭开挖面，根据地质情况、坍塌范围和部位，制定可靠的防止继续坍塌措施后方可继续施工。

（7）开挖施工时，对地面道路采取铺盖钢板等措施以增加路面的整体刚度，使车辆通过时路面均匀受力。

(8)加强监控量测,根据监测结果调整施工工艺和参数。

3. 应急措施

(1)疏散险情现场人员及可能影响到的居民,对坍塌处道路进行封闭,做好交通疏导工作。

(2)核查坍塌范围内的所有管线,对其进行可靠保护,可能时可采取临时停电、停气、停水措施;

(3)紧急向上级部门、交管单位和市政管线管理部门汇报,紧急联系所有相关部门。

(4)紧急组织所有应急人员到位,根据指令快速调集足够的应急物资到位,对坍塌处进行回填作业。

(5)协助有关部门建立安全隔离区,并参与警戒和巡逻等。

(6)配合相关部门进行抢救工作。

4. 注意事项

恢复路面后应对坍塌处及坍塌影响区进行填充注浆,保证道路上无空洞或松散体。

9.2 轨道交通矿山法工程典型事故案例分析

9.2.1 某地铁隧道初支变形开裂事故

1. 事故经过

2008年12月21日上午7时,某地铁矿山法隧道在进行上台阶开挖时,开挖掌子面后方约10m处的隧道拱部初支突发沉降,出现环向裂缝,最大开裂错台15cm,裂隙宽度10cm(图9-1)。

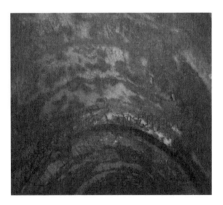

图9-1 初支环形开裂现场照片

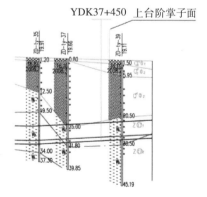

图9-2 初支开裂位置地质剖面

该隧道沿市政主干道敷设,埋深13~16m,隧道为马蹄形单线单洞隧道,开挖宽6.3m,高6.455m,初期支护为超前小导管注浆+格栅钢架+喷射混凝土,格栅钢架之

间用 $\phi 22@1000$ 钢筋连接，格栅间距为 0.75m，设计开挖工法为上下台阶法。

该隧道拱顶上方地质层从上至下依次为杂填土层（深约 1.5m）、粉质黏土层（⑥$_2$）（深约 3m）、黏土质砂层（⑦$_2$）（深约 19m），洞身主要为黏土质砂层（⑦$_2$）、全风化混合岩（17-1），地质情况如图 9-2 所示。地下水较发育，遇水极易崩解软化，自稳性很差；隧道开挖初支施工时，地表沉降较大，最大达 120mm，隧道初支拱顶沉降最大累积达 75mm，所以停工 22 天对已完初支隧道进行回填注浆加固处理。在恢复上台阶开挖初支往前掘进约 10m 后，在原停工的 YDK37+450.1 位置初支突发沉降，隧道初支出现环向裂缝。

2. 事故原因分析

初支出现大变形乃至开裂的主要原因：

（1）因为停工，隧道初支长时间未封闭成环；

（2）上台阶初支基底被地下水浸泡软化；

（3）原设计支护措施不足；

（4）上下台阶间距太长；

（5）开挖阶段洞内失水较多。

3. 处理措施

（1）对初支开裂的部位，临时增强扇形型钢支护，对初支结构破坏、初支侵限的部位全部进行换拱处理，对邻近的初支结构腰部增加了横向钢支撑（图 9-3，图 9-4）。

（2）调整初支设计，初支格栅钢架间距由 0.75m/榀 调整为 0.5m/榀，增加了锁脚锚杆和临时仰拱。

（3）后续施工增加了上断面深孔注浆加固地层及止水措施。

（4）缩短上、下台阶步距至 4~6m。

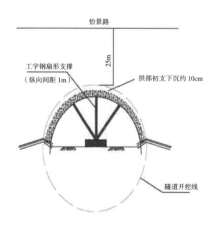

图 9-3 初支开裂增加临时支撑示意

图 9-4 现场加固照片

4. 事故教训

（1）设计前要充分准备

因为隧道工程呈线形布置，所以线路的每个里程处的隧道断面、隧道上方的地质水文条件、工程环境都不尽相同。在进行隧道开挖支护方案设计前，对于沿线周边的地质情况、环境条件的调查非常重要，设计方及施工方应通过采取加密地质钻探、走访周边居民、收集城市规划资料、调阅各类档案、地质雷达探测等各种手段来尽可能详尽地掌握沿线情况，才能精准设计。

（2）初期支护变形控制的施工措施

1）摸清地质情况、环境情况

不同的地质、环境、线路设计条件，开挖初期支护不同。隧道开挖初期支护作业前，施工方必须做好沿线建（构）筑物、管线的调查，结合设计方提供的地勘报告和线路设计资料，必要时在地质变化、断面变化、联络通道及泵房、进出洞口、计划贯通点增设地质补勘或地质超前预探，并依据搜集的地质情况、环境情况、线路情况，制定有针对性、稳妥的地层预加固、初期支护施工方案。

2）做好超前支护、预加固处理

为了增强隧道周边围岩的自稳能力、增强初期支护结构的支承力、缩短围岩开挖后的暴露时间，在软弱地层、富水地层、高应力地层、地质变化面、破碎断层带、高膨胀地层、高压力溶洞区、对初期支护及地层变形敏感的建筑群区，必须提前做好超前支护和对地层进行注浆预加固处理。

3）合理选择开挖工法，快速封闭成环

根据地质情况开挖断面合理选择开挖工法。对初期支护变形要求高的情况，开挖工法选择的第一标准就是初期支护封闭成环要快，如采用台阶法，则应尽量采用短台阶，每次开挖一榀进尺，严禁超挖。如需采用分部开挖，可采用 CD 法或 CRD 法开挖。

充分发挥挖掘机械的作用，提高隧道开挖初期支护的工效，尽快实现隧道初期支护封闭成环，但应注意挖机不应挖到位，应留 20~25cm 采用人工开挖，上台阶拱脚落拱处应采用人工开挖，拱脚处加垫模板以增加承载力。

4）必要时采取事后加固措施

对于事前无法通过超前支护、预加固措施达到稳固地层及初期支护结构的情况，在初期支护结构封闭成环后，但初期支护结构沉降及收敛仍未达到稳定、继续变形的情况，应及时跟进事后加固措施，如拱部以上跟踪注浆、初期支护背后回填注浆、仰拱基底钻孔埋管注浆、拱腰增设临时型钢支撑等，只有初期支护结构基本稳定后方可跟进二次衬砌结构施工，否则初期支护变形有可能侵入二衬结构，同时导致二次衬砌变形、开裂、防水及结构破坏。

5）对地下水进行引排、隔堵结合处理

地下水对于初期支护结构的危害主要有：①高水头、承压水对初期支护结构增加附加荷载；②地下水浸泡降低初期支护基底承载力；③地下水发育导致初期支护喷射混凝土质量降低，初期支护强度降低；④初期支护与基岩不密贴时，地下积水可导致初期支护仰拱上浮等。

对地下水的处理应视情况而定，如周边环境对沉降要求不高，可采取有组织排水、地表降水、洞内降水，否则应采取注浆堵水、隔水。在富水软弱围岩施工过程中渗流的地下水必须有组织引排，严防浸泡初期支护拱脚及仰拱基底。

6）动态化施工管理

尽管在前期对沿线地质情况、环境情况进行了必要的调查、预探，但地下工程施工阶段仍有许多不可预见因素、偶发因素、突发事件，这些都要求实施动态施工管理，根据实际情况及时调整设计参数、施工方法，加强施工措施。施工管理应以超前地质预探、施工监测、第三方监测的监测报表分析作为基础，辅以专人对地表、隧洞的定期、不定期巡视，并保证监测布点的合理性、各类信息的真实性、回馈的及时性，确保承包商、监理人员、设计人员、业主等各方能适时掌握现场情况并迅速做出合理的决策。

9.2.2 矿山法隧道下穿河流透水事故

1. 事故经过

2013年9月17日上午7：30，某区间右线隧道大里程方向YDK47+961上台阶已立完初支拱架，正准备进行喷射混凝土作业，8：30现场施工管理人员发现拱顶左侧发生涌水，立即通知各作业面所有施工人员撤离，由于应急及时，此次事件未造成人员伤亡。

从8：30开始涌水，到9：20约50分钟的时间里，邻近隧道的河水已灌入整个主隧道、横通道及竖井，最终竖井水位高度与河水高度基本一致，累计共灌入河水约2万m^3，经现场查看掌子面上方地表变化情况，发现透水点上方排污明渠浆砌片石护坡已发生坍塌，透水点上方的排污明渠周边土体坍塌面积约为180m^2（图9-5~图9-7）。

2. 地质情况

该矿山法施工地段地质变化和起伏较大，地勘资料显示，在里程YDK47+960（塌方里程YDK47+961）隧道左侧3.7m有1处地质钻孔，钻孔编号为MKZ3-THS-078。根据地勘资料，隧道洞身范围内由上至下地质分布情况为：0.5m强风化浅粒岩、1.1m中风化浅粒岩，下部均为微风化浅粒岩；隧道洞顶上覆土由下至上依次为：1.5m强风化浅粒岩、2.2m全风化浅粒岩、2.3m硬塑砂质黏性土、3.2m可塑砂质黏性土、1.0m淤泥、2.3m填块石、1m素填土，详见图9-8。隧道开挖掌子面实际揭露地层与地勘报告基本相符，显示隧道洞身上软下硬，隧道上覆地层逐渐变差，缺硬岩保护层。

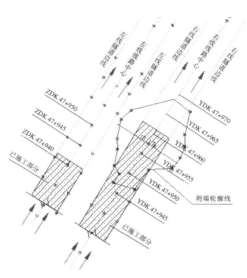

图 9-5 右线隧道透水地面塌孔示意

图 9-6 右线隧道地面塌孔现场

图 9-7 隧道及施工竖井被淹

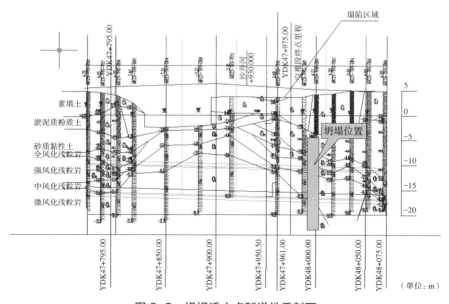

图 9-8 坍塌透水点隧道地质剖面

3. 原因分析

经过现场勘查分析、内业资料检查、调查询问和分析研究后认为，此次透水事件发生的原因如下：

（1）未严格按图施工，存在超挖、超爆、降低初支强度等违规情况

事发位置洞顶地层正好从中风化浅粒岩过渡到强风化浅粒岩，经查设计图纸，该段隧道初期支护已调整为 A 型断面衬砌设计，格栅间距为 0.5m，但施工单位认为该段洞身地层较好，监理监管不严，实际按照 B 型断面进行施工，每次爆破进尺达 1m 以上，格栅间距为 0.8～1.0m。

（2）施工工序衔接不紧密，开挖岩面长时间暴露

右线隧道 YDK47+961 处初期支护时间较长，从 9 月 16 日晚 22：35 对欠挖补炮完毕后，直到 9 月 17 日 8：30 才开始喷射混凝土，开始支护时间与欠挖补炮完成间隔约 10h，与正炮完成时间间隔达 20h，开挖与初期支护工序衔接不紧密，导致开挖岩面长时间暴露。

（3）右线隧道上方排污管顶管工作井的影响

该右线隧道拱顶上方有一条与隧道斜交的 ϕ1200mm 排污管，距离拱顶距离仅为 3.5m，同时在里程 YDK47+959 左侧建有一座直径 4m 的该排污管顶管施工的接收井（该井已回填，其范围基本处在隧道边线内），该接收井底距隧道拱顶高度仅为 2.3m，隧道拱顶与接收井底部距离较小，加之在接收井施工过程中对原有土体已造成扰动，致使隧道上方土体松散，稳定性变差，详见图 9-9。

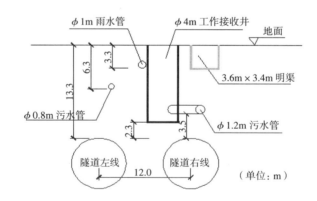

图 9-9 坍塌透水点附近隧道上方建（构）筑物、管线示意

（4）邻近河流水位受潮汐影响形成河水倒灌

邻近河流水位受潮汐影响起伏较大，一般从早晨 6：30 点开始涨潮，10：00 达到最高水位，水位涨潮高度约 1.5m，当涨潮高度达到 0.4m 时，邻近河流与排污明渠连通并形成倒灌，本次事故发生时间为早上 8：30，正处于涨潮时段，导致涌入隧道的

水源除排污明渠的污水外，还有更大体量源源不断的河水。

4. 应急抢险及后续处理

透水事件发生后，施工单位启动了应急预案，成立了以项目经理为总指挥的应急救援指挥部，下设现场抢险组、紧急安全疏散组、技术组、物资保障组及新闻媒体组，针对现场险情制定了紧急抢险方案并实施抢险：①矿山隧道掌子面塌方处灌注C20水下混凝土封堵；②在坍塌段排水明渠底部铺设三根 ϕ500mm 的 HDPE 水管；③在明渠挡墙位置后面置入粗钢筋，用袋装水泥作模板，在袋装水泥墙后浇注C15混凝土回填，确保塌坑边坡的稳定，同时也确保明渠东侧既有房屋的安全；④在东西两侧回填混凝土、南北方向挡水墙围起的封闭无水区域内，采用后退式注浆加固坍塌区地层；⑤加固体达到强度后，开始对隧道内进行试降水，配合以隧道内水位、地表、周边建（构）筑物的监测，检验加固的效果，如降水效果不好，在隧道两侧沿隧道纵向扩大注浆范围，直至隧道内积水能够顺利抽完，地面及周边建（构）筑物不出现变形（图 9-10 ~图 9-13）。

图 9-10 坍塌处灌水下混凝土封堵

图 9-11 排水明渠铺引水管

图 9-12 袋装水泥砌筑明渠坍塌边坡

图 9-13 坍塌处注浆加固

5. 事故教训

（1）严格按图施工、按图监理，坚决执行矿山法隧道施工的"二十四字方针"

造成本次透水事故的直接原因是未按图施工、降低隧道初期支护强度、延长开挖岩面封闭时间、超爆强爆。所以，设计图纸、施工方案、施工验收规范是施工、监理的依据和底线，绝对不能突破，对于任何不按图纸和已批准方案施工、不符合施工验收规范的情况，作为现场施工管理人员、监理人员必须予以制止或不予验收。

（2）知彼知己，事前做好线路周边建（构）筑物及管线调查

本次透水事故发生前，施工单位未掌握2012年新建的、距隧道净距仅3.5m的雨、污水管、施工接收井资料，未掌握邻近坍塌排污明渠旁边的两栋6层厂房宿舍楼的基础情况，造成应对失措，抢险方案失当。当前有些工程管理存在一个误区，认为盾构法施工要抓好建（构）筑物及管线调查，而矿山法隧道施工则无关紧要，这种思维习惯、管理行为都应扭转。

施工前的建（构）筑物及管线调查应做到：①调查前制定方案，调查后形成报告；②针对调查报告制定专项保护方案；③动态管理，在施工过程中定期、定人组织对线路地面的巡视，发现在地铁沿线保护范围的施工要及时制止。

（3）地质是基础，施工前抓好地质补勘及地质超前预探工作

矿山法隧道施工前，在地质详勘的基础上，应进一步查明掌子面前方隐伏的地质问题及对施工的影响，降低地质灾害发生的风险，进而指导隧道施工顺利进行，降低隧道施工风险。

根据地质情况、设计要求策划施工方案，每天的进度要上墙，直观反应施工掌子面的地质情况、周边环境情况。

（4）凡事预则立，不预则废，应保持应急抢险时刻处于临战状态

本次透水事故抢险有可圈可点之处，但也明显存在问题，如事发现场未按要求储备应急抢险物资，包括砂袋、型钢、钢筋网片、被褥等，造成事故未能在最短时间内得到遏制，此外，往坍塌位置灌注水下混凝土来封闭隧道端头及塌孔的抢险方案耗时长、投入大，但效果一般，值得商榷。凡事预则立，不预则废，应急抢险工作作用在抢险当下，而功夫应在平时，必须做到以下几点：

1）应急抢险方案要有针对性；

2）应急抢险物资及机具与方案一致、数量足够、货要对板、存放在最需要的地方、专人管理、专业保管、建立台账，纳入项目部、监理部每周安全检查必检内容，建设单位、政府建设行政监督部门不定期抽查；

3）组织应急演练，不怕麻烦；

4）提高警惕，对工地现场、线路影响路面、建筑物的异常情况要早发现、高警觉、速上报、快反应，不得错失抢险最佳时机。

9.2.3 某地铁车站出入口工程发生坍塌

2007年3月28日上午9:20,某市地铁10号线工程苏州街车站采用浅埋暗挖法开挖的东南出入口发生一起塌方事故,6名施工人员被埋(图9-14)。

图9-14 事故现场

1. 原因分析

(1) 直接原因

1) 坍塌处地质及水文条件极差。坍塌处土质疏松,淤泥质土厚约1m,自稳性极差。在加固基坑抢险过程中,坍塌地点东侧约4m处发现地表0.4m以下有一南北向长4~5m、东西向长约4m、体积约24m³的不规则空洞,周围土质非常疏松。在上述地质条件下进行浅埋暗挖隧道施工,其上方形成小量坍塌,并迅速发展至地面,形成大塌方。

2) 坍塌处集隧道爬坡、断面变化及转向、浅覆土、环境和地质条件复杂等多种不利因素,且该暗挖结构本身处于复杂的空间受力状态,当开马头门时,由于地层应力作用导致拱脚失稳,引起已施工的导洞变形过大,从而造成导洞拱部产生环向裂缝,并在抢险过程中发生坍塌。

3) 施工单位在已发现拱顶裂缝宽度由最初的1cm发展为10cm,并有少量土方坍塌的情况下,没有制定并采取任何安全措施,在一次塌方后未评估安全风险,盲目组织施工人员实施抢险救援,造成6名抢险施工人员在二次塌方时被埋。

(2) 间接原因

1) 该标段地质勘探按照探孔间距不大于50m的规范要求,以40m为间距设置探孔。事故地点处在探孔间距之间,勘探资料未能显示出事故地点实际地质情况。

2) 现场安全生产管理存在漏洞。一是应急预案对施工过程可能出现的风险考虑不全,出现险情后不能按照预案组织抢险;二是对劳务用工管理不严,使用无资质的劳务队伍从事施工作业；三是现场管理人员未严格遵守地方建设工程安全生产标准、规范等。

2. 事故教训

这是一起由于缺少应急救援预案、缺乏应急救援措施和有效组织而引发的生产安全事故。事故的发生暴露出施工单位安全生产责任制不落实，安全生产规程、标准执行不严格，特别是抢险措施不当和有关管理人员法律意识淡薄，同时也反映出地铁施工安全监管存在薄弱环节。我们应当吸取事故教训，认真做好以下几方面的工作：

（1）科学组织施工、强化应急管理。一是开挖必须制定切实可行的施工方案和安全措施，根据隧道"管超前、严注浆、短进尺、弱爆破、强支护、早封闭、勤量测、速反馈、畅通信"的施工原则，对不同施工情况，采用不同的施工方法；二是做好地质补勘、空洞探测、超前地质预探工作，定期和不定期的观察开挖面围岩受力及变形状态，及时发现险兆，制定应对措施；三是加强初期支护，开挖后及时喷锚支护，提高围岩整体稳定性；四是制定事故应急救援预案并加强日常演练，熟悉抢险程序；五是现场存放必要的应急抢险物资、机具设备。

（2）健全完善施工预警机制。在施工过程中，对地质条件较复杂的地点要加强地表沉降观测。一是严格建立地表沉降观测点；二是在开挖过程中，必要时对地面建筑进行预加固；三是在隧道开挖时对测量结果进行整理反馈，获得开挖参数与沉降点的关系；四是建立严格的沉降控制网络。

（3）切实加强总包管理职责。总包单位应认真依法履行各项安全生产职责，强化对施工现场安全生产管理和日常安全检查；督促项目部在组织施工过程中，认真遵守有关安全生产法律、法规和各项技术规范的要求；严格审查劳务分包单位的资质条件，加强劳务用工管理。

9.2.4 某隧道工程坍塌事故

2013年1月28日下午4时，某市主干道路发生塌陷，面积约100m2，深10m多，有两栋共6间商铺坍塌（图9-15）。

图 9-15 道路及商铺坍塌

1. 事故经过

2013年1月28日上午10:40，隧道内进行爆破作业，通风15min后，由现场安全负责人检查围岩情况，发现围岩完整，表面干燥，无渗水现象，技术人员进行了爆破效果检查。下午3:05开始进行格栅拱架安装、打设锚杆作业。

在2013年1月28日上午11:30、下午1:10、下午3:30对地面及地表建筑物进行监测，均未发现异常情况。

下午3时，现场安全值班人员发现左线隧道开挖面拱顶左上方出现岩层间歇性轻微掉块现象，下午4:20，岩层间歇性掉块现象加剧，承包商立刻派人组织地面及隧道上方房屋内人员疏散并加强地面观察，4:30拱顶左上方掉块剧烈，隧道内所有人员紧急撤离，4:40隧道内人员刚撤至地面，一股深黑色泥浆涌至竖井，与此同时地面40、42号商铺开始扭曲倾斜，随后坍塌。

2. 工程概况

地陷处隧道采用矿山法施工，超前支护采用小导管注浆，大断面进洞采用超前大管棚加固地层，二衬为钢筋混凝土衬砌。

（1）工程地质

多次勘察揭示，塌陷范围地质条件较为复杂，揭露地层有杂填土①、淤泥质土②$_{1B}$、粉细砂③$_1$、中粗砂③$_2$、残积粉质黏土⑤$_2$、全风化泥质粉砂岩⑥、强风化泥质粉砂岩⑦、中风化泥质粉砂岩⑧、微风化泥质粉砂岩⑨。尤其是淤泥质土②$_{1B}$、粉细砂③$_1$厚度较大，而且淤泥质土②$_{1B}$具有震陷特性，粉细砂③$_1$具有地震液化特性及具有富水性好、透水性较好特征。

通过对塌陷处理的跟踪分析，该隧道上方有强风化深槽，且深槽上方存在较厚的砂层，含水量较大，地质条件非常复杂。塌陷区域隧道埋深为21.8m，开挖宽度10.698m，洞高9.416m，洞身位于泥质粉砂岩⑧和⑨，原设计洞顶上岩层分布依次为：不均的易破碎的强风化⑦和全风化泥质粉砂岩⑥岩层厚约6m，砂层厚约10m（富水量大），淤泥质土厚约2.9m，其余为杂填土层约6m。

（2）水文地质

粉细砂③$_1$含水量丰富，透水性好，渗透系数K=2.0m/d；中粗砂③$_2$含水量丰富，透水性好，渗透系数K=5.0m/d。同时，由于场地离邻近河流较近，仅250~300m，而且粉细砂③$_1$一直延伸至河流，场地内地下水与河水有较密切的水力联系。

3. 事故应急处置

（1）成立了现场应急小组，按照居民维稳、现场抢险、事故分析、后勤保障等成立分小组，责任到人，立即开展工作，另从地铁应急抢险单位抽调100多人到达事故现场配合现场抢险。

（2）为防止塌陷范围继续扩大，对塌陷范围进行回填混凝土，于2013年1月29

日上午9时完成。

（3）停止隧道及车站内所有施工作业，再次对周边隐患进行排查。积极配合开展居民房屋赔偿和相关人员的安置工作。

（4）编制后续处理方案，增加监测点位，加大监测频率，对塌陷区邻近建（构）筑物、路面及塌陷坑进行监测，为抢险提供了依据。

（5）由市建科委组织专家到场并召开现场讨论会，形成初步原因分析及处理意见，组织施工单位和相关方按照处置方案对塌方区域进行加固。

①对塌方区域及周边2m范围进行注浆加固。

②探明地下是否有空洞，如果空洞较小就采用注浆填充，如空洞较大则采用水泥浆液或低强度等级、坍落度大的混凝土填充。

③对塌陷区进行了围蔽、硬化，设置了排水、截水沟；并对周围建筑物进行了排查、修补，阻止雨水灌入，保证了周围建筑物的安全，防止了次生灾害的发生。

（6）联系市自来水、电力、煤气等单位立即排查处置事发现场周边水、电、气的安全隐患。区政府和街道办事处与地铁公司、施工单位展开居民安置和安抚工作，并组织进行房屋鉴定和赔偿工作。

（7）应急处置阶段完成后，及时对道路恢复交通，同时，使地陷区周边房屋、地表及管线达到稳定状态，完善加强阶段再进行回填和加固（2013年1月28日至2月24日分三个阶段总计灌注混凝土2965.5m^3，填砂石21053m^3，回填土方7050m^3，注浆水泥用量1270.75t）。现场抢险如图9-16所示。

图9-16　现场抢险

4. 原因分析

（1）直接原因

1）塌陷地段隧道上方地质变差，地质条件非常复杂，与原设计地质条件有很大差异。

2）地下存在不明的不同口径的陈旧管线，并不断大量涌水，涌水长期积压，导致土体饱和、压力增大。抢险过程中又新发现有 $\phi 600mm$ 水管 1 条、$\phi 200mm$ 水管 1 条、直径较小的水管若干条，水顺着管路流入砂层及不均的易破碎的泥质粉砂岩层交界处，并长期冲刷、浸泡、液化粉砂岩层，形成深槽，汇集成一个饱和高压的地下水体，由于隧道爆破开挖不断扰动，饱和水体的压力在最薄弱位置突破，致使长久积累的一股黑色浆液从掌子面喷出，由于砂层已液化，发生类似泥石流一样的爆发性喷涌。

3）此段隧道断面变化频繁，在不拆迁地面房屋的情况下，按照当时国内施工水平，只能采用矿山法施工，施工过程中对隧道拱顶持力层多次扰动，也是这次塌陷的诱因。

（2）间接原因

1）施工单位发现折返线隧道上方建筑物观测 A1 点沉降（-29.5mm）超过控制值（-24mm），虽然按要求采取了加强支护措施，并加大了测量频率。但在 A1 点沉降趋于稳定后，没有意识到 A1 点累计沉降值已超过控制值，依旧采用以往开挖循环进尺施工，安全意识不强。

2）折返线隧道施工前，施工单位虽然对隧道上方施工影响区域的房屋进行了鉴定，部分房屋属危房或破损房屋，但没有引起施工单位的高度重视，对地质的复杂性和潜在风险分析不透。在经多次协调仍无法对房屋进行拆迁的情况下组织暗挖施工，也是造成该事故的另一间接原因。

3）施工单位对现场管线摸查不够细，对抢险过程中所暴露的未知管线（$\phi 600mm$ 水管 1 条、$\phi 200mm$ 水管 1 条）一直未能发现和探明。

5. 存在问题及教训

（1）重大风险辨识到位，风控措施执行监管力度不够

该暗挖隧道施工过程列入建设单位总公司级安全风险控制点，对风险认识到位，但未采取加强监管措施，未督促施工单位加强安全生产投入、严格按照方案施工，造成风险控制措施未得到落实。

（2）地质勘察不到位

受地面管线、房屋密集的影响，地质勘查钻孔未能按照计划实施，局部未能实施原位钻孔，靠周边孔推测地质情况，存在一定误差。根据后期的补勘和钻孔情况来看，洞顶上砂层厚度明显比原勘察报告所提供砂层厚度大，层底标高变深，并且塌陷区存在强风化凹槽，而且底面比原勘察阶段强风化岩面低。

（3）未做到信息化指导施工

1）监测数据异常处置不到位。

针对第三方监测单位提供的监测报告中提到的 A1 房屋监测点（-29.5mm）超出警戒值（-24mm）的情况，下发了整改通知单，并召开"折返线隧道周边建筑物沉降超警戒值分析讨论会"，分析了沉降原因，要求施工单位一要抓紧隧道余下里程下断面

步序施工,尽快全断面封闭成环,对隧道初支背后进行注浆处理;二要加大监测频率,每天汇报监测数据,及时将信息反馈各方;三要按隧道施工相关要求,在现场备好砂袋、水泥、注浆设备等应急物资、设备。但现场并未完全落实以上措施。

2)围岩异常未及时反馈和引起重视。

在施工过程中,隧道围岩发生了变化,钻孔作业人员对这些变化未及时反馈和引起重视,导致未能及时采取加强初支、缩小进尺、超前预加固等措施来应对。

3)未开展地质超前预报。

针对该段地质条件复杂、断面较大等特点,未开展以下两方面工作:一是未对隧道前方和周边的地质条件进行超前探测、预报,未提前采取加固措施;二是钻孔作业时未开展地质素描,并与补勘地质情况进行核对,以便及时发现异常,调整施工参数、工艺等措施。

4)管线、周边环境调查不细致。

隧道上方给水及排污管道等管线繁多、老化,地层发生扰动后,可能会发生渗漏。抢险过程中暴露未知管线,说明承包人对现场管线摸查不够详细。

6. 事故防范和主要整改措施建议

(1)认真汲取教训,迅速开展安全生产隐患排查和治理工作

必须建立安全风险防控体系,全面开展安全风险排查和治理工作,要建立安全隐患的排查、登记、监控、检查机制,采取通报、现场核查、纳入考核等手段,建立健全安全风险防控体系。

(2)加强地质勘探管理,强化风险的预防预控

加强地质勘探管理,遇到无法拆迁的建(构)筑物,无法详细探明地质的情况下,要详细调查施工区域及周边建(构)筑物、地下管线,了解其基础、结构、分布情况,结合相邻区域地质状况及水平钻孔情况进行分析评估,采取尽可能安全的施工方法、工艺,确保建(构)筑物及管线安全。若方案优化后仍存在风险,应向相关部门提出可能受影响建(构)筑物内人员临迁方案建议,施工完毕后回迁。在施工过程中做实地质超前预探,根据预探地质情况及时调整施工工艺和支护参数,确保施工安全。

(3)强化施工单位主体责任

进一步明确施工单位的安全生产主体责任,核查安全保证体系、规章制度及落实情况,督促其严格按照设计图纸、施工规范、方案组织施工;要建立安全检查与考核机制,加强施工企业安全主体责任落实情况检查考核,并在企业诚信评价体系中体现,督促施工单位落实企业安全生产主体责任。

(4)加大安全投入,提升安全技术和生产管理水平

加大安全生产投入,确保专款专用。一是加大征地拆迁投入,目前因征地拆迁难度大、问题复杂、时间不可控等问题,工法选择受限,施工风险增大,要加强征地拆

迁工作力度,使工程能够选用最合理、风险最小的工法;二是加大工程地质勘探和不良地质预处置的投入,降低工程风险;三是加大工程信息化投入,在工程现场建设视频监控系统,对施工情况实施"全天候""无盲区"监控,有效发现并预防施工风险;四是加大人员和安全文明施工措施费投入,进一步推进安全生产标准化与精细化管理,建立安全生产标准化体系,提高安全管理水平。

(5)强化施工监测异常处理制度

施工及第三方监测单位按照规定的时限上传监测数据信息,如遇报警情况,建设、设计、监理、施工等相关单位可第一时间接收到报警信息,根据监测预警红、橙、黄相应等级,分别组织相关单位进行数据分析、剖析原因,制定并落实处置措施,只有消警后才能恢复开挖。

(6)强化工程周边环境调查

在事故调查中发现,现场对隧道上方年代久远、基础较差房屋基础、结构、用途及居民情况了解不够细致,对现场的管线位置、走向摸查不够详细,施工单位没有专门针对地面房屋及地下管线的专项保护方案及应急预案。城市地下工程施工一旦出现意外,会危及工程周边建(构)筑物、地下管线和道路的安全,给生命财产造成损失,影响到附近居民的生产和生活,所以在工程施工前必须对周边环境进行详细调查,对风险较大建(构)筑物和地下管线采取有效的保护措施,并专门编制应急预案,进行交底和组织应急演练。

9.2.5 某盾构区间矿山法联络通道涌水突泥事故

1. 事故经过

2021年8月6日下午4:30,某盾构区间1号联络通道左线开口处发生涌水涌砂,方量超过100m³,造成联络通道上方位于主干道处临街商铺(一层)发生沉降,房屋沉降累计最大值为−612mm,地面沉降累计最大值为−138mm,商铺墙体开裂较为严重,监理部及施工单位立即对商铺内人员进行了疏散,此次事故未造成人员伤亡(图9-17~图9-19)。

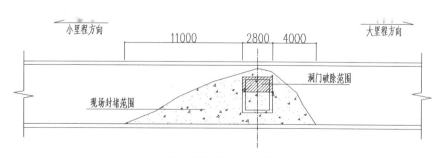

图9-17 联络通道突泥涌水示意

图 9-18 主隧道涌入泥砂

图 9-19 地面商铺开裂及支顶

2. 工程概况

（1）设计概况

在 ZDK32+446.243（YDK32+445.417）处设置 1 号联络通道兼废水泵房，联络通道长度约为 6.8m，采用拱形断面，净宽 2.9m，最大净高 3.1m，埋深约 28.8m，通道设长 4m×宽 2.9m×深 3.7m 的废水泵房（图 9-20）。

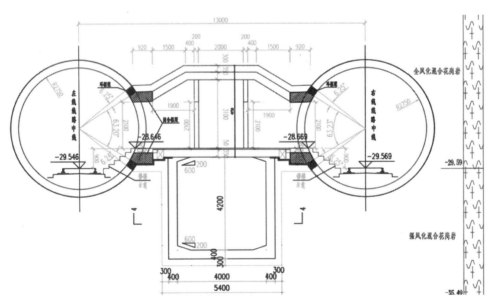

图 9-20 1 号联络通道及泵房剖面

因联络通道上方有临街商铺，地面无加固条件，设计方案采用洞内超前帷幕注浆进行土体加固，洞内超前帷幕注浆加固采用 $\phi42$mm、壁厚 3.5mm 的热轧无缝钢管，左右线各布设28个注浆管，注浆范围为初支开挖外轮廓线外3m，掌子面注浆孔间距为0.7m×0.7m，呈梅花形布设，钢管上设注浆孔，孔径10mm，孔间距50cm，呈梅花形布设，设计图纸要求加固后土体强度达1~2MPa（图9-21）。

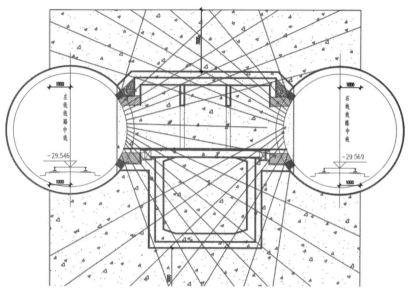

图9-21 1号联络通道洞内加固

（2）工程地质

1号联络通道由上至下地层为素填土、淤泥、含有机质砂、可塑状砂质黏性土、硬塑状砂质黏性土、全风化混合花岗岩、强风化混合花岗岩。联络通道埋深28.8m，所处地层为全风化、强风化混合花岗岩。

（3）水文地质

1号联络通道地下水含量丰富，地下水位埋深为1.9~2.9m，其补给主要为大气降水补给，并在一定条件下接收海水的侧向补给，且与二者具有一定的水力联系。

3. 原因分析

（1）设计方案有缺陷

该联络通道所处地层为全风化、强风化混合花岗岩，由上至下分别为素填土、淤泥、含有机质砂、可塑状砂质黏性土、硬塑状砂质黏性土，联络通道地面不具备加固条件，主要依靠左右线主隧道往联络通道方向注浆，而洞内注浆条件受限，全风化花岗岩、砂质黏性土注浆效果难以保证，加之事故发生时正处于七八月雨水丰沛期，全风化花岗岩、砂质黏性土均处于饱和富水状态，注浆效果难以达到设计要求，反而对地层形成扰动，加速岩土层液化，造成开挖风险极大，设计单位未考虑更为安全的施工工法，如冻结法。

（2）重大风险辨识不到位，施工措施不足

施工单位未将联络通道列为重大风险源来管控，对工程地质、水文地质、地面环境的复杂性和设计方案的缺陷认识不足，施工技术、管理措施跟不上，存在以包代管问题。

（3）联络通道开洞门条件验收不严谨

在现场施工未全面完成设计所要求的左右线主洞往联络通道范围注浆，且注浆效果未充分检测验收的情况下，即同意切割联络通道管片。7月初通道上部管片切割后，即发生小体量突泥涌水，施工单位立即采取封堵；1个月之后，劳务分包队伍在未报告总承包单位、监理单位的情况下，擅自打开洞门封堵位置，造成大体量突泥涌水淹没部分主隧道。

（4）监理管控不到位，未能认真履职

施工单位未严格按照方案施工，监理部未能及时发现并制止，条件验收未严格把关，在第一次开洞门出现涌砂后，未督促施工单位采取稳妥有效的处置措施。

4. 抢险及应急处置

（1）地面填充注浆

地面及房屋加固采用后退式注浆机进行水泥水玻璃双液注浆，注浆深度为6~15m，注浆压力不超过0.4MPa。注浆方式以填充注浆为主，现场技术人员及时根据空洞扫描结果调整注浆深度。

（2）房屋支顶加固

为防止房屋坍塌，在房屋周边设置房屋防倾倒加固，加固采用0.9m×1.8m木模板、100mm×100mm方木及ϕ48mm架子管进行支挡。

（3）洞内突涌体喷混凝土固坡

洞内对突涌体进行挂设钢筋网片并打设3~5m锚杆，喷射两层混凝土，每层喷射厚度不低于30cm，以控制突泥涌水的持续发展。

（4）安全管理措施

1）对现场沉降区域进行警戒隔离并维持秩序，除应急抢险人员外，禁止无关人员进入。

2）加强现场值班，要求地面及洞内24h有专人值守，定时反馈现场情况。

3）加强管线保护，联系产权单位现场联合巡查，注浆钻孔前，产权单位按要求交底确认，物探及人工探挖结合，地面以下10m内钻机低钻速，严防管线损坏。

4）对地面、洞内、管线、周边建（构）筑物加大监测范围，加密监测频率，每小时报送一次。

5. 事故教训

（1）须加强对设计方案及施工方案的审查，确保方案稳妥可行，不把方案中的问题带到实施阶段。

（2）加强重大安全风险辨识及交底。加强技术文件编写管控和审核，全面开展重大风险源辨识，辨识要以详细的地质勘察资料、建（构）筑物及管线调查资料为依据，结合设计图纸，制定风险预防及管控措施。加强对技术文件和风险管控文件的交底、培训，确保现场施工管理人员、监理人员、一线工人理解和清楚现场安全风险管控的要点和措施。

（3）总承包单位要落实主体责任，抓好施工阶段的安全、质量全过程管理，不能放任分包单位随意、无序作业，严禁以包代管。

（4）严格组织关键工序条件验收，除了各项必备资料要验收外，更要做好现场实体条件的验收。

（5）强化现场工序报验程序管控，建立健全各种质量安全管理制度，抓好关键工序，坚持样板制度，以样板引路，保证各项工序验收合格，杜绝出现不合格项的发生，监理部人员要盯岗到位，强化质量监督及安全风险管控工作。

9.3 城市轨道交通矿山法工程重大风险防范总结

9.3.1 落实各方主体责任

1. 施工单位

（1）施工单位是工程的实施主体，必须保证项目管理体系的正常运转。

（2）必须保障安全措施费和重大风险预控措施费的足额投入。

（3）要做好矿山法隧道劳务分包队伍、专业分包队伍的甄选，保证分包队伍有良好的类似工程业绩及专业水平。

（4）工程实施阶段要履行总承包责任，加强对分包单位的指导及监管，绝对不能以罚代管、以包代管。

2. 监理单位

（1）监理单位要做好总包施工单位矿山法工程主要管理人员、技术人员的考核把关。

（2）做好施工单位运行体系的检查和纠偏，做好分包单位的审查把关。

（3）做好施工方案的审核把关。

（4）针对矿山法工程的重难点、风险点制定有针对性的危大工程监理细则并严格执行。

3. 勘察单位

（1）勘察单位要保障勘察布点满足规范及设计出图的深度要求。

（2）保证现场试验科学准确，勘察报告全面严谨。

（3）矿山法施工阶段要参与地勘相关会议，并发表意见。

（4）参与并指导施工单位的超前地质预报工作。

4. 设计单位

（1）设计单位要做好设计前的基础资料详尽调查，尽可能做到设计的依据与实际相符。

（2）施工过程中要做好设计交底、设计监督及动态设计。

（3）参与重大方案专家审查会议、各项质量和技术验收会议、关键节点条件验收会议，并代表设计方发表意见。

5. 监控量测单位

（1）要根据重大风险的辨识及设计要求制定有效的监测方案。

（2）保证监测布点规范合理、初始值读取及时、监测数据真实准确。

（3）监测报表及时报送各方，并提供有价值的监测数据分析及意见建议，为矿山法工程信息化施工提供依据。

（4）监控量测数据异常时，要按相关制度及时发布监测预警信息。

6. 建设单位

（1）建设单位要保证合理的工期策划，以及合理的工程造价。

（2）建设实施阶段要为各参建方提供必要的条件。

（3）加强对各参建方执行合同、尽职履责情况的监督管理。只有各方责任主体认真履职，落实主体责任，才能筑牢重大风险的安全防线。

9.3.2 严守"二十四字方针"

城市轨道交通矿山法工程跟山岭隧道不一样的地方就是环境复杂，对于地表及建（构）筑物、地下管线的沉降变形控制要求非常高，"管超前、严注浆、短进尺、弱爆破、强支护、早封闭、勤量测、畅通信"的"二十四字方针"就是指导矿山法施工、监理的真经玉言，每个字都经历过血与泪的洗礼，字字经典，句句箴言，是每一位施工、监理人员必须严格遵循、遵守的，必须一以贯之，不容打半点折扣，决不能以身试"法"。

9.3.3 重大安全风险大明大白

城市轨道交通矿山法工程开工之初，必须强化调查工作，调查好沿线的工程地质情况、水文地质情况、建（构）筑物情况、地下管线情况、周边环境情况，制定调查方案，提交"四大报告"——地质补勘报告、建（构）筑物调查报告、地下管线调查报告、周边环境调查报告，并以"四大报告"为基础，做好工程重大风险源的辨识和评估、措施制定、过程防控、应急预案、应急演练等，重大安全风险必须大明大白，各项措施必须逐项落地，贯彻到底。

9.3.4 警惕岩土交界面

大量的坍塌案例都发生在岩土交界面，尤其在隧道洞身及上覆地层从微、中风化岩层进入强风化岩层、全风化岩层、土层或风化槽段等，这些位置均为险情易发区、高发区（图9-22，图9-23）。经常是实际地层变弱变差，但开挖进尺、初支参数没有调整，施工管理没有调整，仍按照中（微）风化岩层的设计、施工方案施工，从而酿成事故。所以要对地层变化的部位增加地质补勘孔、加强超前预探，在围岩变化前及时调整设计参数和施工措施。

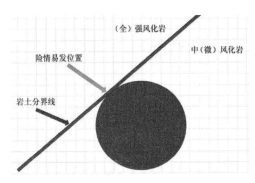
图 9-22 险情易发位置剖面示意

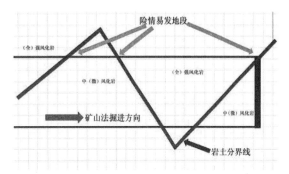
图 9-23 险情易发位置纵向示意

9.3.5 警惕周边水体

对于世界生灵来说，水是生命之源，上善若水；对于地下工程来说，水是万恶之源，水祸猛于虎，对于矿山法隧道工程更是如此，因为矿山法开挖掌子面直面围岩，当隧道开挖发生涌水突泥的情况时，对于隧道内人员的安全及结构本身的安全都是猝不及防的，类似本章中所讲述的轨道交通隧道被淹案例，以及2021年7月15日某市发生的市政公路矿山法隧道被淹、造成14人溺亡事故均是如此，也并非个案。对于周边水体的防范工作重心更应该放在隧道开挖施工前，而不能留到涌水阶段。隧道周边水体一般有地表水体、地下暗河、与江河湖海有水力联系的断裂带、富水砂层，还有邻近的大型市政给水排水管道等，这些大型水体给工程带来的灾难要么是隧道被淹、洞内人员被溺，要么是结构破坏、地面或洞内坍塌，或者是兼而有之。对于这些水体一是要做好调查，充分掌握水情；二是要优化线路设计，能规避的尽可能规避；三是要做好地表水抽排或隔离工作；四是做好大型给水排水管线的保护工作；五是严格按照设计方案及已批准的施工方案组织施工，严防发生坍塌事故；六是保障洞内通信畅通，组织好应急演练。

9.3.6 做实超前地质预探

因矿山法隧道的线形特点，沿线路纵向、横向每一处的地质情况都不尽相同，甚至差异很大，地质详勘、补勘更多是一孔之见且间距较大，对地质的认知仍有一定的局限性，尤其珠三角地区地质复杂多变，对于地质情况往往是一招不识，很可能全盘皆输，酿成事故。超前地质预探是对详勘、补勘工作的补充和加强，力求对即将开挖的隧道地质情况认知更准确、更全面，在今后的城市轨道交通矿山法隧道施工中，务必将超前地质预探纳入开挖初支工序中，配置专业的地质人员，制定专项方案，采用多种方式准确掌握前方工程地质、水文地质情况，监理单位要做好施工方超前地质预探工作的监督审查和专业把关。

9.3.7 做到动态设计、信息化施工

从可行性技术方案设计到总体设计、初步设计、施工图设计，设计经历了各个阶段，每一阶段都是一个细化、优化、调整设计的过程，最终提交一份安全可靠、经济适用、技术先进的施工设计蓝图。但施工蓝图出图后并不代表设计方可以一劳永逸，因为矿山法隧道地下工程的不可预见性、偶然性、突发性情况常常发生，设计方应保持与现场施工方的密切沟通，收集现场反馈的超前地质预探资料、各项监控量测信息、施工数据，及时对设计措施、设计参数进行必要的调整，从设计角度保证设计措施到位、设计方案合理，满足初期支护变形控制的要求；同时，施工单位、监理单位也应及时调整、优化施工方案、监理细则，切实做到信息化指导施工。

主要参考文献

[1] 王梦恕. 隧道与地下工程技术及其发展 [M]. 北京：北京交通大学出社, 2004.

[2] 王梦恕. 地下工程浅埋暗挖技术通论 [M]. 合肥：安徽教育出版社, 2005.

[3] 王梦恕. 隧道工程浅埋暗挖法施工要点 [J]. 隧道建设, 2006(5):1-4.

[4] 王梦恕. 中国隧道及地下工程修建技术 [M]. 北京：人民交通出版社，2010

[5] 姚海波. 大断面隧道浅埋暗挖法下穿既有地铁构筑物施工技术研究 [D]. 北京：北京交通大学土木建筑工程学院, 2005.

[6] 刘树年. 我国双连拱隧道建设概况及日本某隧道无中墙施工技术介绍 [C]// 中铁隧道集团 2005 年学术论文交流集. 隧道建设, 2005.

[7] 姚宣德, 王梦恕. 地铁浅埋暗挖法施工引起的地表沉降控制标准的统计分析 [J]. 岩石力学与工程学报，2006,25(10):2030-2035.

[8] 程强, 邵江, 廖芳茂, 杜毅, 袁泉. 复杂山区公路隧道工程地质勘察 [M]. 北京：人民交通出版社，2021.

[9] 关宝树. 隧道工程施工要点集 [M]. 北京：人民交通出版社，2003.

[10] 王虹，魏康林，谢小兵. 轨道交通工程质量通病防治手册（土建专业）[M]. 北京：中国建筑工业出版社，2019.10.

[11] 谢小兵. 矿山法隧道下穿河流透水事故案例分析 [J]. 中国标准化，2019（11 下）：79-80，83.

[12] 钟长平，周翠英，谢小兵，竺维彬. 矿山法隧道初期支护结构变形控制研究 [J]. 现代隧道技术，1009-6582（2012）04-0026-06.

[13] 竺维彬，张志良，林志元. 广州地铁土建工程工法应用与创新 [M]. 北京：人民交通出版社，2014.

[14] 谢小兵. 深圳地铁五号线浅埋暗挖隧道地表沉降控制 [J]. 建筑机械化,2010,31(7)：71-73，88.